KB121057

브레이브

수많은 갈림길에서 선택한 인생의 법칙

브레이브

BRAVE

Ryan Holiday

COURAGE IS CALLING

라이언 홀리데이 지음 | 조율리 옮김

❀

다른 사람이 당신에게 다가와 위대한 업적을 세우라고 할 때까지
가만히 기다리지 말라. 대신 사람들을 명예의 길로 소환하는 첫 번
째 사람이 되어라. 세상 그 어떤 지도자보다 올바른 지도력을 발휘
하는, 그 누구보다 용감한 수장임을 보여주라.

　　　　　-크세노폰(고대 그리스의 역사가, 철학자, 소크라테스의 제자)

진정한 성장을 위한 첫걸음

자신의 의견을 내세우기보다 다른 사람의 의견을 따르는 것이 미덕이 되는 한국 사회에서 용기 내는 일은 굉장히 어렵다. 인생의 전환점을 마주할 때마다 '모두들 이 길을 선택하니까' 하며 안전한 길을 선택하는 경우도 많을 것이다. 하지만 오히려 그렇기 때문에 용기라는 미덕을 더 잘 이해할 수 있을지도 모른다.

우리는 용기라는 단어를 들었을 때 직관적으로, 또 본능적으로 그 중요성에 관해 깨닫는다. 특히나 진정한 용기가 무엇인지 알기 어려운 지금 같은 시점에서는 그 중요성을 더 통감할 것이다. 하지만 용기는 결코 머릿속에서만 존재하는 '이상적'인 가치가 아니다. 자신감, 꿋꿋함, 두려움 속에서도 한 발자국 나아가는 것, 때로는 물러서서 성찰하는 능력, 나를 둘러싼 모든 게 빠르게 돌아가는 중에도 나의 길을 걸어가는 것, 꼭 들어야 하는 순간에만 귀를 기울이는 담대함 등 용기는 우리의 일상 속에서 그 진정한 모습을 드러낸다.

거대한 제국 위에 군림했던 마르쿠스 아우렐리우스도 불안하고 두려운 순간을 자주 마주했다. 로마는 전염병과 전쟁으로 신음했고 측근은 쿠데타를 일으켰으며 자녀들도 속을 썩였으니 당연하다. 하지만 그는 오히려 "쉴 새 없이 파도에 부딪혀도 꿋꿋하게 버티는 바위를 본받아라"라고 이야기했다. "무모하게 행동하지도 말고, 주저하지도 말라. 당황하지도 말고, 갈팡질팡하지도 말라." 마르쿠스 아우렐리우스는 계속해서 적어 내려간다. "적이 보여주고 싶어 하는 것을 보지 말고 실제로 존재하는 것을 보라!"

바로 그거다! 하지만 어떻게 해야 두려움을 극복하고 이러한 상태에 도달할 수 있을까? 마르쿠스 아우렐리우스와 스토아 철학자들이 '용기'라고 불렀던 미덕은 우리의 한계를 뛰어넘는 삶을 영위할 수 있게 하는 기반이다. 그들은 두려움의 목소리를 떨쳐낼 수 없어서 용기 내지 않았을 때 무엇을 놓치게 될지를 더 두려워했고, 행동하지 않으면 어떻게 될지를 더 두려워했다.

스토아 철학자들은 용기 내는 습관을 기르고 어디에 주의를 기울일지 엄격한 기준을 설정함으로써, 자기 자신을 통제하는 위대한 힘을 우리에게 선사해 주었다. 우리를 행동하게 하고 성장하게 하는 이 검증된 실천법은, '절대 해낼 수 없다'고 말하는 두려움의 목소리에도 불구하고 언제 어디서나 내가 가진 모든 역량을 끌어낼 수 있게 한다. 수천 년 전부터 전해져 오는 이 지혜를 통해 용기를 습관으로 만들어 일상에서 실천하고, 다른 사람과의 관계에서 필요할 때는 선을 그으며, 어둠 속에서도 도약할 수 있게 된다면 격변하는 세상 속에서 견실하고 평화로운 삶을 향해 나아갈 수 있을 것이다.

스토아 철학의 아버지, 제논은 "사소한 일들을 실천하면 안녕을 이룩할 수 있다. 하지만 그렇게 얻은 안녕은 전혀 사소하지 않다."라고 말했다. 이게 바로 모두가 원하던 여정 아닐까? 용기는 진정한 의미에서 성장이다. 그리고 품성을 일구어나가는 데에 시간을 투자하면 난관을 안전하게 헤쳐 나갈 수 있을 것이다. 우리 이제 그 작은 첫걸음을 함께 내디뎌 보자.

두려움을 사랑으로 바꿀 도구, 용기

책을 읽다 보면 가끔 나도 모르게 고개를 끄덕이며 무릎을 치게 된다. 이 책을 읽으며 나는 연신 고개를 끄덕였고 수없이 무릎을 쳤다. 저자는 때로 우리의 아픈 곳을 사정없이 후벼 파기도 하고, 때로는 포근하게 어깨를 감싸주기도 하는가 하면, 자꾸 일으켜 세워 등을 떠민다. 두려움을 직시하며 해부하고 '6초의 용기'를 내어 그저 '1미터만 전진하라'고 부추긴다. 우리 일생에는 천 번이나 되는 많은 기회가 있지만, 기회란 어느 날 불쑥 찾아오는 게 아니란다. 행운은 용기 있는 자의 것이란 다. 스스로를 뛰어넘는 용기를 발휘해 내가 걷는 길이 될 정도로 만들면 성공이 마치 도미노처럼 쏟아진단다. 세상에 공짜로 주어지는 성공은 없을 뿐더러 "미루면 청구서가 날아온다, 이자까지 더해서."

저자는 '두려움'의 반대말이 '사랑'이라고 일깨워 준다. 책을
들고 다가와 사인을 요청하는 분들에게 나는 언제나 '알면 사
랑한다'라는 문구를 적어드린다. 모르기 때문에 두려워하고 시
기하고 미워한다. 전갈이 무섭다고 비명을 지르던 학생이 새끼
를 업어 키우는 전갈 어미의 지극한 모성애를 발견한 뒤, 어느
덧 두려움을 걷어내고 사랑하게 되는 걸 지켜보았다. 상대 혹
은 대상에 관해 충분히 깊이 알고 이해하면 결국 사랑하게 되
는 게 인간의 본성이다. 두려움도 마찬가지다. 두려움의 실체
를 이해하면 기꺼이 포용하고 앞으로 나아갈 수 있다.

그 옛날 삶의 갈림길에서 헤라클레스는 인생의 모든 욕구를
충족시켜 주겠다고 유혹하는 미모의 여신 대신 아무런 보상도
약속하지 않고 오로지 희생과 노력의 여정이 기다리고 있음을
차분하게 보여준 순백의 여신을 선택했다. 우리도 살면서 종종
이런 선택의 갈림길에 던져진다. 저자는 우리에게 헤라클레스
처럼 '미덕'을 품으라고 권유한다. 아레테(arete), 즉 미덕은 시
대를 초월하는 가치로서 육체와 정신을 두루 아우르는 도덕적
탁월함을 의미한다. 이 책에는 미덕의 네 가지 핵심 요소인 용
기, 절제, 정의, 지혜에 관한 저자의 철학적 분석이 담겨 있다.
저자는 이 네 요소 중 으뜸인 용기를 마치 기술을 연마하듯 다
듬고 훈련해야 한다고 말한다. 용기는 보석처럼 희소가치가 있
는 듯 보이지만 실제로는 "훨씬 단순하며 끝없이 재생할 수 있

는 자원"임을 상기한다. 수시로 닥치는 삶의 갈림길마다 나름의 용기를 길러야 한다.

얼마 전 살면서 내가 저지른 몇 차례의 용기 있는 처사에 대해 스스로 분석해 달라는 대담자의 주문에 당황했던 적이 있다. 한참을 망설이던 내가 토해낸 단어는 다름 아닌 '양심'이었다. 헌법재판관들 앞에서 호주제의 부당함을 변론하다 유림으로부터 차마 입에 담지 못할 인격 유린을 당했던 일이나 이명박 정부의 대운하·4대강 사업의 생태적 무모함을 지적하다가 법적, 경제적 박해를 겪었던 일을 돌이켜 생각해 보면 내가 왜 그리 무모했는지 이해하기 어렵다. 고백하건대 나는 태생적으로 비겁한 사람이다. 저자는 '포기할 이유를 찾지 말고 어떻게 해낼지 고민하라'고 했지만 나는 우선 회피할 길부터 찾았다. 불을 보듯 뻔히 닥칠 역경을 견뎌낼 자신이 없었다. 그런 내가 왜 그런 위험한 자리에 스스로를 제법 자주 앞세우고 말았을까? 곰곰이 생각해 보니 이유는 단 하나, 차마 양심을 저버릴 수 없었기 때문이었다. 양심은 바로 용기를 뒷받침해 주는 절제, 정의, 지혜가 빚어내는 심성이다. '용기'의 반대말은 '비굴'이 아니라 '우울'이다. 영웅의 용기를 당신 앞에 가져오지 못하면 끝내 우울한 삶을 살게 된다. 다행히도 용기는 전염된다. 이 책을 통해 당신은 강력한 용기를 얻게 될 것이다.

　　　　　　　　　　　　– 최재천(이화여대 에코과학부 석좌교수)

＊

수많은 갈림길에서 앞으로 나아가게 하는 인생의 법칙이 이 책 안에 있다. 두려움으로 가득 차서 숨기만 하는 사람들로 가득한 이 세상에서, 용기만이 우리의 희망이다. 용기는 우리를 행동하게 하고 변화시킨다. 당신도 이 책을 통해 용기를 기르는 최고의 방법을 알 수 있을 것이다.

-로버트 그린(베스트셀러 『인간 본성의 법칙』 저자)

차례

한국어판 서문 진정한 성장을 위한 첫걸음 ——————— 6

추천의 글 두려움을 사랑으로 바꿀 도구, 용기 ——————— 9

여는 글 갈림길에 선 헤라클레스처럼 용기가 필요한 당신에게 ——— 18

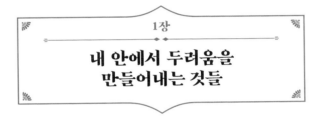

1장

내 안에서 두려움을 만들어내는 것들

두려움을 선택하는 사람들 ——————————— 34

두려움 속에 숨어 있는 잠재력 ——————————— 39

타인의 시선을 경계하라 ——————————— 53

세어보기 전에는 항상 더 많아 보인다 ——————— 56

최악의 시나리오를 상상할 것 ——————————— 61

과정은 반드시 험난하다 ——————————— 67

자기 자신을 짓밟는 행동 ——————————— 71

다른 사람을 비난하고 싶은 마음이 들 때 ——————— 76

비겁한 냉소주의 ——————————————— 81

작은 이익 앞에 타협하고 싶은 마음 ————————— 85

'용기'의 반대말은 '우울'이다 —————————— 90

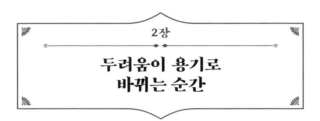

2장

두려움이 용기로
바뀌는 순간

공포심을 낱낱이 해부하라 ————————————— 98

자기 의심을 넘어설 때 성장한다 ————————— 101

고민은 쉽고 결정은 어렵다 ——————————— 106

죽는 것보다 더 나쁜 일 ———————————— 110

두려움의 목소리가 들린다면 반대로 행동하라 ———— 115

남들과 다를 용기 ——————————————— 119

타이츠를 입고 무대 위로 올라라 ————————— 124

전사의 DNA가 하는 일 ———————————— 129

말하지 않으면 얻을 수 없다 —————————— 132

다시 일어나는 힘 ——————————————— 136

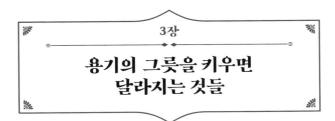

3장
용기의 그릇을 키우면
달라지는 것들

적과 싸울 때 기억해야 할 단 한 가지 —————— 144

스스로 변화를 만들어가는 법 —————— 156

위기의 순간을 반복하라 —————— 160

성공은 도미노처럼 작동한다 —————— 164

어둠 속으로 뛰어들기 —————— 168

소크라테스와 벌거벗은 임금님 —————— 172

지금 결정하라 —————— 176

까다로운 사람이 되자 —————— 181

단 몇 초의 용기 —————— 185

두려운 일을 하는 습관 —————— 190

스파르타 군대는 적군의 수를 묻지 않는다 —————— 196

말하는 순간 이미 이룬 것이다 —————— 200

한 명이면 충분하다 —————— 205

기꺼이 책임질 용기 —————— 208

행운은 용기 있는 자의 것이다 —————— 212

패자만이 시합이 끝나기 전에 싸우기를 멈춘다 —————— 216

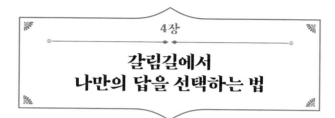

4장

갈림길에서
나만의 답을 선택하는 법

6초의 용기 ———————————————— 224

내가 걷는 길을 정답으로 만들어라 ———————— 229

사랑받고 싶다면 먼저 사랑하라 ————————— 233

아리스토텔레스처럼 절제하라 —————————— 238

공짜로 주어지는 성공은 없다 —————————— 242

때로는 선을 넘어라 ———————————————— 247

남들이 가지 않은 새로운 길로 떠나라 ——————— 251

미루면 청구서가 날아온다, 이자까지 더해서 ———— 255

인천상륙작전의 기적 —————————————— 259

영웅의 용기를 당신 앞에 가져오라 ———————— 265

어려운 일일수록 정면으로 맞서라 ———————— 269

자기 자신을 뛰어넘을 때 ———————————— 274

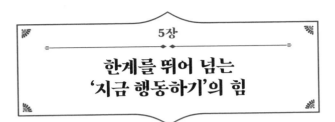

5장

한계를 뛰어 넘는
'지금 행동하기'의 힘

'두려움'의 반대말은 '사랑'이다 —————————— 282

헛된 용기를 구별하라 —————————————— 295

경솔한 용기보다 신중함을 선택해야 하는 이유 ——— 300

황무지를 건너는 시간이 우리를 더 강하게 한다 ——— 307

한계를 뛰어넘는 용기는 어디에서 오는가 ————— 312

타인을 위해 행동하기 ———————————— 317

기회는 우연히 찾아오지 않는다 ———————— 323

옳은 일을 한 대가를 감내할 수 있는가 ————— 327

모든 것을 걸 용기 ————————————— 334

있어야 할 바로 그곳으로 가라 ———————— 338

행동하는 양심을 기억하라 —————————— 344

634일 간의 조난을 버틸 수 있는 이유 ————— 349

에픽테토스처럼 내 삶의 주인으로 사는 법 ——— 355

일생에는 천 번의 기회가 있다 ———————— 360

마치는 글 스스로 선택하며 나아가라 ————— 366

갈림길에 선 헤라클레스처럼
용기가 필요한 당신에게

아주 오래전 헤라클레스는 갈림길에 서 있었다. 언덕에 나 있는 고요한 교차로에는 솔방울이 주렁주렁 달린 소나무가 있었는데, 그리스신화의 이 영웅은 그 나무 그늘에 서서 처음으로 자기 운명을 마주했다. 그 일이 정확히 언제 어디서 일어났는지는 아무도 모른다. 다만 소크라테스의 이야기를 통해 그 순간을 전해 들을 수 있을 뿐이다.

'헤라클레스의 선택' 혹은 '갈림길의 헤라클레스'라 불리는 이 이야기는 다양한 예술 작품에서 찾아볼 수 있다. 르네상스 시대의 화가들은 이 선택의 순간을 담아 아름다운 그림을 남겼다. 바흐는 칸타타 213번 「갈림길에 선 헤라클레스(Herkules auf dem Scheidewege)」라는 곡에서 헤라클레스의 약동하는 생명력과 건장한 근육 그리고 비통한 심정까지 담아냈다. 미국의 제2대 대통령 존 애덤스는 갓 세워진 조국의 공식 인장에 헤라클레스의 이 인상적인 이야기를 새기자고 제안하기도 했다. 결국 애덤스의 제안이 채택되지는 않았지만, 이를 반영했다면 헤라클레스의 이야기는 미국의 인장으로 길이길이 남았을 것이다.

헤라가 지시한 열두 가지 과업을 달성한 다음 불멸의 명성을 얻고 세상을 바꾸기 전에, 헤라클레스는 소나무 그늘에 서서 위기에 직면했다. 그 누구도 마주한 적 없었던 한 번의 선택으로 인생이 송두리째 바뀔 순간이었다.

헤라클레스는 어느 쪽으로 향했을까? 선택을 내리기까지 어떤 갈등을 했을까? 이것이 이 이야기의 요점이다. 헤라클레스는 혼자였다. 앞은 캄캄하기만 했으며 아무것도 확신할 수 없었다. 그도 여느 보통 사람들처럼 어찌할 바를 몰랐다.

갈림길의 한쪽 길에는 아름다운 여신이 누워 있었다. 그 여신은 헤라클레스가 상상할 수 있는 가장 달콤한 말을 건네며 그를 유혹했다. 화려하게 치장한 여신은 안락한 삶을 약속했다. 자신을 따라 이 길을 선택하기만 하면 결핍이나 불행, 공포와 고통을 맛볼 일 없이 인생의 모든 욕구가 충족될 것이라고 속삭였다.

다른 길에는 순백의 가운을 입은 여신이 서 있었다. 근엄해 보이는 그 여신은 헤라클레스에게 차분하게 말을 걸었다. 이 여신은 고된 노력의 결과물 외에는 아무런 보상도 약속하지 않았다. 자신을 따라 이 길을 선택한다면 길고 긴 여정이 기다리고 있다고 경고했다. 그 여정을 걷노라면 때로는 자기를 희생해야 할 것이며 때로는 두려운 순간에 맞닥뜨릴 것이라고도 했다. 하지만 바로 그것이야말로 신에 걸맞은 여정이었다. 헤라클레스는 그 여정을 떠나야만 자신에게 걸맞은 모습에 비로소 가까워질 수 있었다.

한낱 전설일 뿐이라고 생각할 수 있지만 이는 곧 우리의 이야기이기도 하다. 생각해 보면 우리 앞에도 언제나 갈림길이 있다. 헤라클레스는 악덕과 미덕, 쉬운 길과 어려운 길, 많은 이가 이미 드나들어 잘 다듬어진 길과 사람들이 아직 많이 가보지 않은 험난한 길 중에서 선택해야 했다. 우리 모두 살아가면서 이러한 선택을 해야 하는 상황에 놓인다.

운명을 바꾼 헤라클레스의 선택

—

아주 잠시 머뭇거린 뒤, 헤라클레스는 모든 것을 바꾸는 쪽을 선택했다. 미덕을 고른 것이다. 아마 누군가에게는 '미덕'이 구시대적인 가치처럼 보일 것이다. 하지만 고대 그리스어 아레테(arete)를 번역한 미덕은 육체와 정신을 모두 아우르는 도덕적 탁월성을 뜻하며 단순하면서도 시대를 초월한 가치다.

고대 세계에서 미덕은 용기, 절제, 정의, 지혜 등 네 가지 요소로 이루어져 있었다. 수많은 문화에서 이 네 가지는 기본 미덕이다. '철인왕' 마르쿠스 아우렐리우스는 이를 '선(善)의 시금석'이라고 불렀다. 기독교와 대부분의 서양철학에서는 이 네 가지 미덕을 보편적인 이상으로 꼽으며, 불교와 힌두교를 비롯한 다른 철학 학파 역시 이를 아주 소중한 요소라 여긴다.

영국의 소설가 C.S. 루이스는 용기, 절제, 정의, 지혜가 기본 (cardinal) 미덕으로 불리는 까닭을 네 가지 미덕이 기독교에서 나온 개념이라서가 아니라 '경첩'이라는 뜻의 라틴어 카르도 (cardo)에서 비롯했기 때문이라고 설명한다. 즉 이 네 가지 미덕이 좋은 삶으로 향하는 문을 여닫는 핵심 요소인 것이다. 이 책은 이 네 가지 미덕을 주제로 한 시리즈 가운데 첫 번째 책으로, 이 책을 읽는 당신이 다음의 미덕을 실천하도록 돕고자 한다.

용기, 기개, 기백, 명예, 희생…
절제, 자제, 중도, 평정, 균형…
정의, 공정, 봉사, 동료애, 선량, 친절…
지혜, 지식, 교육, 진리, 자기 성찰, 평화…

이러한 미덕은 어느 의미로 보든 명예롭고 영광스러우며 더 위대한 삶을 살아가게 하는 열쇠다. 미국의 소설가 존 스타인벡은 미덕의 특성을 "실천하는 사람의 기분을 좋게 하고, 타인이 보기에도 바람직해서 자랑스럽고 만족할 만한 행동을 하게 하는 성질이다"라고 정확하게 묘사했다.

이 미덕은 모든 인류를 위한 것이다. 남자든 여자든 성별은 상관없다. 몸이 건장한 편이든 극도로 수줍어하는 성격이든 뛰어난 천재이든 지능이 평균적인 수준이든 전혀 상관없다. 미덕은 모든 이가 반드시 따라야 하는 가치다.

그리고 각각의 미덕은 완전히 독립적이라고 할 수 없어도 서로 구분된다. 예를 들어 정의를 실천하려면 거의 언제나 용기를 내야 한다. 무엇을 고르는 게 가치 있는 선택인지를 판단할 지혜가 없다면 절제할 수 없듯이 말이다. 또한 정의 실현에 활용하지 않는다면 용기가 무슨 소용이 있으며, 우리가 절제하지 못한다면 지혜가 무슨 소용이 있겠는가?

이렇듯 동, 서, 남, 북에 해당하는 네 가지 미덕은 우리에게 방향을 알려주는 일종의 나침반이다. 우리를 인도하며 우리가 어디에 있는지 그리고 무엇이 진실인지를 보여준다.

결정을 내리고 행동하게 하는 힘

−

아리스토텔레스는 미덕을 일종의 기술이라고 생각했다. 기술은 활용할수록 더 높은 단계의 수준에 이르게 되며 작업을 더 수월하게 해낼 수 있다. 마찬가지로 미덕도 기술을 연마하는 것처럼 정진해야 한다고 생각했다. "건물을 지어야 건축가가 되고, 하프를 연주해야 하프 연주자가 될 수 있습니다. 마찬가지로 정의로운 행동을 하면 정의로워지고, 온화하게 행동하면 온화해지고, 용감한 행동을 하면 용감해집니다." 미덕이란 우리가 실행하는 것이고 우리가 선택하는 것이다.

네 가지 기본 미덕에서 첫 번째로 꼽는 용기는 세상에서 쉽게 보기 드문 소중한 가치다. 보석이나 석유처럼 희소하니까 용기에 가치가 있는 것일까? 물론 그럴 수도 있다. 하지만 용기는 보석이 아니기에 다이아몬드처럼 세월이 지나도 가치가 그대로 유지되지 않고, 지구 어딘가에서 채굴한 자원도 아니기에 석유처럼 운에 따라 무작위로 나눠 가져야 하거나 수량에 제한이 있는 것은 아니다.

용기는 그보다 훨씬 단순하며 끝없이 재생할 수 있는 자원이다. 우리의 내면에서 숨 쉬는 용기는 곳곳에 널려 있다. 용기를 낼 기회는 무한하다. 직장이든 가정이든 상관없이 모든 곳에서 매일 용기를 낼 수 있다. 그런데도 쉽게 찾아볼 수 없다.

왜 그럴까? 왜냐하면 우리가 두려워하기 때문이다. 용기내지 않고 무시하는 게 더 쉽고 편하기 때문이다. 우리에게는 당장 처리해야 할 다른 할 일이 있기에 지금은 용기를 낼 좋은 시기가 아니라고 생각하기 때문이다.

"저는 군인이 아닌데요." 사람들은 마치 전쟁터에서 싸울 때가 이 세상에 용기가 필요한 유일한 순간이라는 듯이 답한다. 그리고 안전한 것을 고수하는 편이 낫다고 생각한다. '내가 영웅이라고?' 용기 있다는 말은 자기중심적이고 터무니없는 소리처럼 들리기도 한다. 그래서 용기를 다른 사람의 몫으로 남겨둔다. 나보다 더 자격을 갖춘 사람, 더 훈련한 사람, 잃을 게 적은 사람이 나를 대신해서 용기를 내리라고 생각한다.

이 생각은 논리적으로 들린다. 하지만 모두 그렇게 생각한다면 우리는 어떻게 되는 것일까? 소련을 비판하는 데 앞장섰던 작가 알렉산드르 솔제니친은 이런 말을 남겼다. "한 가지 짚고 넘어가야 할 분명한 사실이 있다. 고대부터 용기가 사라지는 것을 종말이 다가오는 신호라고 여겼다."

반대로 인류가 달에 착륙하고, 인종차별을 철폐하려는 시민권운동이 일어나고, 압도적으로 적은 수의 그리스 군대가 거대한 페르시아 군대의 침공을 막아내고자 테르모필레의 전투에서 목숨을 바쳐 저항하고, 르네상스 예술이 부흥하는 등 인류 역사상 가장 위대한 순간에는 한 가지 공통점이 있다. 바로 평범한 사람들이 용기를 냈다는 것이다. 그들은 누군가 해야 할 일을 자신이 실천했다. "내가 아니라면 누가 한단 말인가?"라고 반문하며 말이다.

오래전부터 용기는 신체적 용기와 도덕적 용기, 두 종류로 구분했다. 신체적 용기는 전투 한가운데로 뛰어드는 기사의 용기를 말한다. 불타는 건물로 돌진하는 소방관의 용기이자 추위를 거스르며 북극을 향해 출발하는 탐험가의 용기다. 도덕적 용기는 힘 있는 이해관계자를 고발하는 내부고발자의 용기를 뜻한다. 아무도 입 밖으로 차마 꺼내지 못한 진실을 말하는 사람의 용기이며 모든 역경을 딛고 사업에 매진하는 사업가의 용기다. 이 두 가지 용기는 각각 전쟁에서 싸우는 군인의 물리적인 용기와 새로운 진리를 탐구하는 과학자의 정신적인 용기에 빗대볼 수도 있다.

하지만 나는 세상에는 한 가지 용기만 존재한다고 생각한다. 위험을 감수하는 용기 말이다. 어떤 경우에는 생명을 위협하는 치명적인 위험일 수도 있고, 때로는 비유적인 위험이나 경제적인 위험일 수도 있다. 즉 용기는 위험의 다른 얼굴이다. 용기는 희생이자 헌신, 끈기, 진리, 결단력이다. 다른 사람이 못 하거나 안 하려는 일을 할 때, 사람들이 하면 안 된다고 하거나 할 수 없을 거라고 하는 일을 할 때 발휘하는 게 용기지 그렇지 않으면 용기가 아니다.

용기는 여전히 정의하기 쉽지 않다. 용기 있는 행동을 본다면 알아차리겠지만, 용기가 무엇인지 말로 표현하기는 어렵다. 따라서 이 책의 목적은 용기를 정의하는 데에 있지 않다. 용기는 진귀한 보석보다도 찾아내기 어려우므로 여러 각도에서 조목조목 살펴봐야 한다. 용기의 수많은 면모와 단면, 그리고 용기가 완전하게 발휘됐을 때와 용기에 결함이 생겼을 때를 모두 봐야 용기라는 가치 전체를 이해할 수 있다. 이러한 관점 하나하나를 통해 더 통찰력 있게 용기를 바라볼 수 있을 것이다.

머무를 것인가? 앞으로 나아갈 것인가?
–

우리는 저마다 헤라클레스의 갈림길에 직면한다. 어쩌면 공직을 맡게 될 수도 있고, 직장에서 비윤리적인 일을 목격할 수도 있다. 무시무시하고 유혹이 넘치는 세상에서 아이들을 올바르게 키우려는 부모가 될 수도 있다. 논란의 여지가 있거나 통념을 뒤집는 사상을 추구하는 과학자가 될 수도 있다. 새로운 사업을 하려는 꿈을 품게 될 수도 있다. 전투 전야의 보병이 될 수도, 인간 능력의 한계를 뛰어넘으려는 운동선수가 될 수도 있다. 이 모든 상황이 요구하는 것은 바로 용기다. 진정한 의미에서의 용기 말이다. 바로 지금, 용기를 낼 것인가? 우리를 부르는 목소리에 응답할 것인가?

윈스턴 처칠은 이렇게 말했다. "모든 사람의 일생에는 특별한 순간이 찾아온다. 비유적으로 말하자면 누군가가 우리 어깨를 두드리며 아주 특별한 일을 할 기회를 주는 것이다. 준비가 되지 않아서 또는 자격을 갖추지 못해서 그 위대한 순간에 기회를 잡지 못한다면 얼마나 큰 비극인가." 하지만 더 정확하게 말하자면 인생에는 이런 순간, 즉 기회가 우리 어깨를 두드리는 순간이 특별하게 단 한 번이 아니라 자주 찾아온다.

처칠도 마찬가지였다. 처칠은 자기에게 사랑을 주지 않는 부모님 밑에서 힘든 유년기를 끈기 있게 견뎌냈다. 자기에게 멍청하다고 말하는 선생님들의 말을 용기 있게 극복했다. 또한 젊은 나이에 종군기자로 파견됐다가 게릴라부대에 포로로 잡혔을 때는 기지를 발휘해 탈출했다. 배짱 좋게 공직에 출마했다. 매번 용기를 내서 작가로서 작품을 발표했다. 결단력 있게 정당을 바꾸고, 제1차 세계대전에 참전하고자 과감하게 결정을 내렸다. 사람들이 자기에게 등을 돌렸을 때, 수년 동안 끔찍한 황무지 같은 정계를 끈질기게 견뎠다. 그리고 독일에서 히틀러가 부상하자 전체주의에 홀로 맞서며 전성기 중의 전성기를 누렸다. 정계에서 퇴출당하여 야인이 됐을 때도 용기를 내어 또 한 번 정계에 돌아왔다. 나이가 들어서도 그림을 그려 용기 있게 세상에 작품을 내놓았다. 그리고 스탈린과 철의 장막을 비롯한 온갖 어려움에 굳세게 맞섰다.

처칠은 이 과정에서 수없이 용기를 냈다. 이러한 처칠도 용기를 내는 데 실패한 적이 있었을까? 실수를 저지른 적은? 기회를 잡지 못할 때도 있었을까? 당연히 있었다. 하지만 우리가 좀처럼 용기를 내지 못하는 것을 변명하고자 다른 사람의 결점에 초점을 맞추기보다는 그 사람이 용기를 낸 순간을 보고 배우는 데 집중하자.

위인의 삶을 들여다보면 같은 주제가 반복된다. 크게 용기를 내야 하는 중대한 순간만큼 소소하게 용기를 내야 하는 자잘한 순간도 많다. 인권운동가 로자 파크스가 버스에서 백인 승객에게 자리를 양보하라는 버스 운전사의 지시를 거부한 것은 용감한 일이다. 하지만 미국 남부에서 마흔두 해 동안 흑인 여성으로 희망을 잃지 않고 꿋꿋이 살아온 것도 용감한 일이다. 흑백 분리주의 법률에 반대하는 소송을 추진한 파크스의 용기는 1943년에 흑인 인권을 위해 일하고자 협회에 가입하고, 나아가 1945년에 앨라배마주에서 유권자 등록에 성공했을 때 냈던 용기의 연장선이었다.

역사는 피와 땀, 눈물로 쓰인다. 용기 있는 사람들의 묵묵한 인내는 역사를 영원의 현판에 또렷하게 새긴다. 들고 일어난 사람들 또는 앉아서 싸운 사람들, 맞서 싸운 사람들, 위험을 무릅쓴 사람들, 목소리를 높인 사람들, 새로이 시도한 사람들, 두려움을 극복하고 행동에 옮긴 사람들 그리고 단순히 존재하는 것보다 더 높은 경지에 다다른 사람들. 이런 사람들은 명예의 전당에 나란히 이름을 올렸다.

우리 한 사람 한 사람은 각각 다른 순간에 다른 방식으로 용기를 내라는 부름을 받는다. 하지만 사람들이 흔히 말하듯이 용기는 언제나 내면에서 나온다. 이 추한 세상에서 용기는 아름답다. 아름다운 것들이 존재할 수 있게 한다.

헤라클레스는 그때 갈림길을 단 한 번만 마주친 게 아니었다. 우리도 일상에서 헤라클레스의 갈림길을 계속, 반복해서 마주할 것이다. 강한 사람이 될 것인가, 나약한 사람이 될 것인가? 좋은 습관을 기를 것인가, 나쁜 습관을 들일 것인가? 용기 내서 시도할 것인가, 도망칠 것인가? 지금 이곳에 머무를 것인가, 아니면 앞으로 나아갈 것인가?

이 세상에서 과연 용기를 찾아보기 어려울까? 당신이 이 책을 집어 든 이유도 그것이 사실이 아님을 알기 때문이다. 이 책은 헤라클레스가 그랬던 것처럼 선택의 기로에 선 당신을 위해 쓰여졌다. 두려움의 본성을 정확히 알고 이를 뛰어 넘을 만한 용기를 발휘하는 방법을 제대로 알게 된다면 당신은 진정 원하는 사람이 되기 위한 행동 변화를 시작할 수 있을 것이다. 운명을 움켜쥐어 보자. 두려움을 다스리고 딛고 승리하라.

1장

내 안에서 두려움을
만들어내는 것들

분노와 슬픔이 어린 이 땅 너머로
공포의 그림자만이 어렴풋이 보이지만
다가올 험난한 세월이 아무리 위협하여도
지금도, 앞으로도 나는 두렵지 않다.
-윌리엄 어니스트 헨리

무엇이 용기를 내는 데 걸림돌이 될까? 무엇이 그렇게 소중한 것을 찾아보기 어렵게 할까? 무엇이 우리가 할 수 있고 해야 하는 일을 못 하게 막을까? 비겁함은 어디에서 흘러나오는 것일까?

두려움은 라틴어로 포보스(phobos)라고 한다. 이때 두려움이란 공포부터 무관심, 증오, 사소한 장난에 이르기까지 모든 형태의 두려움을 가리킨다. 우리는 두려움과 맞서 싸운다. 그런데 두려움이라는 적을 이해하지 못하고 회피하기만 한다면 절대 이길 수 없을 것이다. 따라서 두려움을 탐구하고, 익숙해져야 하며, 그 원인과 증상을 파악해야 한다. 그런 이유로 스파르타인은 오히려 두려움을 불러일으키고자 신전을 지었다. 두려움을 가까이에 두고 그 힘을 똑똑히 지켜봄으로써 궁극적으로는 두려움을 쫓아내 버리려는 것이다.

용감한 사람은 두려워하지 않는 사람이 아니다. 두려움을 느끼지 않는 인간은 없다. 다만 용감한 사람은 오히려 두려움을 딛고 일어선다. 용감한 사람에게는 두려움을 자유자재로 다룰 능력이 있고, 그러한 능력이 있기에 그 사람들은 빛나 보인다. 아무 행동도 하지 않고는 절대 중요한 일을 해낼 수 없다. 겁쟁이에 대한 기록은 남아 있는 게 없다. 아무도 겁쟁이를 기억하거나 존경하지 않는다. 단 몇 초라도 용기를 내지 않고 해낼 수 있는 좋은 일이 있다면 하나만 말해보라.

해내는 사람이 되고 싶다면 먼저 두려움을 정복하는 법을 배워야 한다. 중요한 순간에 두려움을 딛고 일어서는 법을 익혀야 한다.

두려움을 선택하는 사람들

겁을 먹기는 쉽다. 일은 언제나 크게 번질 수 있으며 어떻게 될지 알 수 없다. 직업을 잃을 수도 있고, 집과 차를 잃을 수도 있다. 자녀들에게 무슨 일이 일어날지도 모른다. 이런 불안정한 상황에서는 당연히 두려울 것이다. 누가 두렵지 않겠는가?

어떤 감정이라도 통제하는 데 능숙했던 고대 스토아 철학자조차도, 두려운 상황에 부닥치면 사람이 스스로 반응을 조절할 수 없다는 점에 동의했다. 갑자기 시끄러운 소리가 들리거나 상황이 불확실해지거나 공격당할 때는 자기도 모르게 어떤 반응이 튀어나온다. 스토아학파는 사물의 이런 즉각적이고 감정적인 인상을 표상(phantasiai)이라고 불렀다. 그리고 이 표상은 본질이 아니기에 신뢰해서는 안 되는 것이라 가르쳤다.

성경에서 가장 많이 반복되는 구절이 무엇인지 아는가? 바로 "두려워하지 말라"라는 말이다. 이 구절은 반복해서 등장하는데, 표상이 하루를 지배하지 못하게 하라는 하늘의 경고다.

성경 「여호수아」에 "강하고 담대하라. 두려워하거나 놀라지 말라"라는 구절이 있다. 「신명기」에는 "적군과 싸우려 할 때에 너보다 많은 적군이 말과 병거를 타고 오는 것을 볼지라도 그들을 두려워하지 말라"라는 구절이, 「잠언」에는 "갑작스러운 두려움도, 악인에게 닥치는 멸망도 두려워하지 말라"라는 구절이 등장한다. 「신명기」에서는 다시 한번 「여호수아」에서 모세가 여호수아를 불러 이스라엘로 보내는 장면을 보여준다. 모세가 여호수아에게 말한다. "강하고 담대하라. 이 백성을 거느리고 여호와께서 너의 조상에게 주리라고 맹세하신 땅에 함께 들어가서 그들에게 그 땅을 유산으로 얻게 하라. (…) 두려워하지도 말고 놀라지도 말라." 개신교도 또는 천주교도에게만 해당하는 이야기가 아니다. 『오디세이』에서도 "용감하라", "용기를 가져라", "두려워하지 말라"라는 말이 여러 번 반복해서 등장한다.

스토아학파와 기독교도는 감정적인 반응을 보였다고 해서 그 누구에게도 잘못을 묻지 않았다. 그 감정이 사라진 뒤에 무슨 일을 했는지에만 신경을 썼다. 미국의 작가 윌리엄 포크너는 이렇게 말했다. "겁을 먹는 건 어쩔 수 없다. 하지만 두려워하지는 말라.”

접과 두려움은 본질적으로 분명히 다르다. 접은 일시적으로 몰려드는 '느낌'이다. 접먹은 것은 용서받을 수 있다. 한편 두려움은 '상태'다. 두려움이 나를 지배하게 내버려 두는 것은 수치스러운 일이다.

접은 경계하게 하고 상황을 일깨우며 위험을 알려줘서 우리를 돕는다. 두려움은 끌어내리고 나약하게 하고 마비시켜서 우리를 방해한다. 불확실한 세상, 귀찮고 복잡한 문제가 많은 시대에 두려움은 골칫거리다. 우리는 그 두려움 때문에 머뭇거리게 된다. 접을 먹는 건 괜찮다. 접먹지 않는 사람이 세상에 존재하긴 할까? 하지만 접이 난다고 해서 멈춰서는 안 된다.

“세상은 좁은 다리와 같다. 중요한 것은 두려워하지 않는 것이다.” 1800년대 초부터 전해 내려오는 히브리어 기도문의 내용이다. 이 격언에 담긴 지혜가 엄청난 역경과 끔찍한 비극 속에서도 유대인을 지탱했다. 심지어 시월전쟁(욤 키푸르 전쟁) 당시 노래로 만들어졌는데 이 노래는 방송을 통해 군대와 시민에게 퍼지면서 큰 인기를 얻었다. 1973년 10월 6일부터 10월 25일까지 이집트와 시리아를 주축으로 한 아랍 연합군과 이스라엘이 치른 그 전쟁은 결국 이스라엘의 승리로 끝이 났다. 이 기도문은 유대인의 사기를 끊임없이 고양하는 역할을 했다. 매사가 불확실하다고 해서 앞을 바라보지 않고 밑을 내려다보면 겁을 먹기 쉽다. 두려움은 아무 도움이 되지 않는다.

1929년 10월에 주식 시장이 붕괴한 뒤, 미국은 장장 10년 동안 지속된 끔찍한 경제 위기를 마주했다. 은행은 문을 닫았고 투자자는 전멸했다. 실업률은 약 20퍼센트에 달했다. 3년 반 동안 시도와 실패를 거듭한 끝에 대통령 자리에 올랐던 프랭클린 델러노 루스벨트는 겁이 났을까? 당연하다. 어떻게 겁에 질리지 않을 수 있었겠는가? 사람이라면 모두 겁을 먹는다.

하지만 루스벨트는 그 유명한 1933년의 취임사에서 두려움은 선택의 문제라고 했다. 상황을 악화하기만 하는 두려움이 진정한 적이었다. 두려움은 남은 둑마저 파괴하고 서로 등을 돌리게 하며, 협동적인 해결책을 실현하지 못하게 한다.

그렇다면 두려울 때 누가 선한 일을 할 수 있을까? 두려울 때 누가 명확하게 볼 수 있을까? 두려울 때 누가 타인을 도울 수 있을까? 두려울 때 누가 사랑할 수 있을까? 두려울 때 어떻게 무언가를 할 수 있을까?

미식축구에서 리시버가 자신이 공에 맞을까 봐 주춤하면 공을 잡을 수 없다. 평론가들의 펜이 자신을 어떻게 평가할까 걱정하면서 망설인다면 예술가는 무대 위에서 기량을 충분히 발휘할 수 없다. 여론조사 결과를 걱정한다면 정치인은 좀처럼 올바른 결정을 내리지 못한다. 아이를 키우는 게 얼마나 힘들지 생각한다면 커플은 가정을 꾸릴 수 없다.

우리가 살아가는 삶, 우리가 살아가는 이 세상은 무서운 곳이다. 폭이 좁은 흔들다리의 옆을 내다보면 심장이 멈출 것만 같아 주저앉게 된다. 현명한 결정을 내리지 못하게 되고 상황을 분명하게 보거나 생각하지 못하게 된다.

중요한 것은 두려워하지 않는 것이다. 그러니 이렇게 생각하라. 우리에게는 두려움이 끼어들 자리가 없다고, 우리가 하고 싶은 일에 비집고 들어올 틈이 없다고 말이다.

두려움 속에 숨어 있는 잠재력

플로렌스 나이팅게일은 어렸을 때부터 겁이 없었다. 나이팅게일의 이모가 그린 그림을 보더라도 그런 면모가 드러난다. 당시 네 살 정도 됐던 나이팅게일은 어머니와 언니하고 함께 걸어가고 있다. 언니는 어머니 손을 꼭 붙잡고 걸어가는데, 나이팅게일은 혼자서 터벅터벅 걸어간다. 몇몇 아이에게서 볼 수 있는 순수한 자신감이 그 발걸음에서 묻어난다. 나이팅게일은 안전을 추구하지 않았으며 다른 사람이 뭐라고 생각하든 개의치 않았다. 그의 세상에는 볼 것도, 탐험할 것도 너무 많았다.

하지만 안타깝게도 이러한 독립적인 성향은 오래가지 못했다. 누군가가 나이팅게일에게 세상은 위험한 곳이라고 말했을지도 모른다. 소녀는 모름지기 이래야 한다는, 무언의 시대적 압박이 있었을지도 모른다. 매우 유복한 가정에서 특권을 부여받은 채 태어난 나이팅게일에게 독립성은 호사였을지도 모른다. 그렇게 자신이 무엇을 해낼 수 있다는 감각은 나이팅게일에게서 무뎌져 갔다.

우리는 모두 이런 비슷한 일을 겪은 적이 있을 것이다. 그 의도가 무엇이든 어른은 아이의 비눗방울을 찔러 터뜨려 버리는 잔인한 행동을 한다. 그렇게 행동하면서 어른은 아이에게 잔인한 현실을 대비하게끔 한다고 생각하지만, 실제로는 자기의 두려움과 한계를 아이에게 억지로 떠안기는 것이다. 이런 행동이 세상의 용기를 얼마나 빼앗아 갔는가!

나이팅게일도 예외는 아니었다. 1837년 2월 7일, 열여섯 살의 나이에 나이팅게일은 훗날 자신이 '부름'이라고 일컫는 것을 받았다. 무엇을 요구한 거였을까? 어디로 가란 거였을까? 어떻게 하라는 거였을까?

나이팅게일이 들은 것은 마음에서 솟아나는 의미심장한 말이었다. 그에게 무언가를 기대하는 듯한 느낌이 들었다. 자기가 봉사하고자 이 세상에 왔다는 느낌, 부유하고 여유로운 가족들과는 다른 삶을 살게 되겠다는 느낌, 그 당시 여성이 부여받은 제한적이고 반복적인 역할과는 다른 무언가를 하게 되겠다는 느낌이 들었다.

"마음속 어디에선가 목소리가 들립니다." 미식축구 스타 팻 틸먼은 미 육군 레인저연대에 입대하고자 미식축구를 그만두려고 했다. "우리에게 들리는 목소리는 우리가 되고 싶은 사람이 될 수 있는 방향으로 이끌지만, 그 목소리를 따를지 말지는 우리에게 달려 있습니다. 목소리는 대개 예측할 수 있고, 복잡하지 않으며, 겉보기엔 긍정적인 방향으로 우리를 인도합니다. 하지만 가끔 우리는 완전히 다른 길로 향할 때가 있어요."

아마 나이팅게일처럼 용감한 소녀는 내면의 목소리를 따를 준비가 되어 있었으리라고 짐작할 수도 있다. 하지만 우리 대부분이 그러하듯 나이팅게일도 당시 시대의 신념을 내면화하고, 부모의 뜻을 거스르는 일은 감히 상상할 수도 없는 10대 소녀로 자랐다.

"영국 더비셔에는 커다란 시골 저택이 있었다." 영국의 작가 리턴 스트레이치는 자신이 집필한 고전 『빅토리아조 저명인열전(Lives of Eminent Victorians)』에서 이렇게 썼다. "뉴포리스트(New Forest)에도 커다란 시골 저택이 있었다. 그 집에는 봄부터 여름까지 예술, 문화, 스포츠 전반에 걸쳐 다채로운 행사가 펼쳐지는 런던 시즌에 사교 행사와 최고급 파티를 열기 위한 호화로운 방들이 있었다. 영국 본토에서는 이탈리아 오페라와 파리 유명 예술가의 공연이 평소보다 훨씬 많이 열리고 있었다. 나이팅게일은 이러한 이점을 누리며 자라왔으니, 신분에 걸맞은 책무를 다하고 감사하며 사는 게 맞다고 생각할 수밖에 없었다. 한마디로 수많은 무도회와 만찬회에 참석하고 좋은 신랑감을 만나 오래오래 행복하게 사는 삶 말이다."

차마 입 밖으로 꺼내진 못했지만, 이 목소리는 8년 동안이나 나이팅게일의 마음속에 자리하고 있었다. 한편으로 그는 빅토리아시대의 세상이 제대로 돌아가지 않고 있다는 걸 어렴풋이나마 알고 있었다. 기대수명은 겨우 마흔 살 정도였다. 수많은 도시에서, 병원 안에서 치료받은 환자가 병원 밖에 있는 환자보다 오히려 사망률이 높았다. 나이팅게일이 참전하여 두각을 나타낸 크림전쟁에서 수십만 명의 군인 가운데 부상으로 사망한 사람은 1800명밖에 되지 않았다. 1만 6000명 이상이 병에 걸려 죽었고, 추가로 1만 3000명 이상은 더는 군에 복무할 수 없는 상태에 놓였다. 평화가 지속되던 때도 상황은 크게 다르지 않았다. 입대 자체가 목숨을 위협하는 행위였다. 한번은 나이팅게일이 군대 지휘관들에게 이렇게 말했다. "이건 매년 솔즈베리평원에 1100명의 남성을 세워놓고 총으로 쏴서 죽이는 것과 다를 바가 없습니다."

위기 촉발의 상황이어서 전장에 시체가 쌓이는 속도만큼 두려움도 빠르게 커져 나갔다. 나이팅게일의 전기를 쓴 스트레이치에 따르면 나이팅게일은 도자기를 관리하고, 자신에게 책을 읽어주기를 바라는 아버지의 기대에 부응하고, 결혼할 만한 남자를 찾아보고, 가십거리에 대해 수다를 떨어야 했다. 그 외에는 아무것도 할 수 없었다. 즉, 당대의 여성이 할 수 있는 일은 단 하나도 없었다.

진부한 시대적 압박이 목을 조여오자 나이팅게일은 목소리를 무시했다. 고상한 사고 활동에 방해될까 봐 두려웠기 때문이다. 물론 가끔 몸이 아픈 이웃을 돕긴 했다. 책을 읽고 최초의 여성 의사 엘리자베스 블랙웰 등 흥미로운 인사들을 만났다. 하지만 스물다섯 살에 솔즈베리병원에서 자원봉사를 할 기회를 얻었을 때는 어머니의 반대에 순종했다. "병원에서 일한다고? 왜, 몸도 팔겠다고 하지 그래!"

8년간의 부정 끝에 나이팅게일은 또 다른 부름을 받았다. 목소리는 저번보다 더 날카롭게 지적했다. "고작 타인의 평판 때문에 봉사하지 않겠다고?" 나이팅게일은 바로 이런 것들이 두려웠다. 사람들은 어떻게 생각할까? 자신을 가까이에 두고 싶어 하는 가족과 헤어질 수 있을까? 사교계에 데뷔한 상류층 여성이 간호사가 된다고? 19세기에는 거의 존재하지 않는 것과 마찬가지였던 간호사에 대해서 아무것도 아는 게 없는데 직업으로 삼을 수 있을까? 여자는 하면 안 될 일을 해낼 수 있을까? 과연 성공할 수 있을까?

두려움이 나이팅게일의 삶을 휘몰아쳤다. 미지의 바다를 건너려고 할 때, 다른 새로운 일을 하고자 지금까지 살아왔던 삶을 날려버리려고 할 때 모두가 느끼는 감정이다. 모든 사람이

너는 실패할 거라고, 네가 틀렸다고 말할 때 어떻게 그 말을 듣지 않을 수 있겠는가? 내가 미쳐야지만 다른 사람이 나에게 미쳤다고 하는 말을 무시할 수 있다. 끔찍한 역설이다.

게다가 죄책감이 들게 한다면? 더 나아가 자신을 책망하게 된다면? 사람들이 자신에게 실망할까 봐 두렵다면? 이것이 바로 나이팅게일이 맞닥뜨린 두려움이었다. 나이팅게일의 부모는 딸의 야망을 별다른 포부 없이 살아가는 자신들의 삶을 저격하는 비판으로 받아들였다. 어머니는 딸이 자기 얼굴에 '먹칠'하려 한다며 울었고, 아버지는 버릇없고 배은망덕한 딸에게 분노했다. 그렇게 나이팅게일의 마음속에는 고통스러운 거짓이 자라났다.

나이팅게일은 내과 의사이자 「공화국 전투 찬가(Battle Hymn of the Republic)」의 작사가 줄리아 워드 하우의 남편이기도 한 새뮤얼 그리들리 하우에게 조심스레 물었다. "하우 박사님, 젊은 영국 여성이 병원에서 자선 활동에 헌신하는 게 부적절하고 바람직하지 않다고 생각하시나요? 끔찍한 일이라고 생각하세요?"

나이팅게일의 질문은 가정으로 가득 차 있었다. 부적절하고, 바람직하지 않으며, 끔찍한 일. 나이팅게일은 갈피를 잡지 못했다. 꿈을 따라도 좋다는 허락을 받고 싶었던 것일까, 아니면 꿈을 포기해도 된다는 허락을 받고 싶었던 것일까? 하우 박사는 이렇게 답했다.

"친애하는 플로렌스 양, 지금 가려는 길은 남들이 가는 길과는 다른 길이지요. 영국 사람들은 무엇이든 남들과 다르다면 부적절하다고 생각한답니다. 저라면 '꿈을 좇아서 가라'고 말하겠어요. 그런 삶의 방식에 소명 의식이 있다면 영감을 받은 대로 행동하세요. 타인을 위한 봉사에 바람직하지 않거나 숙녀답지 않은 행동은 없다는 걸 깨닫게 될 겁니다. 선택을 내리고, 그 길로 가십시오. 그 길이 어디로 자기를 이끌든 말이죠."

하지만 남들과 다르다는 것에 느끼는 두려움은 사라지지 않았다. 죄책감은 더 커졌다. 위협도 여전했다. 이 모든 것은 나이팅게일이 집에 머물면서 분수에 맞게 행동하도록 설정된 것이었다. 그리고 대개 그렇듯이 효과가 있었다. 분명 존경하는 사람의 격려를 받았는데도 말이다.

"부모님의 행복을 방해하다니, 나는 살인자와 다름없어." 나이팅게일은 일기장에 이렇게 써 내려갔다. "부모님이 주신 삶이 만족스럽지 않다면 나는 뭐가 문제일까?" 가족은 나이팅게일에게 거의 말을 걸지 않았다. 나이팅게일의 말을 빌리자면 자기가 "범죄를 저지르고 집에 온 것처럼 대했다"라고 한다. 부모님의 설득은 수년 동안 효과가 있었다. 나이팅게일의 전기작가 세실 우드햄 스미스에 따르면 "나이팅게일은 자기주장을 할 수 있었지만 실제로는 주장을 내세우지 않았다. 그를 얽

어매고 있는 끈은 한낱 지푸라기에 불과했지만 그 지푸라기를 끊어내지 않았다."

1840년대나 오늘이나 마찬가지다. 영웅신화의 여러 단계 중에서 '모험으로 불러들이기'의 다음 단계가 무엇인 줄 아는 가? 바로 '모험을 거부하기'다. 왜냐하면 부름을 따르는 것은 너무 고되고 두렵기 때문이다. 영웅은 분명 잘못된 사람을 고른 게 틀림없다고 치부해 버린다.

나이팅게일도 마찬가지였다. 목소리를 무시한 기간도 짧지 않았다. 장장 16년간 자기 자신과 이런 대화를 나눴다. 두려움과 공포가 목소리를 회피하게 했다. 이처럼 공포는 우리를 운명과 갈라놓으며 발전을 방해하고 얼어붙게 한다. 왜 해야 하는지, 왜 해서는 안 되는지 백만 가지의 이유를 든다.

"두려움 속에서 할 수 있는 일은 얼마나 적은가." 나이팅게일은 나중에 이렇게 썼다. 서른 살이 다 되어 부름을 따르기로 마음먹기까지 꽤 긴 시간이 걸렸다는 게 그 증거다. 하지만 나이팅게일은 짧게나마 두렵다는 생각이 전혀 들지 않은 순간이 있었다는 것도 알고 있었다. 자기 내면으로 들어가 두려움에 맞설 힘을 꽉 움켜잡아야 했다. 알을 깨고 나와, 자신이 들은 부름을 받아들여야 했다.

겁이 나는 도약이었다. 편안한 삶에서 벗어나고, 관습을 어기고, 주변 사람이 보내는 의심과 요구를 뿌리치는 것. 물론 이 앞에서 나이팅게일도 한참을 머뭇거렸다. 사람들은 대부분 이러한 두려움에 발이 묶인다. 하지만 나이팅게일은 더는 주저하지 않았다. 2주 뒤, 그는 도약했다.

"부모님의 공감을 바라거나 도움을 기대해서는 안 돼." 나이팅게일은 자유로워지기로 마음먹었다. "사소한 일일지라도 나를 살아 있게 하는 무언가를 해야 해. 내가 손을 뻗어야 해. 내가 원하는 게 그냥 손안에 떨어질 일은 없어."

1년이 지나지 않아, 나이팅게일은 크림반도에 부상자를 대상으로 하는 야전병원을 세웠다. 여건은 처참했다. 병상이 부족한 탓에 사람들은 건물 복도와 배 갑판에서 죽어갔다. 환자가 먹어야 할 음식을 쥐가 먹어치웠다. 옷이 부족해서 환자들은 몸을 데우려고 옹기종기 병실 안에서 붙어 있었다. 그중 일부는 벌거벗은 채로 삶을 마감하기도 했다. 배급은 제대로 이뤄지지 않았고, 의사들은 무능했다. 가장 용감한 공무원들마저 겁먹었을 정도였다. 바로 이런 더러운 꼴을 딸이 보지 않게 하려고 나이팅게일의 부모가 그렇게 말렸던 것이었다.

"유럽 대도시의 열악한 빈민촌이 어떤지는 잘 알고 있었다. 하지만 군병원의 밤은 그것과 비교할 수도 없을 정도로 처참했다." 이제 그 두려움은 사라졌다. 두려움이 있던 자리를 결심이 대신 채웠다. 나이팅게일은 상황을 개선하고자 팔을 걷어붙이고 자비를 들여 병원을 고쳤다.

미국의 시인 헨리 워즈워스 롱펠로는 나이팅게일의 영웅적인 모습을 한 편의 시에 완벽하게 담아낸다. 시 속에서 음울하고 생기 없는 병동 복도와 등불을 들고 한 병실에서 다른 병실로 달려가는 나이팅게일의 쾌활한 모습을 대조한다.

영국의 오래된 기록을 통해
그 말과 노래가 전해 내려오네.
빛 한 줄기가
과거의 문지방에서 빛을 비추네.

등불을 든 여자가
이 땅의 위대한 역사에 서 있네.
고귀하고 선한
영웅적인 여성이여.

영웅적, 끝! 다른 수식어가 더 필요하지 않다. 나이팅게일이 평범했지만 강력한 두려움을 이겨낼 만큼 용감했기에 가능한 일이었다.

크림반도에서 일할 때 나이팅게일은 화염 속에서 중대한 신변의 위험을 무릅써야 했다. 실제로 복무 중에 '크림반도 열병'이라 불리는 브루셀라병에 걸렸으며 이 병으로 평생 고생했다.

훗날 그 브루셀라병은 적십자 창립에 영향을 줬다. 나이팅게일의 혁신과 병들고 취약한 사람들을 돌보는 일을 체계화한 선구적인 노력 덕분에, 그가 남들이 위험한 길이라고 가지 말라고 했던 길에서 떠난 뒤에도 환자들이 180년 동안이나 계속해서 혜택을 볼 수 있게 되었다.

나이팅게일이 단호하게 자기주장을 했을 때 어머니는 눈물을 훔치며 말했다. "오리가 야생 백조를 낳았구나." 딸이 특별하다는 것을 알게 됐을 때 눈물을 훔치는 어머니라니. 그런 집에서 자랐다고 상상해 보라. 스트레이치는 나이팅게일의 어머니가 착각했다고 지적했다. 그 딸은 백조가 아니었다. 어머니는 백조가 아닌 독수리를 낳았다. 둥지에서 부화하기까지는 오래 걸리지만, 일단 알을 깨고 나와 날갯짓하기 시작하면 남 무서울 것 없이 날아오른다.

우리가 인생에서 해야 할 일은 저 너머에서 들려온다. 그것은 우리의 존재를 넘어선다. 우리는 모두 무엇이 되라는 부름을 받는다. 우리는 선발된 것이다. 선택받은 것이다. 이러한 부름을 받아들일 것인가? 아니면 거부할 것인가? 이것이 우리의 소명이다.

나이팅게일의 일화를 바라보는 관점은 한 가지가 아니다. 어떤 관점에서는 나이팅게일이 몇 년 동안 부름을 무시하고 살았다고 본다. 다른 관점에서는 나이팅게일이 인생의 사명을 다하고자 준비하고 있었다고 추측하기도 한다. 가족과 사회는 나이팅게일이 해야 할 일을 못 하도록 연막을 피웠고, 나이팅게일은 그것을 꿰뚫어 보는 데 긴 시간이 필요했다. 간호학을 탈바꿈하게 할 만한 기술을 습득하는 데까지도 시간이 걸렸다.

어떤 시선으로 나이팅게일을 바라보든, 두려움과 두려움의 극복은 세상을 바꾼 다른 모든 사람과 마찬가지로 나이팅게일에게도 존재의 사활을 건 싸움이었다. 가치 있는 일 가운데 무섭지 않은 일은 없으며 의심, 불안, 한계, 악의와 씨름하지 않고 위대함을 이룩한 사람은 없다.

이 경험은 그 자체로 나이팅게일이 발전해 나가는 데 큰 도움이 됐다. 마침내 병원을 설립하려고 팔을 걷어붙였을 때, 영국 군대 구조와 민간인 의료 시스템을 개선하려 했을 때, 나이팅게일은 팽팽한 반대에 부딪혀야 했다. 관료주의와 특정 계층과 정치권력은 나이팅게일의 개혁안에 반대했다. 나이팅게일은 병동에서 자비의 천사 역할뿐 아니라 더 많은 일을 감당해야 했다. 그는 병참 장교였고 보이지 않는 비서이자 로비스트, 내부 고발자인 동시에 행정관이었다. 끈질기고 위협적인 반대가 목을 조이는 가운데 병상에서 환자들을 계속 보살폈고, 그와 동시에 자신을 끌어내리고 자신의 계획을 수포로 만들려는 견제 세력에도 굴하지 않고 맞설 능력이 있었다.

그 누구도 더는 나이팅게일을 위협하고 괴롭힐 수 없었다.

나이팅게일은 오늘날 국방 장관에 해당하는 영국의 전쟁성 장관에게 보내는 서신에서 이렇게 썼다. "장관님께서는 런던에 있는 커다란 공원, 벨그레이브스퀘어에서 이 서신을 보내셨습니다. 저는 크림반도의 한 오두막에서 이 편지를 씁니다. 글 쓰는 장소부터가 다르지요." 몇 달 전만 해도 히스테리가 심한 어머니를 실망하게 할까 봐 두려워했던 바로 그 여성이 쓴 글이다. 의사뿐만 아니라 모든 사람이 이것은 불가능한 일이라고 말할 때면, 이제 나이팅게일은 권위 있게 "하지만 해야 하는 일입니다"라고 답했다. 예컨대 근무하던 병원에서 가톨릭교도와 유대인은 환자로 받지 않겠다고 말했을 때처럼 상대방이 절대 안 된다고 자기 뜻을 반대하면 나이팅게일은 그만두겠다고 위협했다. 그렇게 말하면 사람들은 다 알아들었다.

나이팅게일 그 자신이 두려움을 경험해 본 적이 있었기에 아프고 죽어가는 수천 명의 환자와 관계를 맺고 보살피며 사랑할 수 있었다. 나이팅게일은 "불안과 불확실성, 기다림, 기대, 갑자기 몰려온 두려움은 몸이 힘든 그 어떤 일보다 환자에게 해를 끼친다. 항상 적과 대면하는 상태와 다름없단 것을 기억하라. 이러한 감정을 느낀다는 것은 마음속으로 씨름하면서 상상 속에서 긴 대화를 나누는 것과 같다."라고 썼다. 이 전투를 직접 치러봤으므로 환자들이 이겨내도록 도와줄 수 있었던 것이다.

오늘날 우리는 모두 각각 다른 부름을 받는다.

봉사하라는 부름.

위험을 감수하라는 부름.

현재 상황에 도전하라는 부름.

남들이 도망갈 때 앞을 향해 달려 나가라는 부름.

자기 지위를 뛰어넘으라는 부름.

다른 사람이 불가능하다고 말하는 일을 하라는 부름.

이러한 부름에 따르는 게 잘못된 일처럼 느껴지는 이유는 많다. 이런 생각과 꿈, 욕망을 마음속에서 지워버리라는 압박은 엄청나다. 어디에 있고 무엇을 하고자 하는지에 따라 직면하게 되는 저항은, 소명을 포기하면서 얻는 가벼운 이익일 수도 있고 포기하지 않을 때 뒤따라올 노골적인 폭력일 수도 있다. 누구든지 두려움을 느끼기 마련이다. 언제나 그렇다.

두렵다고 해서 부름에 응답하지 않을 텐가? 그 부름을 계속 무시할 것인가? 아니면 나이팅게일이 그랬던 것처럼 점점 소명에 가까이 다가가, 여기서 해야 하는 일을 해낼 준비가 될 때까지 마음을 단련하고 미래를 대비할 것인가?

타인의 시선을 경계하라

두려움의 근원은 대부분 '다른 사람들이 자기를 어떻게 생각할까' 하는 질문에 있다. 이런 생각은 자기 자신을 마비시킨다. 비뚤어진 눈으로 세상을 바라보고 현실의 구조마저도 왜곡하게 하고, 묘사하기 어려울 정도로 제정신이 아닌 듯이 비겁하게 행동하게 만든다.

영국의 작가 시릴 코널리는 "이웃이 뭐라고 수군댈지 몰라서 감히 자살하지 못하는 사람이 많다"라고 농담한 적이 있다. 그 정도로 우리는 다른 사람들이 어떻게 생각하는지에 너무나 신경을 쓴다. 험담이 들리지 않는 곳에 있을 때마저 뒤에서 자신에 대해 안 좋게 이야기할까 봐 두려워한다.

역설적으로 새롭고 감명을 주며 옳은 일은 당시 격렬하게 반대하는 사람들의 목소리를 무릅쓰고 이루어졌다. 현재 사랑받고 있는 것의 대부분은 처음 만들어지거나 실행됐던 당시에는 하찮게 여겨졌지만, 그런 시선을 누가 그러느냐는 듯 무시한 사람들 덕분에 지금까지 살아남았다. 그런데 이렇게 다른 사람의 반대를 극복해야 할 난관이라고 바라볼 능력이나 의지가 부족할 때가 종종 있다.

1970년 프랭크 세르피코가 뉴욕 경찰의 부패를 내부 고발했을 때, 다른 동료 경찰이 그를 축하했다. 그러자 세르피코는 정작 도움이 필요할 때 왜 함께 들고 일어서지 않았느냐고 물었다. 그 동료 경찰이 대답했다. "뭐라고요? 나도 당신처럼 왕따가 되라고요?" 바로 그거다! 왕따가 되는 것을 피할 선택의 여지가 없다. 정작 시민을 보호해야 하는 동료 경찰이 시민을 갈취하는 것을 두고 볼 텐가? 범죄자로부터 시민을 보호해야 하는 경찰이 범죄자와 협력하는 것을 눈감아 줄 것인가?

사람들은 목소리를 높이기보다 범죄자와 한통속이 되는 게 낫다고 생각한다. 세계적인 유행병이 돌 때도 혼자 마스크를 쓰기보다 죽는 게 낫다고 생각한다. 장래가 덜 보장되는 일을 하고자 일을 그만둔 이유를 설명하기보다는 기존 직장에 남는 것을 선호한다. 감히 의문을 제기하기보다는 쓸데없는 유행을 따라가려고 한다. 평생 저축한 돈을 투자했다가 거품 경기가 터졌을 때 그 돈을 잃는 게, 거품이 끼는 동안 아무것도 안 하는 바보처럼 보이는 것보다 어쩐지 덜 고통스럽다. 타인과 조금이라도 다른 의견을 내거나 고작 10분이라도 남들과 떨어져 홀로 서 있는 위험을 피하려고 자기 평판을 더럽히는 쪽을 선택하기도 한다.

로마의 정치인 키케로의 충고를 얼마나 잘 기억하고 있는가. 사람들은 끊임없이 노력하고 수사학을 사랑했던, 신흥 부자 출신인 키케로를 비웃었다. 키케로는 항상 사람들 입에 오르내렸다. 사람들은 그의 뒤에서 수군댔으며 곁눈질했다. 그러자 키케로는 이렇게 충고했다. "다른 사람이 자기에 대해 무슨 말을 할까 걱정하는 건 그들의 몫으로 남겨두십시오. 어쨌든 그들은 내 이야기를 할 것입니다."

두려움이 우리를 지배하게 두어서는 안 된다. 사람들의 기분을 거스르지 않으면서 중요한 일을 해낸 사람은 여태까지 단 한 명도 없었기 때문이다. 의구심에 부닥치지 않고 변화가 일어난 적은 없었다. 조롱받지 않은 운동은 없었다. 획기적인 사업 중에서 다른 사람들이 분명 실패할 거라고 큰소리치지 않았던 사업은 없었다. 얼굴도 모르고 책임질 일도 없는 제삼자의 일반적인 의견이 여러모로 고민하고 고려한 당사자의 의견보다 가치 있게 평가된 적은 역사상 단 한 번도 없었다.

세어보기 전에는
항상 더 많아 보인다

군 경력을 쌓은 지 얼마 되지 않았을 때, 미국의 제18대 대통령 율리시스 S. 그랜트는 동부 텍사스주를 가로지르는 먼 길을 나섰다. 그런데 여정 중간에 보급품이 떨어지기 시작했다. 부하 중 한 명은 병에 걸렸고, 말은 다리에 힘이 풀렸다.

원주민과 범법자를 비롯한 여러 집단의 공격을 받을 수 있는 그 위험한 땅에서 그랜트는 텍사스주 코퍼스크리스티까지 약 110킬로미터를 행군해야 했다. 무단이탈하는 것을 피하고자 그랜트와 다른 군인은 제대로 군장도 갖추지 못한 채 서둘러 길을 떠났다. 그들은 적들이 곳곳에 도사리는 땅에서 방울뱀과 두꺼운 나무 덤불 사이를 헤치고 수많은 개울과 강을 건

넚다.

거기에는 늑대도 있었다. 두 사람은 태어나서 들어본 것 중 가장 섬뜩한 늑대의 울부짖는 소리를 들었다고 한다. 허리까지 오는 초원의 풀이 시야를 가려 아무것도 보이지 않았지만, 늑대 무리와 가까워지고 있다는 데는 의심할 여지가 없었다. 그랜트의 회고록에 따르면 "가까이 있던 늑대 무리는 사나웠고, 군인과 말을 단번에 집어삼킬 준비가 되어 있었다." 그랜트는 길을 돌리고 싶었다. 사실 속으로는 동료가 먼저 포기하고 돌아가자고 제안하기를 바랐다. 몸을 보전하는 것 말고는 더 바랄 것도 없었다.

하지만 그랜트보다 인생의 풍파를 많이 겪고 경험도 풍부한 다른 장교는 미소를 지으며 계속 앞으로 가자고 밀어붙였다. "그랜트, 늑대 무리가 몇 마리 정도 된다고 생각하나?" 그랜트는 겁을 먹었지만 멍청하거나 겁쟁이로 보이고 싶지 않았기에 무심코 숫자를 낮춰서 말했다. "스무 마리쯤 되지 않을까요?" 심장은 빠르게 뛰고 있었지만 태연한 척했다.

그때 그랜트와 장교는 소리가 들려오는 장소를 찾아냈다. 그곳에는 늑대 두 마리만이 느긋하게 앉아 있을 뿐이었다. 심장이 빠르게 뛰고 최악의 상황을 끊임없이 상상하며 불안에 떨게 했던 낯선 위험은 일어나지 않았다.

40년 뒤 그랜트는 충실하게 일했던 공직과 정치인 생활에서 은퇴했다. 그는 어떤 집단이 비판을 좀 받았다고 나아갈 방향을 변경하거나 누군가가 나쁜 일이나 보이지 않는 적이 있다고 무언가를 포기한다는 이야기를 들을 때마다 자기가 경험한 일화를 떠올렸다고 한다. 그런 상황에서 그랜트가 얻은 교훈은 바로 이것이다. "숫자를 세보기 전에는 항상 많아 보이는 법이다." 장애물, 적, 비판 등은 생각하는 것만큼 많지 않다. 다른 사람들이 우리가 그렇게 믿길 바라며 만든 환영일 뿐이다.

그랜트는 그때 또 다른 교훈도 얻었다. 그랜트와 장교가 뒷걸음질 치지 않고 앞으로 다가가는 것을 보고 늑대들은 어떻게 반응했을까? 도망쳤다. 더 겁을 먹은 쪽은 늑대들이었다.

1861년 그랜트는 토머스 해리스 대령이 이끄는 남부 연합군에 대항하고자 미주리주에 북부군 중령으로 파견됐다. 참전한 경험도 있고 늑대 사건을 겪으면서 교훈을 얻었는데도 그는 다시 한번 두려움을 느꼈다.

시골 지역의 전방 40킬로미터는 허허벌판이었다. 그 누구도 휘몰아치는 폭풍을 뚫고 가고 싶어 하지 않는다. 그곳에는 개미 새끼 한 마리도 보이지 않았다. 다시 그랜트의 심장이 빠르게 뛰었다. 두근거림은 가슴 위로 점점 더 기어올라 목구멍까지 차올랐다. 그랜트는 당시 심정을 이렇게 썼다. "일리노이주로 돌아갈 수만 있다면야 무슨 일이든 했을 것이다. 하지만 물러나서 뭘 해야 할지 고민할 만큼의 도덕적 용기가 없었다."

가장 두려웠던 순간에, 공격을 견디고 적과 맞서는 것 외에 다른 방안은 없다고 생각한 순간에, 전쟁의 굉음과 공포에 자신을 맡길 수밖에 없다고 느꼈던 순간에, 그랜트는 언덕 꼭대기에 도착했다. 그곳에서 그는 적과 충돌하리라고 예상했다. 하지만 적은 어디에도 없었다. 적군은 그랜트가 이끄는 군대가 공격하리라는 소식을 듣고 이미 도망친 뒤였다.

그랜트는 나중에 이런 글을 남겼다. "내가 해리스 대령을 두려워했던 것만큼 그도 나를 두려워했다는 생각이 스쳐 지나갔다. 과거에는 단 한 번도 취해보지 않은 관점이었다. 그 후 이 교훈을 절대 잊고 살아간 적이 없다. 그리고 그때부터 남북전쟁이 끝날 때까지 적을 마주해도 다소 불안하기는 했지만 두려움을 느낀 적은 단 한 번도 없었다. 내가 그의 군대를 두려워한 것처럼 그도 나의 군대를 두려워할 이유가 많다는 걸 절대 잊지 않았다. 이건 아주 소중한 교훈이다."

밤은 어둡고 공포로 가득하다. 우리는 살아가면서 많은 적과 마주한다. 하지만 적이 우리가 생각하는 것만큼 어마어마하게 무서운 존재는 아니라는 점을 이해해야 한다.

파티에서 유명한 사람에게 다가갈 때, 자녀에게 성관계에 관해 설명해 줘야 할 때, 상사에게 봉급 인상을 요구할 때 두려워할 필요는 없다. 이 상황은 사실 양쪽 모두에게 불편한 상황이다. 떨리는 것은 둘 다 매한가지다.

언제나 우리는 상대방을 과대평가한다. 상대방도 우리를 과대평가한다. 면접관이 과연 지원자를 면접하고 싶어 할까? 면접할 때 질문을 던지면서 즐거워할까? 그렇지 않다. 그들도 면접을 망칠까 봐 두렵다. 출근 첫째 날에 사무실에서 만난 무뚝뚝한 부장, 새내기 군인들을 훈련하는 병장, 사원의 계약 조건을 협상하는 경영 본부의 임원진. 그들이 풍기는 확신의 아우라는 환상이다. 그들도 다른 사람들만큼이나 긴장한다. 긴장하지 않은 척할 뿐이다.

가까이 다가가면 이러한 간극은 예상했던 것보다 크지 않다는 것을 깨달을 것이다. 조금 더 높은 수준의 의식과 공감 능력이 있다고 해서 여린 사람이 되는 것은 아니다. 도리어 자신감을 준다. 이제 그 두려움의 실체를 보자. 지금 다른 사람들은 우리보다 실제로 더 겁먹고 있다.

최악의 시나리오를 상상할 것

무엇을 두려워하는지는 우리도 모른다. 자신이 느끼는 감정의 원인을 잘 아는 것 같지만 꼭 그렇지만은 않다. 안 좋은 일이 먼 미래에 닥칠 것 같다는 불안에 휩싸인다. 두려움이 배 속에 똬리를 틀어 배를 쥐어짜고 휘젓는다. 사실 무엇이 두려운지 분명하지 않아 정확히 알지도 못하면서 말이다. 우리는 나쁜 일이 생기는 것은 아닐지 두려워한다. 일이 잘 안 풀리지는 않을지 두려워한다. 결과가 어떻게 될지 두려워한다. 사람들이 어떻게 생각할지 두려워한다.

자신이 느끼는 두려움에 대해 '언제, 어디서, 무엇이, 어떻게, 누가?'라는 질문이 던져지면 답하는 것이 힘들다. 왜냐하면 실제로 무엇이 두려운지 살펴보지 않았기 때문이다. 우리는 무엇이 그렇게 걱정스러운지 그 실체를 정의해 본 적이 없다. 두려움은 구체적이지 않은 그림자나 환상, 굴절과 같은 것이다. 어디서 주워 오거나 잠깐 힐끗 바라봤을 뿐이다. 그러니 이제 그만두어야 할 시간이다. 여기서. 지금.

미국의 기업가이자 작가인 팀 페리스는 '두려움 분석' 연습을 고안했다. 우리를 주저하게 하는 최악의 시나리오나 불안감, 의심을 정의하고 연결해 보는 작업이다. 이 연습의 뿌리는 고대 스토아철학으로 거슬러 올라간다.

세네카는 '최악의 상황 예상하기'라는 훈련법을 이야기한 적이 있다. 앞으로 마주할 만한 나쁜 상황을 곰곰이 생각해 보는 훈련이다. 세네카는 "추방, 전쟁, 고문, 난파 등 인간이 놓인 조건은 우리 마음먹기에 달렸다"라고 말했다. 즉 두려움의 유형이 아니라 익숙한 정도에 달려 있다는 것이다. 얼마나 그럴싸한가? 무엇이 두려움을 유발하는가? 대처할 준비가 얼마나 돼 있는가? 세네카는 예상치 못한 고난에 가장 타격을 많이 받고 고통스럽게 느낀다고 했다. 그래서 최악의 상황이 일어나리라고 예상하고, 정의하고, 미리 싸워봄으로써 두려움과 위험을 덜어낼 수 있게 된다.

"석유가 동났다고 가정해 봅시다!" '석유왕' 존 D. 록펠러는 현실에 안주하지 않고자 최악의 상황을 가정하는 훈련을 했다.

그래서 19세기 동안 금융공황이 반복됐어도 대담하게 행동함으로써 부를 쌓을 수 있었다. 나폴레옹은 지휘관이라면 자기 자신에게 하루에 몇 번씩 이렇게 물어야 한다고 생각했다. "적이 지금 내 앞에, 오른쪽에, 왼쪽에 나타난다면 어떻게 해야 할까?" 이 훈련의 목적은 장군들을 불안하게 하려는 게 아니라 준비시키려는 데 그 목적이 있었다.

하지만 우리는 이렇게 지도력을 키우는 방법을 근면하게 실천하는 것을 보고 '운명을 시험한다'거나 '괜히 나쁜 기운을 불러온다'며 지나치게 걱정한다. 사실 생각이 잘 미치지 않는 범위의 일까지도 생각하는 것은 지도자의 몫이다. 2000년이 넘는 시간 동안 군 지도자들도 이와 비슷한 맥락의 이야기를 해왔다. 유일하게 용납할 수 없는 장교의 죄목은 놀라움을 표현하는 거라고 말이다. 말하자면 '그런 일이 일어날 줄은 몰랐다'라는 식의 태도는 장교에게 걸맞지 않다.

우리는 모두 두려워하는 것을 실제로 바라볼 용기를 길러야 한다. 방 건너편에 더 알아가고 싶은 매력적인 사람이 있어도 모르는 사람이라서 말을 거는 것을 두려워한다. 도대체 왜 그럴까? 말을 걸었을 때 일어날 결과가 도대체 무엇이기에 그럴까? 웃음거리가 된다? 거절당한다? 우리는 목소리를 내고 싶어 하지 않는다. 하지만 왜 그럴까? 비판을 받을 수도 있어서일까? 최악의 시나리오라고 해야 새로운 일자리를 찾아보는 것 정도일 것이다. 하지만 무엇이 됐든 이미 그런 생각을 하고 있지 않은가? 죽거나 살해될 수 있어서일까? 비행기에 탈 때마다, 거리를 건널 때마다, 매일 아침 눈을 뜰 때마다 우리는 언제라도 쉽게 다치고 죽을 수 있는 존재가 아닌가?

또 언제든 일어날 수 있는 일, 생각하면 불쾌하기 짝이 없는 일, 비정상적인 일, 예상치 못한 일, 일어날 것 같지 않은 일에 대해 모두 생각해 보는 용기를 길러야 한다. 과장된 불확실성에서 오는 불안을 줄일 뿐만 아니라 미지의 것들에서도 확실성을 찾을 수 있기 때문이다. 위험 요소, 자는 동안에 발생할 수 있는 일, 적의 계획, 틀어질 수 있는 일들에서 말이다. 인간과 관련된 모든 일과 경우의 수는 이질적이지도, 생경하지도 않아야 한다.

더글러스 맥아더는 전쟁과 삶에 실패하는 이유를 두 단어로 요약했다. '너무 늦어서.' 너무 늦게 준비했고, 너무 늦게 적의 의도를 파악했고, 너무 늦게 아군을 확보했고, 너무 늦게 연락할 방법을 찾아냈고, 너무 늦게 도움이 필요한 사람들을 도왔다. 너무 늦게 자세히 들여다봤고, 그랜트처럼 수를 세어보지도 않았으며, 나폴레옹처럼 적의 출현에 대비하지도 않았다.

조금 우울한 이야기인가? 그럴지도 모른다. 하지만 비관적으로 관망하되 준비된 사람이 낙관적이고 준비되지 않은 사람보다 낫다. 아리스토텔레스는 가장 취약한 사람을 낙관적인 사람이라고 말했다. 왜냐하면 "결과가 예상대로 나오지 않을 때 도망치기 때문이다."

가장 좋은 성과를 내려면 최악의 상황을 예측해야 한다. 무엇이 두려운지 알면 두려움을 퇴치할 수 있다. 단점을 분명하게 알게 되면 장점과 비교할 수 있다. 직접 늑대 수를 세어보면 몇 마리밖에 없다는 것을 알게 된다. 넘어서지 못할 산처럼 보이는 것은 두더지가 파놓은 흙 두둑에 불과하고, 괴물은 나와 똑같은 사람이었다는 것을 알게 된다.

적을 인간으로 바라보면 더 잘 이해할 수 있다. 너무 큰 비용이 든다고 막연히 생각했던 것도, 실제로 그 비용을 계산해보면 얼마 되지 않을 때가 있다. 그러니 직접 계산해 볼 필요가 있다. 투자에 위험이 따른다고 해도 그에 따른 손해보다 보상이 더 클 때도 있다. 발생 가능성은 매우 낮아도, 발생하기만 하면 엄청난 충격과 파급효과를 가져오는 사건이 시야에 들어온다면 대비할 수 있다. 공격을 예측하면 격퇴할 수 있다. 일어날 수 있는 일의 범위가 좁아지고, 머피의 법칙이 적용되는 범주도 줄어든다.

막연한 두려움은 우리를 주춤하게 한다. 그렇지만 우리가 두려움을 더 많이 탐구할수록 그 감정이 우리를 지배하는 힘은 줄어든다. 그렇기에 그릇된 전제를 공격해 암세포를 제거하듯 뿌리를 뽑아버려야 한다.

우리는 두려움의 실체를 몰랐기에 두려워했다. 두려움의 실체를 몰랐기에 취약했다. 하지만 지금은 안다. 이러한 인식이 있다면 앞으로 나아갈 수 있다.

과정은 반드시 험난하다

세네카는 삶에서 일어날 만한 모든 일과 문제에 대비했다. 하지만 세네카도 자기가 겪은 모든 고난을 예상했으리라고 생각하기는 어렵다. 전쟁, 난파, 고문, 망명, 엎친 데 덮친 격으로 결핵까지. 그는 자녀를 잃었고 네로의 광기와 중상모략을 견뎌야 했다.

한편으로 세네카는 운이 없어서 이런 일들을 겪었다고 생각했을 것이다. 하지만 다른 한편으로는 이러한 시련이 자기를 단련시킨다는 것을 알고 있었다.

"위험한 일을 겪지 않고 승리한 사람은 없다. 무키우스는 적을 암살하는 데 실패하고 붙들려서 오른손을 불에 집어넣어야 하는 시험에 들었다. 가난했던 파브리키우스는 전쟁에 패했을 때 몸값을 요구하는 적에게 뇌물로 바칠 재물이 없는 시험에 들었다. 루틸리우스는 억울한 혐의에 유죄판결이 내려져서 추방되는 시험에 들었다. 레굴루스는 카르타고에 패하고 붙잡혀서 고문에 시달리는 시험에 들었다. 소크라테스는 신을 모독했다는 혐의가 씌워져서 독을 마셔야 하는 시험에 들었다. 소(小)카토는 카이사르와 싸우다 패해서 스스로 죽음 앞에 서는 시험에 들었다. 불행을 겪지 않은 위인은 없다."

앞으로 힘든 일이 닥치지 않을까 봐 걱정하지 말라. 힘든 일은 일어나기 마련이다. 대신 고난과 시련이 나에게 도움이 된다는 사실에 초점을 맞추라. 그러면 앞일을 두려워하지 않아도 된다.

멍과 상처는 갑옷이 되고 고군분투는 경험으로 남는다. 이런 과정을 통해 더 나은 사람이 된다. 이 순간을 위해 그동안 준비한 것이다. 지금 내가 겪는 일들로 미래를 대비할 수 있는 것처럼 말이다. 이것이 바로 승리를 달콤하게 하는 양념이다.

이 과정이 손쉽다면 누구나 승리를 쟁취할 것이다. 그러나 모든 사람이 그렇게 승리를 손에 넣을 수 있다면, 과연 그 승리가 가치 있을까?

그 과정이 어렵다는 게 바로 핵심이다. 위험은 오류라고 생각하기 쉽지만 사실은 나름의 기능이 있다. 어려움 앞에서 두려워하지 말라. 열심히 운동하면 근력을 키울 수 있음을 기억하고, 차라리 운동선수처럼 되어보라.

맬컴 엑스는 이렇게 말했다. "역경보다 더 좋은 건 없다. 패배와 마음의 상처, 손실 하나하나에 다음번의 성과를 높이는 방법이 담겨 있다." 이보다 더 힘든 일을 겪지 않았다면 어떻게 자기 자신을 믿을 수 있겠는가? 다른 역경을 헤쳐 나가지 못했다면 이번에도 헤쳐 나갈 수 있을지 어떻게 확신할 수 있겠는가?

그것이 바로 콜로세움의 검투사들이 기막히게 멋진 까닭이다. 사실은 검투사 중 많은 이가 지원자라는 사실이 믿겨지는가? 물론 노예 신분이라서 검투사가 된 사람도 많았지만, 자유민 가운데서도 자원하여 훈련을 받고 검투사가 된 사람이 제법 있었다. 존재를 자각하려면 적과 역경이 있어야 한다. 그들은 자신에게 위기를 헤쳐 나갈 능력이 있는지 알고 싶어 했다. 셰익스피어는 이러한 말을 남겼다. "풍요와 평화가 겁쟁이를 낳는다. 고난은 용기의 어머니다."

이런 일이 일어난 게 꼭 나쁜 것만은 아니다. 좋은 훈련이다. 게다가 모든 사람이 역경을 훈련할 기회로 볼 힘이 있는 것은 아니다. 그러므로 이 순간은 시험이다. 영어로 힘든 시기를 '시험하는 시기(trying times)'라고 표현하는 이유가 여기에 있다.

이 일이 나중이 아니라 차라리 지금 일어나서 다행이다. 왜냐하면 오늘 이런 일을 겪었기에 다음에는 더 잘할 수 있기 때문이다.

일이 수월했으면 더 나았겠다고 생각할지도 모른다. 위험을 감수하지 않아도 되기를 바랐을 것이다. 도약이 엄청나게 위험해 보이지 않았다면 좋았을 것이다. 하지만 이 모든 것은 두려움의 목소리다. 어려워서 생기는 장점도 있다. 겁쟁이를 쫓아내고 용감한 자를 끌어들인다. 그렇지 않은가?

자기 자신을 짓밟는 행동

펠로폰네소스전쟁 시기 고대 아테네의 장군이었던 데모스테네스는 적이 바다와 육지에서 곧 공격하리라는 소식을 듣고 잠에서 깼다. 어쩔 줄 몰랐다. 그도 부하들도 두려움을 느꼈다. 그래서 데모스테네스는 유일하게 할 수 있었던 일을 했다. 재빨리 자기 자신을 공격으로부터 보호하는 것이었다.

데모스테네스는 부하들을 바다로 행군하게 한 뒤 그들 앞에서 연설했다. 엄청난, 심지어 절대 해결할 수 없는 문제와 마주하게 됐을지라도 그로부터 이점을 찾을 수 있다고 말이다.

"모험을 떠나는 병사와 동지여. 이 해협에 있는 그 누구도 우리를 둘러싼 모든 위험을 모두 예측하며 정확하게 계산하려는 재치를 발휘하지 않길 바랍니다. 가만히 앉아 승산을 계산하거나 어떻게 하면 가장 안전할 수 있을지 생각하지 말고, 오히려 서둘러 적에 가까이 다가갔으면 합니다. 이런 비상 상황에서는 계산이 잘 들어맞지 않습니다. 위험은 빨리 마주할수록 더 나은 법입니다."

이 세상의 모든 사람이 느끼는 하나의 감정이 무엇이냐고 묻는다면 두려움이라고 답할 수 있다. 불안, 걱정, 의심, 스트레스를 느끼지 않는 사람은 없다. 어린아이부터 왕까지, 전쟁터의 군인부터 집에서 아이를 돌보는 부모까지, 모든 사람이 크고 작은 일에서 강렬한 두려움을 느낀다.

불안은 어떤 도움을 줄까? 모든 위험과 문제를 분류하는 게 도움이 될까? 두려움이 자기를 엄습하게 내버려 두는 게 도움이 될까? 그렇지 않다!

영국의 소설가 로버트 루이스 스티븐슨은 이런 말을 남겼다. "인생은 어차피 너무 위험하므로 더 많은 위험을 감수할 가치가 있다." 그냥 맞닥뜨리는 게 낫다. 언젠가는 마주해야 하는 위험인데 차라리 지금 마주하는 게 낫지 않은가.

마르쿠스 아우렐리우스는 "인생 전반을 정리하면서 반성한다고 자기 자신을 짓밟지 말라. 언제든 일어날 수도 있는 안 좋은 일들로 마음을 채우지 말라. 현재 상황에 집중하면서 왜 그렇게 참고 견디기가 어려운지 스스로에게 물어보라"라고 말했다. 마르쿠스 아우렐리우스는 도대체 누구에게 이런 말을 했을까? 바로 자기 자신이다. 거대한 제국 위에 군림하고 무시무시한 군대를 지휘하는, 세상에서 가장 영향력 있는 마르쿠스 아우렐리우스도 불안하고 두려웠다. 너무나 당연하지 않은가! 창궐하는 전염병, 국경에서 밀고 들어오는 적의 위협, 측근의 쿠데타, 말을 안 듣는 자녀. 그도 남들과 다름없는 불안한 인생을 살았다.

누구든지 분명 걱정거리가 있을 것이다. 그렇다고 해서 걱정이 도움이 되는가? 전혀 아니다. 걱정은 정신을 산만하게 하고 작은 문제에 집착하게 한다. 공상과 추론 속에서 최후의 날에 도래할 결과를 예상하며 의심과 불안에 허우적대게 한다. 자신이 그렇게 상상한 대가를 치르느라 실제로 해야 할 일에 정신을 집중할 수가 없다.

영국의 시인 윌프레드 오언은 1916년 프랑스의 참호에서 아름다운 글을 남겼다.

상상력을 잃어버린 사람들은 행복하다.
탄약을 운반하기에는 충분히 용감하다.

일어날 수 있는 모든 일을 상상할 때, 쉴 새 없이 파국적인 결말을 생각할 때 우리는 가장 비참하고 두렵다. 하지만 해야 하는 일에 집중한다면? 일하느라 너무 바빠서 걱정할 시간이 없다.

지금 여기에는 너무 많은 게 널려 있다. 이것이 바로 스토아학파가 '첫인상'을 고수하라고 조언한 까닭이다. 우리는 보이는 것만, 이 자리에 있는 것만 신경 써야 한다. 먼 미래에 일어날 일과 관련이 있을 수도, 없을 수도 있는 것에는 신경을 쓰지 않아야 한다. 걸어야 하는 전화, 내야 할 돈, 해결해야 하는 아슬아슬한 상황, 뚫어야 하는 인파. 이 정도면 충분하다. 심지어 이것도 너무 많다.

캐나다의 우주비행사 크리스 해드필드는 처음으로 우주를 여행했을 때 왼쪽 눈이 멀었고 오른쪽 눈도 찢어져 얼어붙었다. 해드필드는 그렇게 완전한 어둠 속에 빠졌다. 금방이라도 더 깊은 어둠의 구렁텅이로 굴러떨어질 것 같았다. 나중에 그는 이런 상황을 해결해 나갈 열쇠는 다음과 같은 생각을 떠올리는 것이었다고 말했다. "내가 지금 할 수 있는 일이 여섯 가지가 있어. 이 모든 건 상황을 개선하는 데 도움이 될 거야." 우리도 해드필드의 이 말을 기억해야 한다. 해드필드가 말했듯이, "이미 상황이 안 좋기에 이보다 더 나빠질 순 없다." 두려워하는 데 모든 에너지를 쓴다고 해서 상황이 더 나아지지는 않는다.

상황을 개선하고자 시도해 볼 만한 방법이 여섯 가지가 있든 다섯 가지가 있든 심지어 예순다섯 가지가 있든, 지금 눈앞에 있다는 게 중요하다. 그리고 그 방법을 실행할 때는 데모스테네스의 말처럼 빨리 마주할수록 좋다.

정신이 다른 데 쏠려 있다면 어떻게 잘 해낼 수 있을까? 다른 사람이 이렇게 저렇게 반응할지 걱정스럽다면? 이미 실패할 준비가 반쯤은 되어 있다면? 이 생각이 좋지 않다며 늘어놓는 이유에 이미 혹했다면? 답변은 간단하다. 잘 해낼 수 없다.

'내일 일은 내일 생각하라'와 '만약에 그런 일이 일어날지도 모르니 발생할 수 있는 모든 상황에 정신적으로 대비하라'를 어떻게 같은 선에 둘 수 있는가? 팀 페리스가 고안한 두려움 분석 연습에 영감을 준 세네카는 우리가 하는 일은 뭐든지 이유가 있는데, 불안이 그 이유는 아니라고 말했다.

다음과 같은 생각에 몰두하여 어려움을 헤쳐 나가라. 적당한 부담감을 안고 갈 줄 아는 사람에게 힘든 시간은 수월해질 수도 있고, 비좁은 공간은 넓어질 수도 있으며, 무거운 짐은 가벼워질 수도 있다.

균형 잡기는 까다롭지만 꼭 필요하다.

다른 사람을
비난하고 싶은 마음이 들 때

    인종문제를 신랄하게 꼬집었던 미국의 대표적인 흑인 작가 제임스 볼드윈은 자신이 애증을 느꼈던 아버지의 죽음을 곰곰이 반추하다가 문득 자신이 아버지의 겉모습만을 보았다는 생각을 들었다. 부모로서 실패한 모습 뒤에는 그 누구도 완전히 이해할 수 없는 아버지만의 내적 투쟁이 숨겨져 있었다. 그래서인지 아버지의 장례식 추도 연설이 볼드윈의 마음을 후벼 팠다.

    이 사람의 끝은 알고 있어도, 그의 몸부림은 알지 못한다.

판단하기는 매우 쉽지만 제대로 알기는 매우 어렵다. 다른 사람이 어떤 일을 겪고 있는지, 무슨 이유로 그렇게 힘들어하는지, 그들이 관리하려는 위험과 보호하려고 하는 사람 간에 어떤 관계가 있는지 알기는 어렵다.

러시아의 혁명가 니키타 흐루쇼프가 소련 총리가 된 뒤에 있었던 일이다. 단상 위에 오른 흐루쇼프는 중앙위원회를 앞에 두고 스탈린 정권이 저지른 범죄를 비난했다. 위원 중 누군가가 익명으로 회의장 앞쪽에 이런 쪽지를 건넸다. "모두 맞는 말입니다. 하지만 그 당시 당신은 어디에 계셨습니까?" 흐루쇼프는 뭐라고 답할지 주저했다. 잠시 숨을 고르고 나서 이렇게 대답했다. "위원님이 지금 계신 곳에 있었습니다." 흐루쇼프의 말은 자신이 그 당시 이름을 밝히지 않고 아무 일도 하지 않은 군중의 한 사람이었다는 뜻이다. 다른 사람들처럼 말이다.

왜 겁을 먹고 도망갔는지, 왜 모호하게 행동했는지, 왜 그곳에 도달하지 못했는지는 모른다. 이권이 달려 있을 때 이권에 반대되는 이야기로 사람들을 이해시키기는 어렵다. 우리는 다른 사람이 어떤 투쟁을 하고 어떤 짐을 짊어졌는지를 속속들이 알지 못한다. 그들이 경험한 일의 진가는 절대로 알 수가 없기에 일방적으로 비난만 퍼부어서는 안 된다. 우리는 두려움 때문에 주저하거나 무너지거나 눈이 머는 일이 삶의 여러 방면에서 일어난다는 것을 기억해야 한다.

흥미롭게도 사람들은 삶의 어떤 부분에서는 대담하고 두려움 없이 나서다가도 다른 부분에서는 극단적으로 비겁하게 행동할 때가 있다. 특히 도덕적인 측면에서 그렇다. 삶의 영역을 구분하고 합리화하기 때문이다.

두려움과 맞서 싸우려면 24시간 매달려야 한다. 그 누구도 이 일을 잘 해낸 적이 없기에 과거부터 현재까지 다른 사람들은 어떻게 행동했는지를 시간을 들여서 관찰했다. 우리가 할 수 있는 최선은 주변 사람들로부터 배우고, 과거와 현재에서 얻은 교훈을 우리 삶에 적용하는 것이다.

만약 노예제가 있던 시절에 살았다면, 제국주의를 직접 경험했다면, 유럽에서 반유대주의가 부상하는 것을 보았다면, 소련이나 마오쩌둥이 지배하는 중국에서 태어났다면 어땠을까? 과연 우리가 시대의 흐름을 거스를 수 있었을까? 대중과 다르게 생각할 만큼 용감했을까? 소유하고 있던 노예를 해방시키고자 자기 이익을 포기하고 문화적 규범에 저항할 수 있었을까? 동성애자 자식을 받아들이거나 여성의 권리를 지지할 수 있었을까? 이 질문을 듣고 그때그때 분위기나 정세를 보고 따르겠다고 답한다면 그것은 두렵기 때문이다.

만약 다른 시대와 다른 장소에서 태어나서 살아간다고 가정해 볼 때, 그렇게 달리 가정한 상황에서 태어난 사람이 만날 모든 사람과 알게 될 모든 것을 공유한다고 하더라도 그 삶이 어떠할지는 아무도 진정으로 이해할 수 없다. 그렇기 때문에 이 질문은 뻔하게 느껴지기도 한다. '그때 거기에 내가 있었더라면 어떻게 했을까?' 흐루쇼프가 말했듯이, 오늘 한 것과 다름없는 행동을 보여줄 것이다. "그들의 처지가 된다면 어떻게 행동할까?"라고 묻는 대신 "지금 뭘 하고 있는가?"라고 물으라. 자기 인생에서, 자신이 마주하게 된 두려운 상황에서 무엇을 하고 있는지 말이다.

사람은 인생을 살아가며 한 번쯤은 정신이 무너지는 일을 겪게 되고 어려움을 겪게 된다는 점을 이해해야 한다. 노예 생활 30년 동안 공감 능력을 쌓은 로마의 스토아 철학자 에픽테토스는 왜 그랬냐고 당사자에게 묻기 전까지는 그가 잘못된 행동을 한 이유를 전혀 알 수 없다고도 말했다.

용감한 사람도 얼마나 겁을 먹었는지 모른다. 올림픽에서 장거리선수로 활약했던 미국의 육상선수 루이스 잠페리니는 태평양전쟁에서 일본군에 전쟁포로로 잡혀 나오에쓰(直江津) 포로수용소에 갇혔던 당시를 회상하며 말했다. "세탁물만이 제가 얼마나 무서워했는지 알고 있죠." 다행히 잠페리니는 두려움 앞에 무너지지 않았다. 아예 두려워하지 않았다고 말할 수는 없겠지만 공개적으로는 그랬다.

「마태복음」 7장 1절에서는 '너희가 비판을 받지 아니하려거든 남을 비판하지 말라'라고 말한다. 이는 누구에게도 책임을 물어서는 안 된다는 뜻일까? 행동하라는 것인가, 행동하지 말라는 것일까? 이 구절은 그런 뜻이 아니다. 우리 앞에는 자신이 집중해야 할 많은 일이 있다는 것을 뜻한다. 자기 자신의 일에만 신경을 써야 한다. 남을 비난하거나 뒷조사하기보다 더 중요한 일에 에너지를 쓰라는 말이다.

워싱턴에서 농땡이를 피우는 정치인, 미국과 유럽연합의 관료, 어리석은 기업가까지. 그렇다, 그들은 겁쟁이다. 하지만 우리는 어떤가? 무엇을 하고 있는가? 다른 사람에게 비겁하다고 비난하지 말고 직접 본보기를 보이라. 타인의 용기에 의문을 품지 말라. 다른 사람의 용기를 세세하게 살펴볼 힘이 있다면 자기 용기를 살펴보는 데 쓰라.

비겁한 냉소주의

2007년 세계 최초 전자결제업체 페이팔을 공동으로 창업한 피터 틸의 성적 지향을 온라인 매체 《고커》가 강제로 폭로하는 일이 일어났다. 《고커》는 틸의 사생활을 들춰내며 동성애자라고 조롱했다. 평소 틸은 자신의 사생활을 지독히도 드러내지 않은 사람이었으니, 세상의 이목이 쏠린 데 거부감을 느꼈을 것이다. 틸은 실리콘밸리의 가치가 특이한 사람과 시대를 앞서나가는 까다로운 사람을 포용하는 곳에 있다고 믿는 사람이었다. 하지만 다른 사람을 의심하지 않아도 되는 완벽한 장소는 존재하지 않았다. 한 사람의 성적 지향을 공공연하게 소비하는 곳은 어디일까? 창의적인 발상이 꽃필 기회를 주기도 전에 조롱하는 곳은 어디일까?

틸은 저녁을 먹으며 친구들에게 물어봤지만, 영향력 있는 사람들을 비롯한 거의 모든 사람이 그래봤자 할 수 있는 게 없다고 답했다. 아무리 억울하고 불쾌하더라도 폭로는 불법이 아니므로 막을 수가 없었다. 게다가《고커》는 으름장을 놓으며 수많은 소송을 빠져나갔고, 상대방을 울리고 자비를 구걸하도록 만들었다.

틸과 같은 이유로 '지금 할 수 있는 일은 없어'라는 말을 들어봤을 것이다. 그냥 잊어버리라는 말을 유하게 표현한 것이다. 이런 말을 자주 듣자 틸도 정말 어쩔 수 없다고 생각하며 수년 동안 전혀 손을 쓰지 않은 채로 살았다. 틸은 페이스북 초기에 투자했을 정도로 통찰력이 있고 운도 따르는 사람이었지만 아무런 조치를 하지 않았다. 자신에게 주체성도, 권력도 없다는 것을 받아들였다. 틸의 표현을 끌어 쓰자면 이는 '실제적인 진실'이 됐다. 마키아벨리의 『군주론』에 등장하는 실제적인 진실이라는 표현은 '눈으로 보는 진실 또는 진리'라는 의미다. 인간이라면 마땅히 그래야 한다는 당위성은 제쳐두고 현실을 있는 그대로 바라봐야 한다는 것이다.

억만장자든 평범한 사람이든, 신체가 튼튼한 사람이든 두뇌가 명석한 사람이든 간에 그 사람이 어떤 일을 할 수 있는지 없는지를 판가름하는 것은 항상 두려움이다. 무언가가 너무 무섭다고 생각하면 겁에 질릴 것이다. 자신에게 힘이 없다고 생각하면 정말 무력해진다. 본인이 자기 운명의 선장이 되지 않는다면 그 운명이 선장이 되고 말 것이다.

삶을 살아가는 데는 두 가지 방법이 있다. 자신이 처한 상황을 바꿀 능력을 갖추거나 자신이 처한 상황에 그냥 휘둘리는 것. 우리는 이 두 가지 실제적인 진실 중 하나를 택하면 된다. 운에 기댈 수도 있고 원인이 있기에 결과가 있다고 이해하며 순응할 수도 있을 것이다.

물론 무언가를 할 수 있다고 생각한다고 해서 실제로 전부 할 수 있는 것은 아니다. 하지만 할 수 있다고 믿지 않는다면, 도전하는 게 두렵다면, 그 일을 해낼 가능성은 거의 없어진다. 다시 걷는 것이든 무언가를 발명하는 것이든 간에 해내지 못할 거라고 미리 결론지어 버린다면 그런 일은 아예 일어나지 않을 것이다. 자신이 그런 일을 하지 않을 테니 말이다.

아테네 기병대를 지휘했던 크세노폰 장군은 한때 페르시아제국 내전에 용병으로 참여한 적이 있다. 그리스 군대는 대승을 거두었으나 이들을 고용한 소(小) 키루스가 습격전을 벌이다 전사하고 말았다. 크세노폰을 포함한 1만 명의 그리스군은 지도자를 잃은 채 페르시아제국 심장부에 갇힌 꼴이 됐다. 병사들은 좌절했고, 어떤 안 좋은 일이 자신을 기다리고 있을지 두려워했다. 크세노폰은 절망에 빠진 병사들을 한데 모아놓고 앞서 설명한 것과 똑같은 이분법을 제시했다. 그리고 다음 두

가지 태도 중 하나를 선택할 수 있다고 말했다. 바로 '이제 나는 어떻게 되는 거지?'와 '지금 나는 어떻게 해야 할까?'였다.

몇천 년 뒤 페르시아에서 멀리 떨어진 곳에서 제임스 매티스 장군도 부대에 같은 사실을 일깨웠다. "아무런 힘이 없다고 생각하지 말고, 어떻게 대응할지를 선택하십시오."

틸은 이렇게 말한 적이 있다. "세상엔 천재보다 용기 있는 사람이 더 적다." 두려움과 불확실성, 지혜롭지 못한 충고가 틸의 천재성을 갉아먹고 있었다. 틸은 돈과 인맥, 기술을 비롯해 끌어 쓸 자원이 넘쳤지만 자신에게 아무런 힘이 없다고 생각했다. 그렇게 믿으니 정말 아무런 일도 할 수 없었다. 어려운 문제 앞에서 불안해하는 우리에게도 해당하는 이야기다. 이것이 바로 주체성의 힘이자 주체성을 믿는 우리의 힘이다.

작은 이익 앞에 타협하고 싶은 마음

　로마의 원로원 의원이자 스토아 철학자인 헬비디우스 프리스쿠스는 베스파시아누스 황제로부터 원로원에 오지 말라는 명을 받았다. 많은 사람이 이렇게 제재받았다. 질문을 던지거나 너무 많은 것을 알려고 하지도 말고, 행동을 조심하라고 경고를 받는다. 어떤 일에도 개입하지 못하도록 말이다.

　베스파시아누스 황제가 헬비디우스를 배제한 의도는 무엇이었을까? 그 누구도 알지 못한다. 베스파시아누스는 어쩌면 자신이 저지른 범죄를 덮을 법안을 통과시키려 했을지도 모른다. 아니면 그냥 골치 아픈 게 싫었을 수도 있다. 헬비디우스에게 겁을 주면 로마의 그 누구라도 단념시킬 수 있으리라고 생각했을 수도 있다.

황제의 명령에 헬비디우스는 이렇게 답했다. "폐하께서는 원로원 의원 자격을 박탈할 권한이 있습니다. 하지만 제가 원로원 의원인 이상 원로원에 꼭 출석해야겠습니다." 그러자 베스파시아누스는 놀라며 말했다. "알겠네. 하지만 아무 말도 하지 않는 편이 좋을 거네." 다시 헬비디우스가 말했다. "제게 의견을 묻지 않으신다면 저도 침묵할 것입니다." 베스파시아누스는 점점 더 화가 치밀어 올랐다. "하지만 짐은 원로원의 의견을 구해야 하는데." 이에 헬비디우스가 답했다. "그럼 저도 제가 옳다고 생각하는 걸 말해야 합니다."

그렇게 헬비디우스에게 피할 수 없는 죽음의 위협이 다가왔다. "여기서 멈추지 않거나 내가 하지 말라고 한 말을 입 밖으로 꺼내면 죽음을 면치 못할 걸세." 베스파시아누스가 그 뒤에 서 있던 친위대를 가리키면서 말했다. 이렇게 노골적인 최후통첩을 받는 경우는 거의 없지만 그 말의 의미는 대개 비슷하다. 용기를 억누르는 힘은 그 힘이 시키는 대로 따르길, 방해하지 말길, 가만히 있길 바란다. 그러지 않으면 대가를 치르게 되리라고 협박한다. 이런 위협이 효과가 있을까? 무엇이 우리의 눈을 감게 하는 것일까?

슬프게도 이런 전략은 권력을 손에 쥔 자에게도 효과가 있다. 헬비디우스가 속했던 원로원은 엘리트만이 모인 집단이었는데도 대부분의 의원은 황제의 말에 꼼짝하지 못했다. 심지어 오늘날에도 마찬가지다. 국회의원은 권력에서 멀어질까 봐 걱정한다. 억만장자는 세계경제포럼에 초대받지 못하거나 컨트리클럽에서 소외되지 않으려고 애쓴다. 한때 진보적이었던 예술가도 후원자와 비평가가 원하는 방향으로 작품을 수정한다.

영향력 있는 사람마저도 때때로 다른 사람과 잘 지내고자 그의 말에 동의하는 일이 많다. 셰익스피어의 희곡 『줄리어스 시저』에서 카이사르의 부하는 제삼자에게 카이사르가 로마 원로원 의원들의 기분을 상하지 않게 하기 위해 어떤 변명을 예의 바르게 전하기를 바랄지 묻는다. 그러면서 부하는 골똘히 생각했다. "카이사르가 거짓말을 할까? 지금까지 팔을 뻗는 곳마다 정복을 일삼아 왔는데, 희끗희끗 수염 난 사람들에게 진실을 말하는 걸 두렵다고 생각할까?"

우리는 다른 사람의 기분을 상하게 하거나 문제를 일으키고 싶어 하지 않는다. 권한이나 권력 또는 특권을 잃고 싶지 않다. 그러면서 우리는 우리가 대담하게 행동할 수 있다고 믿는다. 그래서 거짓말을 하거나 타협한다. 최악으로는 굽실거린다. 이렇게 행동하는 이유는 바로 두려움 때문이다. 처칠은 그렇게 행동하는 정적에게 "줏대가 사라지는 기적"이 일어났다고 비꼰 적이 있다.

밀려나고 싶은 사람은 없다. 다음 표적이나 공격의 대상이 되고 싶은 사람도 없다. 힘들게 산 정상에 올랐는데 이제 이 자리를 비워주거나 한 발짝 뒤로 물러나야 한다는 소리를 들으면 어떨까? 우리의 권한이 중요하지 않은가? 만약 힘 있는 사람을 화나게 한다면 어떻게 사람들을 도울 수 있단 말인가? 일단 승진한 뒤에는 더 유리한 위치에 설 수 있지 않을까?

물론 이런 것들이 중요하기는 하다. 하지만 이런 생각이 들 때 미국의 인권운동가 W. E. B. 듀보이스의 말을 떠올려 보자. "응접실에서 아첨 떠는 것보다 진흙 웅덩이에서 꼿꼿이 서 있는 게 낫다."

무함마드 알리의 첫 타이틀매치를 성사한 주최 측은 알리에게 그가 이슬람교 신념을 버리지 않는다면 이 시합을 취소하겠다고 위협했다. 그러자 알리는 이렇게 말했다. "경기보다 종교가 더 중요합니다." 선수로서 알리의 경력 전체가 걸린 일이었다. 알리가 얼마나 두려웠을지 상상해 보라. 하지만 알리는 꿈쩍하지 않았다.

"그게 나와 무슨 상관이지?"라든가 "내가 공개적으로 한마디 하면 내 권한은 어떻게 되는 거지?"라는 질문은 잘못됐다. 그 대신 마음을 굳게 먹고 이렇게 물어야 한다. "모든 사람이 이렇게 행동한다면 어떻게 될까?" "모든 사람이 자기 이익을 우선시한다면 어떻게 될까?" "모든 사람이 두려워한다면 어떻게 될까?" 어떤 종류의 세상이 될까? 안전하고 좋은 세상은 아닐 것이다. 그래서 헬비디우스는 겁내지 않고 베스파시아누스의 눈을 바라보며 이렇게 말했다.

"폐하께서는 폐하의 몫을, 저는 제 몫을 할 것입니다. 죽이는 게 폐하의 몫이라면 제 몫은 죽는 겁니다. 하지만 두려움 속에서 죽지는 않을 겁니다. 저를 세상에서 없애는 게 폐하의 몫이라면 슬퍼하지 않고 세상을 떠나는 게 제 몫일 겁니다."

결국 헬비디우스는 세상에서 사라졌다. 원로원 의원 자격을 박탈당하고 황궁에서 쫓겨났으며 나중에는 처형되어 목숨을 잃었다. 직장과 목숨을 잃는 것은 우리가 가장 두려워하는 일이다. 하지만 헬비디우스는 지위와 목숨을 이용해 맞섰다. 우리도 이 질문에 답할 수 있어야 한다. 당신은 사적인 이익에 타협하지 않고 맞설 수 있는가?

'용기'의 반대말은 '우울'이다

　나치의 강제수용소에서 살아 나온 오스트리아의 신경학자이자 심리학자인 빅터 플랭클은 유럽과 서구 세계에 몰아닥친 '실존적 공허'에 놀라움을 금치 못했다. 세상은 삶의 목적과 의미를 잃어버렸고, 사람들이 믿어왔던 가치가 붕괴했으며, 앞으로 어떤 세상이 되어야 한다는 지향점조차 희미해진 상태였다. 선이 악보다 우세하고 과학 기술이 자연의 한계를 극복한 세상이라고 생각했지만, 그 안에서 어느 누구도 행복하지 않았다. 희망은 찾아볼 수 없었다. 프랭클의 말을 빌리자면 세상에는 영혼이 사라졌다.

　그런데도 유대인 대학살에서 살아남은 프랭클은 절망하기에는 아직 이르다고 생각했다. 그래서 모든 미래 세대에게 긴

급한 질문을 던졌다. 이 모든 게 아무런 의미가 없다면 왜 우리는 그 끔찍한 지옥에서 살아남으려고 애쓰는 것일까?

프랭클이 비판했던 냉소주의는 현대사회에도 여전히 퍼져 있다. 사람들은 어떤 선한 가치도 중요하지 않다고 생각한다. 20세기에 시작된 실존적 공허는 계속해서 우리를 암흑의 구렁텅이로 끌어당긴다. 종교, 애국심, 산업 등 인류를 지탱하는 기둥에 대한 믿음은 매일 조금씩 약해진다. 우리는 우리 자신을 더 나은 사상을 향해 용감하게 싸워온 조상의 후손이라고 볼 수 있을까? 아니면 우리를 구제 불능의 인종차별주의자, 약탈자, 괴물의 자식이라고 봐야 할까? 우리는 진보하는 인류의 미래인가, 아니면 지상의 재앙인가?

서서히 그러나 확실하게, 인류는 더 높고 좋은 곳을 지향하던 태도를 내던져 버렸다. 천국 따위는 없고, 정부는 음모를 꾸미며, 모든 사람은 악하고, 역사는 범죄의 긴 연대기에 불과하다. 이런 생각 속에서 한 개인은 사회에 아무런 영향을 미칠 수 없다는 무기력함이 느껴지지 않는가? 자기보다 더 영향력 있는 사람 앞에서는 속수무책이므로 절대로 맞서거나 저항할 수 없다고들 말하지 않는가? 이러한 태도가 바로 허무주의다.

사람들은 허무주의에 빠져 있으면서 '왜 용기를 내는 사람이 없지?'라며 머리를 갸우뚱한다. 도대체 무슨 말을 하고 싶은 것일까? 슬프게도 이러한 태도는 '사실'에 근거하므로 안전하다. 잃을 게 별로 없다. 판단하지 않아도 되고 압박감은 사라진다. 자기 자신 또는 다른 사람에게 실망할 확률도 낮다. 허무주의는 위험을 감수하지 않아도 되고, 노력하지 않아도 되고, 자기 자신을 위험에 빠뜨리지 않아도 된다는 등 계속해서 변명거리를 제공한다.

용기를 뜻하는 고대 그리스어 안드레이아(andreia)의 반대말은 비겁함이 아니라 멜랑콜리아(melancholia), 즉 우울이다. 용기는 고귀한 이상에 진심으로 헌신하는 것이다. 그러므로 용기가 없다는 말은 두려움을 느끼는 것이 아니라 어깨를 으쓱하면서 "뭔 소용이 있겠어?"라고 하는 것, 다시 말해 무관심과 환멸, 절망에 빠진 상태를 말한다.

아무것도 믿지 않으면 믿을 만한 것을 찾을 수 없다. 주체적인 힘이 없다는 거짓을 믿기 시작하면 허무주의를 사실로 만드는 꼴이 된다. 자신에게 일어나는 일을 통제할 수는 없겠지만, 그 일에 어떻게 반응할지는 통제할 수 있다. 아무것도 할 수 없다고 두려워하면 정말로 아무것도 하지 못할 가능성이 크다.

평범함에 안주하고 안전한 곳에서 자기 자신을 정당화하는, 그냥 별다른 것 없는 사람이 될 것이다. 영국의 소설가 니컬러스 모슬리는 이런 글을 남겼다. "한때 성(性)적인 게 금기시되었듯이, 오늘날엔 삶에 의미가 있는 것처럼 이야기하는 게 금기시되고 있다."

우리는 용기 있는 사람이 많은 세상에서 살고 싶고 용감해지고 싶어 한다. 하지만 바보같이 보일까 봐 이렇게 이야기하기를 두려워한다. 용감한 사람은 절망하지 않는다. 그들은 믿음이 있으며 냉소에 빠지지 않고 관심을 기울인다. 그들은 세상에 선과 악이 존재하며, 목숨을 바칠 가치가 있는 일이 존재한다고 생각한다. 문제없는 인생은 없지만 방관자가 되기보다는 해결하는 사람이 되고자 한다.

"삶은 환상이 아니다! 삶은 진지한 것이다!" 헨리 워즈워스 롱펠로의 「인생의 찬가」에 나오는 한 구절이다. 하지만 어떤 사람들은 이렇게 말하는 용기조차 내려고 하지 않는다. 그들은 그냥 그렇게 믿게 내버려 두자.

진심으로 삶을 살아가는 것은 쉬운 일이 아니다. 어쨌든 두려움과 의구심이 가득한 채로 살아가는 것만큼 쉽지는 않다. 그러니 우리가 겪는 모든 일에 이유가 있다고 생각해야 한다. 우리의 인생, 우리의 결정, 우리의 존재에는 다 이유가 있다. 그 이유가 무엇이냐고? 바로 우리가 하는 일이다. 우리가 내리는 결정, 우리가 추구하는 영향력이다. 의심의 눈초리로 바라보는 사람과 반대되는 증거가 있더라도 우리는 믿어야 한다. 왜냐하면 그 일을 실현하라고 부름을 받았다는 것을 우리가 알기 때문이다.

2장

두려움이 용기로
바뀌는 순간

전투에 뛰어들기 전에 느끼는 두려움은
정상적인 감정 반응이다.
첫 번째 싸움, 즉 나 자신과의 싸움을
이겨내기만 하면 이미 적과 싸울 준비가 된 것이다.

-미국 국방성의 전신인 전쟁부가 출판한 『군대 생활 안내서』, 1944년

'두려움에 긍정적인 측면이 있는가?'라는 질문은 중요하지 않다. 물론 장점이 있기는 하지만 말이다. 이보다 더 중요한 질문은 '모든 사람이 항상 두려움 없이 행동한다면 어떤 모습일까?'이다. 우리는 그 답을 안다. 지옥같을 것이다. 삶은 지금보다 더 무시무시할 것이다.

조지 버나드 쇼는 이렇게 말했다. "합리적인 사람은 자신을 세상에 맞춘다." 반대로 비합리적인 사람은 세상을 자신에게 맞추려고 애쓴다. 그래서 세상의 진보와 희망은 비합리적인 사람의 용기에 달려 있다. 두려움을 느끼는 것은 당연하다. 두려움을 통해 위험을 피할 수 있고, 상황에 맞출 수 있으며, 합의

할 수 있기 때문이다. 이기적이지만 확실히 안전하다.

'모난 돌이 정 맞는다'와 같은 수많은 격언은 우리에게 순리를 거스르지 말 것을, 권위를 이길 수 없음을 상기한다. 정말 그럴까? 만약 그렇다고 할지라도 모든 사람이 이 말을 믿었다면, 두려움이 모든 것을 지배했다면 선은 절대 악을 이길 수 없었을 것이다. 새로운 것이 기존의 것을 대체할 수 없었을 것이다. 어떤 것도 더 나아지지 않을 것이다. 이것은 우리가 원하는 것이 아니다. 이 세상에 온 이유가 되지도 못한다.

우리가 삶에서 원하는 것, 세상에 꼭 필요한 것은 모두 두려움의 반대편에 있다. 그 모든 것은 용기를 발휘해야만 얻을 수 있다.

공포심을 낱낱이 해부하라

위대한 아테네의 정치가 페리클레스는 예상 밖의 폭풍이 몰아칠 조짐에 자신의 군대가 어쩔 줄 몰라 하는 상황에 처했다. 지금은 우스꽝스럽게 들릴지도 모르지만 천둥이 치는 원리를 몰랐던 시대에 살았더라면 어떻게 반응했겠는가? 페리클레스는 그 원리를 과학적으로 완벽하게 설명할 수는 없었지만, 얼추 비슷하게는 설명할 수 있었다. 부하를 모두 집합시킨 그는 큰 돌 두 개를 집어 든 뒤, 두 돌을 맞부딪치기 시작했다. 쾅! 쾅! 쾅!

페리클레스가 물었다. "천둥이 뭐라고 생각하는가? 구름에서도 똑같은 일이 일어나는 게 아닌가?" 흔히 지도자는 희망을 파는 사람이라 이야기한다. 그러나 좀 더 현실적으로 접근해 보자면 두려움을 죽이는 사람이기도 하다.

진짜처럼 보이는 거짓 증거(False Evidence Appearing Real)라고 불리는 알코올중독자 모임에서는 중독자의 변화와 새로운 시도를 방해하는 걱정을 누그러뜨리고 위안을 주려 노력한다. 그것이 모임의 알파벳 머리글자를 딴 약칭을 두려움(fear)과 같게 지은 까닭이다. 즉, 두려움은 진짜처럼 느껴지는 거짓 인상일 따름이라는 뜻이다.

우리가 해야 할 일은 우리가 받은 인상을 탐구하는 것이다. 우리 자신과 다른 사람들을 위해서 말이다. 페리클레스가 그랬던 것처럼 인상을 논리적으로 분석해야 한다. 그 뿌리를 들여다봐야 한다. 그것을 이해하고 설명해야 한다.

또 다른 일화가 있다. 아테네에 전염병이 창궐했을 때, 페리클레스는 해군을 이끌고 적군과 전쟁을 일으키려 했다. 하지만 군대가 출발하려고 페리클레스가 막 배에 탄 순간 갑자기 달이 태양을 가렸다. 일식을 위험한 징조로 여겼던 사람들 사이에서 공포가 급속도로 퍼져나갔다. 부하들에게 단결하도록 영감을 준 것은 페리클레스의 웅장한 연설이 아니라 간단한 논리였다. 페리클레스는 배의 조타수에게 다가가 망토로 그를 가렸다. "자, 어떤가. 나의 망토보다 더 큰 게 태양을 가린 것을 제외하면 방금 일어난 일과 별반 다르지 않다."

인생은 예측할 수 없다. 모르는 게 너무 많기 때문에 쉽게 불안해진다. 의심과 두려움이 갑작스레 몰려드는 것도 당연하다. 두려움을 이겨낼 유일한 방법은 하나다. 논리적이고 분명하게 공감을 불러일으키는 용기를 내는 것.

전쟁으로 많은 것을 잃고 전염병이 창궐하는 가운데 페리클레스는 용기만이 이 위기를 헤쳐 나갈 해법이라고 말했다. 당시 아테네는 침착하고 이성적이며 분명하게 생각해야 했다. 또 페리클레스는 우리 앞에 놓인 장애물을 부셔야 한다고 했다. "인생의 단맛과 쓴맛이 뭘 뜻하는지 배우도록 하라. 그다음엔 밖으로 나가 다가올 미래를 있는 그대로 마주하라."

최악의 상황, 즉 가장 황당한 시나리오를 내놓은 다음 우리의 대처 능력을 끊임없이 과소평가하는 뇌의 목소리는 우리 편이 아니다. 우리를 근본부터 부정하는 목소리, 파국이 닥치리라고 과장하는 경향도 전혀 도움이 되지 않는다. 세상을 제대로 정확하게 알려주지도 않는다. 우리에게 용기를 심어주는 것은 더더욱 아니다!

자기 자신에게 이렇게 말해보라. 단지 돈일 뿐이야. 그저 안 좋은 기사야. 그냥 서로 소리만 지르는 사람들과 만난 것뿐이야. 그것이 두려워해야 할 일일까? 두려움을 무너뜨리자. 사실만 들여다보라. 탐구하라. 그래야만 볼 수 있다. 마르쿠스 아우렐리우스는 말했다. "적이 보는 것, 적이 보여주고 싶어 하는 것을 보지 말고 실제로 존재하는 것을 보라."

자기 의심을 넘어설 때 성장한다

미국 건국의 아버지 중 한 명인 벤저민 러시는 35년이 지난 뒤에도 독립선언서에 서명할 때의 벅참을 여전히 마음속에 간직하고 있었다. 영국의 식민지였던 미국이 독립하던 순간, 그 현장에 있던 사람이라면 어느 누구도 잊을 수 없었을 것이다. 러시는 자신과 마찬가지로 독립을 인정받고자 노력하고 미국의 초대 부통령이자 제2대 대통령을 지낸 노년의 존 애덤스에게 이렇게 서신을 보냈다.

"서명하려고 한 명씩 의회 의장의 탁자로 불려 나갔을 때, 모두 깊은 생각에 잠겨 쥐 죽은 듯 조용했던 순간이 기억나십니까? 당시 많은 사람이 본인의 사형 집행 영장에 서명하는 것과 다름없다고 생각했어요."

서명하면 위험을 감수해야 한다. 지금 시점에서 과거를 돌이켜 보면 그 결정을 내릴 때 마치 선견지명이 있어 성공할 줄 알았던 것 같다. 언제나 과거를 돌이켜 볼 때만 용감하고 강인한 선택이라는 걸 알 수 있다. 당시 러시는 막 30대에 접어들고 있었는데, 그의 인생을 통틀어 가장 위험한 일에 몸을 던지는 것이었는데도 해냈다.

그림 형제의 『황금 열쇠』 우화에서 노인은 어린 소년에게 세상의 현실을 보여준다. 위험을 감수하지 않고 발전하는 방법은 없다는 현실 말이다. 동굴 바닥에서 거대한 돌을 옮긴 노인은 소년에게 끝이 보이지 않을 것 같은 구멍을 보여준다.

"여기로 가면 되네." 노인이 말했다. "하지만 계단이 없는걸요." 소년이 대답했다. "뛰어내려야 한단다. 다른 방법은 없어." 끝이 보이지 않는 구멍으로 뛰어내기는 무섭다. 하지만 다른 선택지는 없다.

타이거 우즈는 새로운 대회에 출전할 때마다 스윙 방법을 새롭게 창조한다. 예전 스윙 방법을 쓰면 아주 편했겠지만, 골프의 세계는 그렇게 호락호락하지 않았다. 처음 시도할 때는 그도 무서웠지만 결국 해냈다. 그렇게 두 번째, 세 번째, 네 번째도 해냈다.

모든 성장은 어둠 속에서 도약할 때 이루어진다. 그것이 두렵다면 우리는 가치 있는 일을 절대 해내지 못할 것이다. 두려움이 건네는 충고에 귀 기울인다면 전혀 발을 뗄 수도, 도약할 수도 없을 것이다.

무언가를 말할 수 있었던 시간. 자신의 운을 시험해 볼 수 있었던 일들. 만났을지도 모르는 사람들. 배웠을지도 모르는 교훈들. 절대 이기지 못했던 전투들. 만약에 확실한 게 있다면, 윤곽이 또렷하고 밝은 길이 있다면 어떨까? 삶의 모든 순간이 확실하다면 용기는 필요하지 않을 것이다.

넷플릭스 설립자 리드 헤이스팅스에게 누군가가 텔레비전과 영화가 스트리밍되는 미래를 명확하게 보여줬다면 좋았을 것이다. 하지만 미래를 보여줄 수 있는 사람은 없었다. 물론 헤이스팅스는 미래가 그럴 것이라는 예감은 있었을 것이다. 그전에도 DVD를 우편으로 배달하는 수십억 달러 규모의 사업을 시작했으니 말이다. 인터넷으로 스트리밍되는 새로운 서비스의 장점을 살리려면 헤이스팅스는 DVD 배달 서비스의 장점을 포기해야 했다. 어둠 속으로 뛰어들어야 했다. 분석가들과 비평가들 그리고 자신의 의구심을 뛰어넘어 용기를 내야 했다. 이는 무언가를 이뤄낸 모든 성공한 지도자와 사업가가 거쳐야 했던 과정이다.

내 계획이 성공하리라고 말해주는 사람은 아무도 없다. 내 질문에 해답을 제시해 줄 사람도 아무도 없다. 그 누구도 살아서 집으로 돌아올 수 있다고 장담하지 못한다. 구멍이 얼마나 깊은지 말해주는 사람도 없다. 만약 그랬다면 겁이 나지 않았을 테고, 모든 사람이 해낼 수 있었을 것이다. 하지만 그렇게 분명하다면 우리가 지금 그 일을 해내야 하는 사람은 아닐지도 모른다. 그렇지 않겠는가?

겁쟁이는 절대 일어나지 않을 일을 두려워하고 모든 가능성을 알고 싶어 한다. 준비할 시간을 원한다. 확신을 원한다. 일이 연기되기를 원한다. 이를 위해서는 무엇이든 기꺼이 포기한다. 다시는 절대 돌아오지 않을 기회의 순간에도 말이다.

플로렌스 나이팅게일은 "해변에서 하릴없이 서 있기보다는 새로운 세계로 향하는 길을 개척하다가 파도 속에서 죽는 게 백번 낫다"라고 했다. 그렇게 나이팅게일은 새로운 세계를 찾았다. 그렇게 하지 않았다면 얼마나 많은 사람이 불필요하게 목숨을 잃었을지 상상해 보자. 나이팅게일에게 도약할 용기가 없었다면 어떻게 됐을까?

지금 직장에서, 지구에서, 우리가 머무를 수 있는 시간은 아주 짧다. 아직 젊으며 당장 먹여 살려야 할 식구가 많지 않다 하더라도 시간은 한정되어 있다. 이 시간을 어떻게 쓰고 싶은가? 겁쟁이처럼 살아갈 텐가?

두려움이 인생의 원동력이라면 놓치게 될 것을 두려워하라. 행동하지 않으면 어떻게 될지 두려워하라. 먼 훗날 사람들이 용기를 내지 못한 우리를 어떻게 생각할지 두려워하라. 우리가 놓치는 것이 무엇일지 생각해 보라. 마음을 크게 먹지 못해서 치러야 할 대가를 생각해 보라. 우리가 느끼는 두려움은 일종의 신호다. 용기를 낼 일이 없다면 지루한 삶을 사는 것이다. 그러니 도약해야 하는 이곳에 서라.

고민은 쉽고 결정은 어렵다

미국의 정치가 딘 애치슨은 그 자리에 있었다. 제2차 세계대전의 잔해로부터 새로운 세계질서가 창조됐을 때, 아니, 재창조됐을 때 이를 내보이며 웃었다. 애치슨은 과거 제2차 세계대전에 참전한 지휘관이자 마셜플랜을 입안한 것으로 유명한 조지 마셜을 국무차관으로 보좌했고 제33대 대통령 해리 트루먼이 이끄는 행정부에서 국무장관을 지냈다. 은퇴하면서 제35대 대통령 존 F. 케네디와 제36대 대통령 린든 존슨에게 충고를 남겼다.

애치슨은 미국 역사상 가장 중요하고 긴장감이 팽팽하던 순간을 최전방에서 지켜보았다. 마셜플랜, 베를린 공수작전, 쿠바 미사일 위기, 베트남 전쟁. 약자가 지고 강자가 빛나는, 남들보다 강해져야 살아남는 상황에서 세상을 혼돈과 파괴로부터 분리해 내는 것은 좋은 지도력을 발휘한 용기 있는 행동이었다. 비겁하게 행동한다면 나중에 부끄러울 일이 생길 뿐만 아니라 수백만 명의 생명을 위태롭게 하고 말 것이다.

애치슨은 이렇게 말했다. "위에서 바라보았을 때 쉬운 선택은 없다. 모든 선택엔 악이 군데군데 숨어 있다. 결과를 제대로 예측해서 판단하기는 어렵다." 이것이 바로 두려운 이유다. 잘못된 결정을 내리는 것, 일을 그르치는 것, 의도하지 않은 결과가 일어날 확률 같은 것들 말이다.

'이러면 어떨까?' '저러면 어떨까?' '잘못 이해한 거면 어떡하지? 사람들이 동의하지 않으면 어떡하지? 다른 일이 생기면 어떡하지?' '가지 말아야 하나?' '가야 하나?' '뭐라도 말해볼까?' '이런 식으로 해볼까, 저런 식으로 해볼까?' '그런데 잘 안 되면 어떡하지?'

너무 많은 선택지가 있다. 그중 결과가 확실하게 보이는 선택지는 아무것도 없다. 셰익스피어가 말한 것처럼 두려운 선택은 '유령이나 악몽처럼' 우리를 괴롭힌다.

우리는 고민하고 선택지를 신중하게 저울질하며 살펴보는 그 과정에서 발전이 있다고 말한다. 하지만 사실 우리는 두려움으로 마비되어 있다. 선택지가 너무 많아서, 무슨 일이 일어날지를 예측하느라, 실수하는 게 너무 싫어서 두려움에 압도당

한다. 이 생각들은 우리 자신을 비참하게 한다. 현명하게 선택하려는 거라고 변명하지만, 사실은 너무 많이 분석해서 이도 저도 못 하는 것이다. 그동안 누군가는 진전을 이루고 있다.

그리스를 가로지르며 행진하던 한 스파르타 왕이 있었다. 왕은 다른 국가의 국경을 넘을 때마다 사신을 보내 친구로 대할지 적으로 대할지를 물었다. 대부분은 빠르게 결정을 내려 친선 관계를 선택했다. 하지만 한 왕은 어떤 선택을 내릴지 고민하고 싶어 했다. 왜냐하면 하나만 약속하는 게 두려웠기 때문이다. 그래서 생각하고 또 생각했다. 스파르타의 왕이 이렇게 선택할 때까지. "그럼 우리가 그쪽으로 진군하는 동안 계속 생각해 보라고 하지." 답답했던 스파르타의 장군은 이를 꽉 깨물며 말했다.

캐나다의 록밴드 러시의 「자유의지(Freewill)」라는 곡의 한 소절처럼 '결정하지 않기로 결정했더라도, 이미 결정을 내린 것이다.' 설령 결정을 미뤘더라도 말이다. 결정을 미뤘다면 지금 이 상태에 머무르기로 마음먹은 것이다. 다른 사람이 대신 결정해 주기를 선택한 것이다. 자기 주체성을 포기하기로 한 것이다. 쇠렌 키르케고르는 이렇게 말했다. "겁쟁이들은 결정 내리기를 가장 두려워한다. 결정은 곧바로 안개를 걷어내기 때문이다."

우리가 두려워하는 것은 결과다. 그래서 계속 고민하고 미룰 수 있기만을 바란다. '선택하지 않으면 잃을 것도 없지 않을까?' 당연히 잃는 게 있다. 그 순간을 잃는다. 추진력을 잃는다. 그리고 거울 속의 자기를 바라보는 능력도 잃게 된다.

죽는 것보다 더 나쁜 일

　율리우스 카이사르는 로마공화정을 전복하려고 했다. 공화정 제도가 자기 앞길을 가로막고 있고, 자신의 오랜 맞수이자 로마공화정을 대표하던 키케로가 본인만을 위해 정치적으로 행동한다고 생각했기 때문이다.

　키케로는 삶에서도 전쟁에서도 "더 강한 자의 편에 서야 한다. 안전한 편에 서는 게 좋다."라고 말했다. 그래서 오랫동안 봉사했던 국가를 지키고자 싸우는 대신, 일이 어떻게 풀릴지 지켜보기만 했다. 내전에서 카이사르가 승리하자 키케로는 카이사르에게 찬사를 보냈다. 심지어 새로운 독재자의 심기를 거스르지 않으려고 공화정을 지키다가 세상을 떠난 친구들을 추모하며 쓴 추도사를 스스로 검열하기까지 했다. 카이사르가 암살되고 로마가 또다시 내전에 휩싸이자 키케로는 또다시 옳은 일을 하기보다는 권력에 기댔다.

키케로가 강한 자에게 붙어서 목숨은 구할 수 있었다고 생각했을지도 모르겠다. 하지만 아이러니하게도 키케로는 곧 마르쿠스 안토니우스에게 살해됐다. 만약에 그 암투에서 키케로가 목숨을 구했더라도 모든 이에게 신뢰를 잃었으니 그의 경력은 끝이 났을 것이다. 키케로는 목숨만 잃은 게 아니라 영웅이 될 수 있는 수많은 기회도 잃어버린 채 한심하게 죽었다.

문제가 해결될 때까지 한 걸음 물러서 있을 수도 있다. 기다렸다가 유리한 쪽을 선택하거나 승자의 편에 설 수도 있다. 기다림에 대한 보상을 받을 수도 있고 흠잡을 데 없는 사람으로 역사에 남을 수도 있다. 어쩌면 말이다. 하지만 마음속 깊은 곳에서는 알고 있을 것이다. 두려움은 오점을 남긴다는 것을. 미국의 제26대 대통령 시어도어 루스벨트는 우리에게 "여태까지 자신의 안위를 최우선으로 여기는 사람이 멋지게 해낸 가치 있는 모험은 없다"라는 말을 남겼다.

세상에는 죽는 것보다 더 나쁜 일들이 있다. 그중 하나를 대자면, 먹고살고자 해야 하는 일만 하면서 사는 것이다. 영웅이 될 기회를 잃은 것을 후회하며, 겁쟁이들이 이끄는 소름 끼치는 세상에 사는 것이다.

미국의 목사이자 시민권운동 선구자인 버넌 존스는 논란을 일으키는 설교를 했다는 혐의로 백인 판사에게 소환됐다. 그는 재판에서 사과하고 자신의 의견을 굽힐 수도 있었을 것이다. 자기 자신을 보호할 수도 있었고, 앞으로는 인종 분리 또는 차별 정책을 비판하지 않겠다고 약속할 수도 있었다. 그렇게 하는 게 강한 자의 편에 서야 한다고 말했던 키케로의 논리에 비추어 보면 옳은 결정일 것이다. 하지만 존스는 자신의 안위를 지키는 대신 판사의 눈을 바라보며 말했다. "남부 어디를 가든 흑인은 자신의 목숨과 영혼 중 하나를 선택할 수밖에 없습니다. 대부분은 목숨을 선택하지요. 저는 목숨이 가치 없다고 말할 겁니다."

두려울 때마다 우리는 자신의 이익을 보호할 강력한 논리가 떠오르고, 상습적으로 거짓말하고 싶어진다. 그 거짓말이 자기 보호를 약속하며, 안락함을 지켜줄 거라고 장담한다. 진짜 그럴까? 얼마나 안전할까? 정말 괜찮은 것일까?

인간은 연약한 피조물이다. 이 사실은 바뀌지 않는다. 나쁜 사람들이 유리할 때 그들 편에 서는 것이 안전한 선택이라고 생각한다면 어리석다. 장담하는 대로 미래가 기꺼이 따라주는 것처럼 보이는가? 그렇지 않다. 아무것도 보장되지 않는다. 위험하지만 재미있는 일을 할 기회이든 힘들지만 옳은 일을 해야 한다는 부름이든, 지금 등한시하는 바로 이 순간이 우리에게 주어진 것의 전부다.

우리는 평범한 결정을 내리면서도 비범한 삶을 살 수 있다고 생각한다. 하지만 이는 사실이 아니다. 모든 전문가가 추천하고 아무도 비판하지 않는 안전한 결정만 내린다면, 혼란과 위기의 상황 앞에 우리는 매우 취약해질 수밖에 없을 것이다. 대부분 사람은 침대에서 죽는다는 것을 기억하자. 침대에 머물기보다는 일어나서 활동하는 게 훨씬 더 안전하다!

전략가로 유명한 미국의 경영학자 피터 드러커에 따르면, 비즈니스계에서 미래를 일구어 나가고자 노력하는 것은 위험하지만 시도조차 하지 않는 것은 더 위험하다. 왜냐하면 언젠가는 일어날 일이기 때문이다. 누군가는 시도할 것이다. 그러면 우리는 그 결과의 잘못된 편에 서거나 최소한 뒤처지게 될 것이다. 그렇게 주도권을 잃게 되는 것이다.

인생은 위험하다. 영국의 시인 딜런 토머스는 "하루하루가 불확실성의 연속이다"라고 말했다. 아무리 많은 사람이 아니라고 말한다 하더라도 이 사실을 바꾸지는 못할 것이다. 아무리 몸을 숨겨도 두려워하는 일로부터 안전해질 수는 없다. 지금은 한 사람이 앞서가는 것 같아도 결국에는 다 비슷해진다는 평균의 법칙에서 우리는 도망치고 있다. 하지만 태어난 날부터 죽음은 예정되어 있다. 이 사실을 깨달으면, 자기 자신이 너무나도 소중한 존재라는 생각을 멈출 수 있다. 위험을 하나하나 신경 쓰고 일이 잘못될 모든 경우의 수를 헤아리며 걱정하는 것을 그만둘 수 있다.

모든 확실성은 불확실하다. 우리는 안전하지 않다. 그리고 절대 안전할 일도 없을 것이다. 이 세상에 안전한 사람은 아무도 없다. 그러므로 안전을 최우선으로 둔다면 사실상 위험에 처하게 될 것이다. 잊힐 위험, 원하던 것을 이룰 기회에 가까이 가지 못할 위험, 연루될 위험. 이 위험을 어떻게 다룰 것인가?

"앞으로 무슨 일이 일어날까?" 아무도 모른다. 하지만 용기를 내서 자기 자신에게 말할 수 있다. "확신할 순 없겠지만 내 영혼이 하나도 다치지 않게 잘 해낼 것이다. 최선을 다할 것이다. 두려워하지 않겠다."

두려움의 목소리가 들린다면
반대로 행동하라

1901년 시어도어 루스벨트는 교육자이자 연설가인 부커 T. 워싱턴을 백악관 만찬에 초대하기 전에 망설였다. 워싱턴은 당시 흑인 사회의 대표적인 지도자였다. 노예로 태어났지만 1865년 남북전쟁 이후 자유로운 몸이 되고 나서 흑인의 경제적 자립을 돕고자 앨라배마주에 연구소를 설립하기도 했다. 이러한 워싱턴을 만찬에 초대한다면 미국 역사상 최초로 대통령이 흑인을 내빈 자격으로 백악관에 초청하는 일이 됐기 때문에 루스벨트는 망설였다.

루스벨트는 두려웠고 주저했다. 남부에 있는 친척들이 자기를 어떻게 생각할지, 신문에 어떤 기사가 날지 두려웠다. 인종차별주의 유권자들이 지지를 철회하여 남부에서 지지를 잃고 선거에서 패할 수 있다는 생각에 두려웠다. 그러니까 쿠바 문제를 둘러싸고 쿠바와 필리핀에서 벌어진 미국·스페인전쟁에서 목숨을 걸고 의용 기병대를 이끌었고, 곰을 사냥했고, 어린 시절 병마를 이겨냈고, 우울증과 슬픔을 비롯한 셀 수 없는 장애물을 극복했던 이 현직 대통령은 다른 사람들이 어떻게 생각할지 두려웠다. 무서운 상황이었다.

다음 날 《뉴욕 타임스》 1면 머리기사는 이렇게 장식됐다. "워싱턴 시민, 대통령의 선례 위반을 원칙적으로 규탄해—메릴랜드주 선거운동에도 영향 줄 것." 원칙적으로 규탄한다는 반응이라니! 그렇지만 이런 상황이 벌어질까 봐 두려웠던 마음이 바로 루스벨트가 워싱턴을 초대하기로 결정한 이유였다.

루스벨트 대통령은 시민권 고문에게 보낸 서한에 이렇게 썼다. "피부색 때문에 백악관에 워싱턴을 초청하는 걸 순간 주저했단 사실에 스스로 부끄러워졌습니다. 그래서 서둘러 초청장을 보냈지요. 결과적으로 그를 초대하게 되어 매우 기쁩니다. 불평이 빗발치는 걸 보니 그 행동이 꼭 필요했다는 것도 알게 됐습니다."

그 어떠한 원칙도 완벽하지 않지만 다음 한 가지는 언제나 옳다. 스스로 방향을 가리키는 나침반처럼 두려움은 해야 할 일의 방향을 가리킨다. 마음 한편은 무엇을 해야 하는지 알고 있지만, 다른 한편은 그 일의 결과를 피할 수 없다는 것을 상기한다. 두려움은 우리에게 위험뿐만 아니라 기회도 알려준다. 겁내지 않았다면 그 누구나 해낼 수 있었을 것이다. 쉬운 일이었다면 그 어떤 성장도 일어나지 않았을 것이다. 자기 자신을 보존하고자 하는 마음, 즉 두려움이 금속 탐지기를 울리게 한다. 우리가 두려움을 느낀다면 금속 탐지기에서 무언가를 찾을 수 있을 것이다. 무시할 것인가? 아니면 땅을 파볼 것인가?

두려움은 망설이게 한다. 하면 안 될 이유를 떠올리게 하므로 거의 아무것도 못 하게 된다. 이런 망설임을 자주 경험하지 않는다면, 우리는 무언가를 하라고 자기 자신을 충분히 밀어붙이지 않고 있다는 것을 알아야 한다.

부커 T. 워싱턴의 망설임도 생각해 보자. 워싱턴은 목숨을 걸고 루스벨트 대통령의 초대를 받아들였다. 남부 백인 기부자들의 지원이 위태로웠는데 그마저 잃을 위험을 감수했다. 루스벨트 대통령의 초대를 받아들인다면 성난 말벌들이 있는 벌집을 걷어차는 꼴이었다. 이에 당시 상원의원 벤저민 틸먼은 "천 명의 깜둥이를 죽여야 자기 주제를 알지!"라고 반응했다.

그래도 백악관은 밀고 나갔다. 의연했다. 위협 앞에 흔들리지 않았다. 루스벨트의 조카이자 인권 운동가인 엘리너 루스벨트는 훗날 우리가 할 수 없는 일을 하는 것에 관해 이렇게 이야기했다. "일반적으로 우리가 해야 하는 일은 우리가 할 수 없는 일이다. 다른 사람이 우리에게 하면 안 된다고 하는 일이다. 누군가가 그 결정을 후회할 거라고 말하는 일이다. 명치가 조여오면서 망설여지는 일이다."

'상대방은 이걸 어떻게 생각할까?' '경쟁사가 우리 회사를 불리하게 하는 데 쓰면 어쩌지?' '잘 안되면 어떡하지?' '사람들이 나한테 화를 낼까?' 하는 생각은 싹 무시해 버리자. 증명해 보이겠다고 결심하자. 새로운 모험에 모든 것을 걸어보자. 창의적인 일에 따르는 위험을 감수해 보자. 기자의 이메일에 답장하기로 결심하자. 주저하는 말을 내뱉어 보기로 마음먹자.

사람들은 두려움에 대해 너무 깊게 생각하지 말라고 하지만, 어쩌면 거기에 바로 우리가 해야 할 일이 있는지도 모른다. 두려움을 자세히 들여다본 뒤, 그 반대로 행동해 보자.

남들과 다를 용기

　　1960년대 프랭크 세르피코는 그의 직장이었던 뉴욕 경찰에서 겉돌았다. 경찰은 대부분 아일랜드계였는데 혼자만 이탈리아계였기 때문이다. 장발의 세르피코는 오페라와 발레를 좋아했다. 동료 대부분이 조용한 교외에 살고 싶어 할 때 그는 뉴욕의 중심 시내에 있는 그리니치빌리지에 살았고 하얀 올드 잉글리시시프도그를 키웠다. 제복을 입지 않았을 때는 조끼와 가죽옷 등 기이해 보이는 옷을 입었다.

　　세르피코는 길거리에서 범죄자를 체포하려고 다른 사람인 척 아주 교묘하게 위장하여 출근하곤 했다. 몇 번이고 잠복 형사로 승진하는 데 실패했는데도 말이다. 그는 외톨이였다. 그리고 그는 부패한 경찰을 내부 고발하며 가장 잘 알려진 형사가 됐다.

세르피코를 상대한 검사는 그가 까다롭다고 불평했다. 세르피코는 검사에게 만약 자신이 덜 까다로운 사람이고 다른 경찰들과 더 비슷했다면, 애초부터 경찰의 부패를 말하지 않았을 거라고 말했다.

당연히 우리는 모두 세상에 하나밖에 없는 존재다. 과학적으로 봐도 그렇다. 우리의 DNA는 우리가 태어나기 전에는 지구에 존재한 적이 없다. 누군가가 겪은 일과 똑같은 일을 경험한 사람은 이 세상에 아무도 없다. 그런데 이러한 유산을 물려받은 우리는 무엇을 하고 있는가? 아무런 생각 없이 그 유산을 밀어내 버린다. 자기 자신이 되지 않기를 선택한다. 잘못된 일을 봐도 눈살을 찌푸리지 않고 그냥 동의한다.

뉴욕의 경찰관은 청렴하기보다 뇌물을 받는 게 더 쉽단 말이 있다. 분명 놀랄 만한 일이지만 슬픈 사실이기도 하다. 불의에 맞선다는 것은 눈에 띄는 것이다. 표적이 되는 것이다. 남들과 달라지는 것이고, 곧 외톨이가 된다는 것이다.

우리는 두렵기에 현재에 안주한다. 두려워서 옳은 일을 하지 않는다. 입을 다문다. 심지어 다른 사람이 자신의 본모습을 알지 못하기를 바란다. 본모습을 들키면 심기가 불편해지기 때문이다.

다르다. 이상하다. 어디로 튈지 모른다. 문제만 일으킨다. 동성애자와 괴짜. 이런 단어들은 FBI나 KGB, 게슈타포의 서류를 지저분하게 한다. 겁쟁이는 자신에게 도전하는 용감한 사람을 이렇게 부른다. 아니면 불법으로 권력을 잡은 정권이나 불의를 뿌리 뽑으려는 사람을 이렇게 부른다. 우리는 자신감이 넘치는 사람의 자유분방한 모습에 부끄러워하면서 나지막하게 이런 별칭을 중얼거린다.

사람들은 모두가 같은 팀이 되기를 바란다. 같은 문화를 공유하기를 바란다. 군대에서 똑같은 군복을 입고 똑같은 머리 모양을 하는 것도 같은 논리다. 우리는 사람들이 시키는 대로 행동하고, 지시를 따르길 원한다. 그러면서도 어떻게든 생각이 자유롭게 꽃피길 갈망한다. 하늘에서 새로운 발명과 발상이 떨어지고, 사람들이 남다른 희생을 하며 용기를 발휘하기를 기대한다. 현실에 순응하는 사람들의 세계에서 이런 일이 일어날 수 있는 것처럼 말이다.

사람들은 다른 사람의 모난 부분을 지적하며 부드럽게 갈아내라고 요구하거나 다른 모습을 보이라고 압박한다. 어떤 다른 것을 원한단 말인가? 그것이 무엇인지 물어봐야 한다. 「시편」 27편에는 이런 구절이 있다. "군대가 나를 치려고 에워쌀지라도 내 마음은 두렵지 아니하며 전쟁이 일어나 나를 치려 할지라도 나는 여전히 태연하리로다."

누가 또 얼마나 많은 사람이 덤벼들든지 간에 상관없이 우리는 우리 자신이 되어야 한다. 자신감 넘치게, 가장 나답게, 용기를 내야 한다.

선구적인 페미니스트 플로렌스 나이팅게일이 '남자처럼 되려고' 한 여성을 비판한 것은 아이러니다. 나이팅게일은 '자기 자신'이 되라고 말했다. 우리는 다른 사람을 모방하거나 본능적으로 거부하지 않아도 된다. 모든 사람은 타인의 기대와 고정관념을 마주한다. 이에 저항하고자 할 때 우리는 세네카의 충고를 떠올릴 수 있다. 사소한 것 하나하나까지 대중을 상대하지 않아도 괜찮고, 남들과 다르다는 것을 보여주려고 일부러 자신을 다른 사람으로 꾸며내지 않아도 된다는 것이다. 심술궂게 반항하는 성격도 그 나름의 방어 수단이 될 수 있다. 하지만 겉모습이 다른 사람과 똑같아 보여도 내면은 완전히 다르다는 것을 확실히 해야 한다. 우리는 우리가 진정으로 되고 싶어 하는 사람이며, 마음속 깊은 곳에서는 그런 사람이 되는 게 옳다고 확신하고 있어야 한다.

왜냐하면 남들과 다를 수 있는 용기는 남들과 다르게 생각하고, 다른 사람이 보지 못하는 것을 보며, 다른 사람이 듣지 못하는 것을 들을 수 있는 용기이기 때문이다. 수많은 내부고발자와 예술가가 괴짜였다는 것은 우연이 아니다. 바로 괴짜였기에 다른 사람이 보지 못하는 것을 볼 수 있었다.

경찰이 되든 군인이 되든 철학자가 되든 상관없다. 록 음악의 긴 전통을 따르는 음악가가 되어도 괜찮다. 다른 사람의 손을 잡아주자. 단지 마음속 깊은 곳에서 '우리는 우리 자신이다'라는 것을 확실히 알고 있으면 된다. 두려움 때문에 침묵을 지키거나 무너지지 않으면 된다. 다른 사람들이 이 일을 하기 때문에 우리가 그 일을 하는 것이 아니면 된다.

독창적인 사람이 되자. 자기 자신이 되어야 한다. 자기답지 못하게 살아가는 것은 겁쟁이가 되는 것이다. 겁쟁이의 의견이 자기 생각이나 행동에 영향을 미치지 않도록 하라. 우리의 미래는 여기에 달려 있다.

타이츠를 입고 무대 위로 올라라

배우가 되고 싶었던 제리 와인트라우브는 뉴욕의 연기 학교 네이버후드연극학교에 입학했다. 그곳에서 와인트라우브는 미국의 유명 배우이자 절반 이상의 할리우드 배우들이 정신적인 스승으로 삼고 있다고 해도 과언이 아닌 샌디 마이스너 밑에서 공부했다. 동기 중에는 제임스 칸도 있었다. 우리가 제임스 칸이 출연한 영화를 본 적은 있지만 제리 와인트라우브가 출연한 영화는 본 적이 없는 이유는 바로 제리의 두려움 때문이다. 아니, 정확하게는 두려움의 또 다른 본질, 수치심 때문이다.

어느 날 제리 와인트라우브와 제임스 칸은 무용 수업에 필요한 옷을 사러 브로드웨이에 있는 어느 가게에 들어갔다. 브롱크스 출신으로 성격이 거친 와인트라우브는 타이츠를 신고

거울을 보았을 때, 이 옷을 입고는 사람들 앞에 설 수 없다고
생각했다. 칸도 와인트라우브와 마찬가지로 브롱크스 출신이
었다. 아버지는 정육점을 운영했고, 칸은 자기 자신이 터프가
이라고 생각했다. 그도 제리가 보았던 것과 똑같은 거울을 보
았다. 하지만 칸은 부끄러움을 느끼는 자의식이 이기도록 내버
려 두지 않았다.

미국의 작가 리치 코언은 이렇게 썼다. "이 순간은 두 사람
의 삶을 경계 짓는 진실의 순간이었다. 제임스 칸은 슬리퍼와
타이츠를 신었고, 그래서 영화「대부」크레디트에 장남 소니
코를레오네로 이름을 올릴 수 있었다. 제리 와인트라우브는 평
범한 사람이라면 느낄 법한 수치심을 느꼈기에 슬리퍼와 타이
츠를 신지 않았고, 같은 영화 크레디트에 배우가 아닌 제작자
로서 등장한다."

한 명은 아카데미시상식 후보에 올랐고, 다른 한 명은「베스
트 키드(The Karate Kid, 1984)」를 제작했다. 둘 다 성공했지만
한 명만 인생 초년기의 꿈을 이루었다. 그 한 명만이 대담하고
용감하게 카메라 앞에 섰고, 그 순간을 자기 것으로 만들었기
때문이다.

우리 대부분이 영화계에 종사하지는 않지만, 우리가 눈에 띄
는 것에 거부감을 느끼는 이 반응을 직시해야 한다. 다른 사람
들이 뭐라고 생각할지 두려워하고 부끄러워하며 어색해한다.

이때 느끼는 두려움은 전투에 뛰어들지 못하는 두려움과는 다르다. 하지만 자신이 정해둔 한계와 용기의 부족으로, 우리의 운명을 빼앗기는 것과 같다.

무언가를 시도하거나 새롭게 바꾸거나 목표를 이룰 때, 꼭 누군가는 이상하게 쳐다본다. 다른 사람에게 주목 좀 해달라고 부탁하지 않고 해낼 수 있는 일은 거의 없다. 자기 자신을 모두 걸 때는 실패할 위험이 있고 사람들 앞에 나설 때는 창피를 당할 위험이 있다.

안전지대 밖으로 나가려고 시도하는 사람은 이를 알아야 한다. 하지만 우리는 마음이 불편한 것보다 차라리 죽는 게 낫다고 생각한다. 미국의 코미디언 제리 사인펠드는 사람들이 죽음보다 다른 사람 앞에서 이야기하는 것을 더 무서워한다고 말한 적이 있다. 이는 사람들이 장례식에서 추도사를 전하기보다 차라리 관 속에 있기를 선호한다는, 꽤 정신 나간 농담이긴 하지만 말이다.

고대 로마에서 최고의 연설가로 손꼽히는 크라수스는 뛰어난 말재주와 부정부패, 악한 행위를 기소하는 것으로 유명했다. 적어도 대중에게는 그렇게 보였다. 상상하기 어렵겠지만 크라수스는 나중에 "연설하는 초반엔 생각만 해도 사지가 벌벌 떨렸다"라고 회고했다. 연설의 달인일지라도 연단에 오르기 전에는 끊임없는 불안과 공포로 마음이 요동쳤다.

크라수스의 경력이 시작될 무렵에는 더 심했다. 크라수스는 처음 대중 앞에 섰을 때 '기가 꺾이고 두려움에 아무것도 할 수 없었던 나머지' 미룰 수 있을 때까지 심리를 최대한 미뤘다. 크라수스에게 시간을 준 판사의 자비로운 말을 상상할 수 있다. 크라수스는 분명 심리를 미루게 해달라고 수천 번 기도했을 것이고, 그다음에는 심리하러 가느니 누군가가 자기를 쓰러 뜨리거나 죽여줬으면 좋겠다는 희망을 품었을 것이다.

하지만 크라수스가 그 두려움을 이겨내지 못했다면 두고두고 회자되지 못했을 것이다. 그 또한 조용히 자신의 서재에서 법률 관련 사무를 보는 것을 차라리 선호하지 않았을까? 당연하다. 잔소리를 듣지 않고 원하는 대로 옷을 입고 싶었던 세르피코처럼 말이다. 인생이란 이런 것이다.

'차라리 …하는 게 낫겠다'는 나약한 목소리를 신경 쓰지 말자. 가끔은 독자적인 길을 가야 할 때도 있는 법이다. 사람들 앞에서 말 한마디를 제대로 못 하는데, 정말 중요한 순간에 어떻게 용기를 낼 수 있겠는가? 타이츠를 입자. 무대 공포증이 있어도 밀어붙이자. 연설의 기법을 통달했어도 공포는 사라지지 않는다. 증인석에 들어가라. 모여 있는 직원들에게 어려운 소식을 전하라.

단지 다른 사람들이 어떻게 생각할지 생각하는 것을 멈추는 법만 배우면 된다. 계속 남들의 시선을 의식한다면 자신만이 할 수 있는 일은 해낼 수 없을 것이다. 무리에서 기꺼이 한 발자국 떨어져 있어야 할 뿐만 아니라 그들 앞에 서서 진정으로 생각하거나 느끼는 바를 말해야 한다. '공적 생활'이라고 부르는 이유가 여기 있다. 성공은 혼자 있을 때는 이룰 수 없다.

스토아 철학자들은 인간이 자기 자신만 생각하면서도 자기 의견보다 다른 사람의 의견을 더 중요시하는 모순을 꼬집는다. 노예의 신분에서 해방되어 자유인이 된 에픽테토스는 이렇게 말했다. "더 나은 사람이 되고 싶다면 멍청하거나 바보같이 보이는 것도 감수해야 한다." 할 수 있겠는가? 아니, 해야 한다.

안전한 방향으로 도망치거나 잘못된 일에도 눈살을 찌푸리지 않을 때, 앞에 나서지 않고 방 뒤에서 뒷짐을 지고 서 있을 때 기회는 이미 날아가 버린다. 두려움에 손 놓고 있거나 할 일과 하지 않을 일을 다른 사람이 결정하도록 내버려 둔다면 많은 것을 놓치게 된다. 성공뿐만 아니라 현재를 놓치게 된다.

부끄러움을 신경 쓰지 않는다면 어떤 사람이 될 수 있을까? 주목받는 것을 꺼리지 않는다면 무엇을 성취할 수 있을까? 타이츠를 신을 만큼 마음을 굳세게 먹는다면? 기꺼이 실패할 준비가 되어 있을 뿐만 아니라 남 앞에서도 실패할 준비가 되어 있다면 무엇을 이룰 수 있을까?

전사의 DNA가 하는 일

초기 인류가 느꼈던 생존의 공포 그 자체를 상상해 보라. 생존율이 50퍼센트 미만인 그 세상에서 아이를 낳는다고 상상해 보라. 왕과 신하들의 변덕이 들끓고 공황과 재난, 전쟁과 언제 죽을지도 모르는 불확실한 상황을 극복하고 살아간다면 어떨지 상상해 보라. 어떻게 이런 상황을 견딜 수 있었던 것일까?

그냥 묵묵히 자기 갈 길을 갔다. 그러든 말든 할 일을 했다. 바다와 땅을 넘어 신대륙으로 건너간 사람들, 화재로 타버린 마을을 재건한 사람들, 갑옷을 입고 전투에 뛰어든 사람들, 정부에 인권을 주장한 사람들, 폭도와 마주한 사람들, 노예 생활로부터 몰래 도망친 사람들, 모두 잠들었을 때 기회를 노린 사람들, 새로운 과학 분야를 개척한 사람들. 결국 이 사람들이 현재의 우리를 직간접적으로 탄생시켰다. 그들의 피가 우리 혈관에 흐른다. 그들의 DNA가 우리 DNA에 섞여 있다.

유명한 가문 출신이 아니더라도, 핍박받는 소수집단 출신이라고 해도 우리는 세상과 맞서 싸워서 살아남은 사람의 후손이다. 현대 미국의 대표적인 흑인 작가로 꼽히는 제임스 볼드윈은 풍부한 언어 실력과 성경, 아프리카계 미국인의 설교, 그리고 찬송가와 블루스의 어조를 이용하여 작품을 썼다. 어느 날 그는 조카에게 이렇게 설명했다. "네겐 면화를 따고 강에 댐을 세우며 철도를 건설했던 농부의 피가 흐르고 있어. 그들은 모두 두려운 역경을 극복하고, 그 누구도 무너뜨릴 수 없는 기념비적인 존엄성을 손에 넣은 사람들이란다."

그렇다면 두려워했던 사람들의 피도 섞여 있지 않을까? 당연히 우리 모두의 안에 있다. 하지만 우리는 둘 중 어떤 전통을 따를지를 선택할 수 있다. 크세노폰은 페르시아 한가운데 갇혀 덜덜 떨고 있는 부하들에게 이렇게 말했다. "우리 조상들이 겪었던 위험한 일들을 상기하게 해줘야겠군. 용기를 내는 게 옳은 걸세. 신은 용기 있는 자를 도우며 용기 있는 자는 최악의 난관에서도 평안을 찾을 수 있다네."

역사는 동화가 아니라 살과 피로 채워진다는 것을 기억해야 한다. 현실을 사는 사람들은 운명에 맞서 싸우고, 주먹을 날리며, 최선을 다한다. 이 사람들은 우리보다 낫거나 신체와 정신이 더 튼튼한 사람도 아니다. 그들은 실패하고 실수하고 쓰러졌지만 살아남았다. 오랫동안 살아남았기에 오늘날의 우리가 될 수 있게 발전하도록 일을 추진할 수 있었다. 우리 조상 중에 비겁한 사람이 있었다고 해도 우리는 그러지 않기를 선택하면 된다. 두렵다면 우리보다 앞선 세대를 살아온 사람들을 생각해 보자. 그들이 세운 기념비를 방문해 보고, 그들이 쓴 글을 읽어 보자. 이것이 우리의 전통이기 때문이다.

그들은 우리에게 바통을 넘겨줬다. 바통을 받을 것인가? 플로렌스 나이팅게일은 생을 마감하기 전에 이런 글을 남겼다. "나를 기억하는 사람이 더는 없어 단지 이름만 남았을 때, 나의 목소리가 내 인생의 위대한 업적을 영원히 밝혀주었으면."

말하지 않으면 얻을 수 없다

　최전방에 있는 군인은 다른 사람들이 도망가더라도 폭발음이 들리는 쪽으로 진격해야 할 의무가 있다는 것을 안다. 부모는 자기보다 자녀의 행복과 욕구를 우선시해야 한다는 것을 안다. 언제나 쾌활한 사람은 얼마나 많은 사람들이 자신에게 우스갯소리와 긍정적인 말을 기대하는지 안다. 하지만 이 사람들은 자신이 다른 사람들에게 도움을 청할 수 있다는 것도 알까? 혹시 우리도 그렇다는 걸 알고 있는가? 아니면 도움을 청하기가 두려운가?

　역사적으로 스토아 철학자는 강인하고 용감했다. 불평 없이 서슴지 않고 자신의 의무를 수행했다. 용기를 내서 짐을 옮겼고, 필요할 때는 기꺼이 다른 사람의 짐을 옮겨줬다. 하지만 그들이 몸부림치지 않고, 흔들리지도 않고, 그 무엇도 필요하지 않았던 초인적인 존재라고 가정하는 것은 다소 착각이다. 우리처럼 스토아 철학자도 필요할 때 도움을 요청했다. 그리고 도움을 요청하는 것을 두려워하지 않았다. 왜냐하면 때로는 그것이 가장 강하고 용감한 일이기 때문이다.

마르쿠스 아우렐리우스는 이렇게 말했다. "도움이 필요하단 걸 부끄러워하지 말라. 성벽에 돌격하는 군인처럼 당신은 완수해야 할 임무가 있다. 만약 다쳐서 일으켜 줄 전우가 필요하다면 어떡할 텐가? 도움을 청하는 게 뭐 어떻다는 건가?"

바로 그거다. 그게 뭐 어떻다는 것인가? 일어날 수 있게 그냥 손을 잡아달라는 거지, 안아 일으켜 주는 대로 거저 일어나려는 게 아니다. 조언을 구하고 있지, 거기서 구해달라고 요청하는 게 아니다. 다시 전장으로 돌아가 싸울 수 있도록 단지 상처를 치료하는 것뿐이다. 동정이나 관심을 구하는 게 아니라 다른 사람에게 같은 일이 일어나지 않도록 목소리를 높이고 있는 것뿐이다. 불공정한 이득을 취하려는 게 아니다. 현재의 상황에서 필요한 도움을 구하고자 자신에게 주어진 기회를 활용하려는 것뿐이다.

수년 동안 중독자들은 도움을 청하고 자신의 무력함을 인정하는 것을 두려워했다. 수년 동안 경영진은 책상 앞에 앉아 가면 증후군과 싸우며 다른 사람들도 똑같이 느끼는지 묻기를

두려워했다. 몇 년 동안이나 우울증에 시달리면서 자녀를 보살
핀 어머니는 누군가에게 자신을 보살펴 달라고 부탁하기가 두
려웠다. 몇 년 동안이나 참전 용사는 영웅적 행위를 위해 치러
야 했던 진짜 대가를 숨겨야 했지만 나약해 보일까 봐 두려워
서 이 괴로움을 누구에게도 털어놓지 못했다.

우리는 마음 여는 것을 두려워한다. 다른 사람에게 마음 터
놓는 것을 두려워한다. 어떻게 느끼는지 아무도 몰랐으면 한
다. 그래서 우리는 더 외롭다. 이 두려움을 이겨내려면 어떤 힘
이 필요할까. 손 쓸 수 없다는 느낌과 마지못했던 상황은 어떤
고통을 유발할까. 학생이 갑작스럽게 질문하면 어떻게 될까?
몰랐던 것을 배우게 된다. 친구가 자신의 취약한 모습을 드러
내면 두 사람의 관계는 어떻게 될까? 우정이 더욱 끈끈해진다.
직원이 업무량이 너무 많다고 불평하면 어떻게 될까? 다른 직
원을 고용하게 되고 업무 효율은 향상된다. 누군가가 자신에게
일어난 수치스러운 일을 고백할 용기가 생긴다면 어떻게 될
까? 사회에 행동하는 사람이 많아져서 누군가에게 그 일이 다
시 일어나지 않도록 막을 수 있다.

질문 자체가 돌파구가 될 때도 있다. 사실을 인정하면 내면
의 자물쇠가 열린다. 이제 우리는 문제를 해결할 만큼 강해졌
다. 비밀이 많을수록 삶은 더 고통스럽기 마련이다. 우리는 뭐
라 설명할 수 없는 두려움에 휘둘리고, 실제로 일어나지 않았

으면 하는 가정에 마비되어 있다.

잠시 시간이 걸려도 괜찮다. 도움을 받아도 괜찮다. 안심, 호의, 용서, 필요하다면 무엇이든 괜찮다. 심리 상담이 필요한가? 받으러 가라! 다시 시작해야 하나? 괜찮다! 누군가의 어깨에 기대야 하나? 당연히 괜찮다!

부탁하지 않으면 이 모든 것을 얻을 수 없을 것이다. 필요하다고 인정하지 않는다면 얻지 못할 것이다. 그러니 용기가 있을 때 지금 당장 부탁해 보자. 너무 늦기 전에 말이다. 우리는 한배를 탔다. 우리는 동지다. 도움을 청하라. 단순히 용기 있는 일이 아니다. 그것이 바로 옳은 일이다.

다시 일어나는 힘

흔히 용기란 무너지지 않는 것을 의미한다고 생각하지만 아니다. 용기란 무너졌을 때 다시 일어나는 것이다. 자녀들이 보고 있기에, 대의가 자신을 필요하다고 하기에, 악이 이기도록 내버려 두지 않을 것이기에 다시 일어난다.

용기란 자신을 위해, 그리고 다른 사람을 위해 해야 할 일을 할 수 있도록 정신을 바로잡는 것을 의미한다. 이를 두려워하는 사람도 있다. 계속해 나가는 게 두려운 게 아니라 상처받고 나서 회복할 시간이 필요하고, 좌절했다는 사실을 인정할 만큼 취약해지는 게 두려운 것이다. 헤밍웨이가 『무기여 잘 있어라』에 쓴 최고로 아름다운 한 대목이다.

사람이 세상을 살며 너무 많은 용기를 품고 있으면 세상은 그런 사람들을 무너뜨리려고 악착같이 달려든다. 그렇게 그들을 산산조각 내버린다. 하지만 세상이 그들을 다 무너뜨리고 나면, 많은 사람은 그 무너진 곳에서 더욱 강해진다. 그러나 세상은 무너지지 않으려는 사람들을 죽이고 만다. 아주 선량한 사람이든 아주 온화한 사람이든 아주 용감한 사람이든 상관없이 모두 죽인다.

세상은 잔인하고 냉혹한 곳이다. 적어도 45억 년 동안 망하지 않았다는 점이 그렇다. 최상위 포식자인 종 전체부터 헤라클레스, 헤밍웨이 자신에 이르기까지 세상에는 놀랍도록 튼튼하고 강력한 생물들이 살아왔다. 그런데 지금 그들은 어디에 있는가? 사라졌다. 먼지가 됐다. 그 가운데 지나치게 많은 사람이 전성기를 맞이하기도 전에 불필요하게 목숨을 잃었다. 강함과 회복탄력성을 착각했기 때문이다.

아주 깊은 용기를 대표하는 스토아철학은 세상이 우리를 무너뜨렸을 때 그리고 다시 일어설 때 그 과정에서 뼛속까지 강해질 수 있도록 도와준다. 스토아 철학자들은 자기가 통제할 수 있는 일에 초점을 맞추어 자기 자신을 치유한다. 상황에 반응하는 것. 회복하는 것. 교훈으로부터 배우는 것. 미래를 준비하는 것. 타인을 위해 변화를 만들어가는 것. 도움을 요청하는 것. 변화하는 것. 더 큰 선을 위해 희생하는 것.

이는 서양에만 국한한 생각이 아니다. 킨쓰기(金継ぎ)라고 불리는 일본의 예술 양식의 기원은 15세기로 거슬러 올라간다. 장인은 깨진 접시, 컵, 그릇을 수리하는데 단순히 깨지기 전의 상태로 되돌리는 대신 더 아름답게 고친다. 단순히 접착제로 부서진 조각을 붙이는 게 아니라 금 또는 은을 혼합한 특수한 옻을 접착제와 섞어 조각을 붙인다. 한 전설에 따르면 깨진 찻잔을 고치려고 중국으로 보낸 뒤에 이 예술 양식이 창조됐다고 한다. 중국에서 돌아온 찻잔은 아름답지 않았다. 예전과 똑같은 그릇이었지만 금이 가 있었다. 그래서 그릇이 깨져서 생긴 흉터를 아름답게 바꾸고자 킨쓰기라는 기법이 발명됐다.

이는 가끔 세상이 던지는 질문이다. 세상은 우리가 용감하다는 것을 알고 있기에 죽음과 킨쓰기 중에서 무엇을 선택할지 알고 싶어 한다. 부서진 곳에서 더 강해질 방법을 찾겠는가? 아니면 산산조각이 나더라도 예전의 방법을 고수하겠는가? 영웅은 다시 일어선다. 치유하고 성장한다. 자기 자신과 다른 사람을 위해서 말이다.

오디 머피는 이런 생각을 하며 회고록을 마무리한다. 머피는 전쟁으로 심각한 피해를 보았다. 그는 자신이 보지 말아야 할 것을 보고 많은 참전 용사와 외상 생존자처럼 외상후스트레스장애(PTSD)를 겪고 있다는 것을 알고 있었다. 하지만 그것이 자기를 정의하지 못하게 하기로 마음먹었다. 머피는 이렇게 적었다. "삶은 갑작스럽게 우리를 마주한다. 나 자신에게 맹세하건대 나는 삶이 요구하는 바에 부합할 것이다. 전쟁의 상처를 안고 있지만, 그렇다고 해서 무너지지 않을 것이다."

머피는 집에 가겠다고 말했다. 포기하지 않을 것이다. 자기 안의 악마가 이기도록 내버려 두지 않을 것이다. 꿈에 그리던 사람을 찾아 결혼하고 가정을 꾸릴 것이다. 새로운 직업과 새로운 목적을 찾을 것이다. 그리고 머피는 자기 자신에게 이렇게 말했다.

"믿음을 품고, 사랑이 무엇인지 알고자 냉소적이지 않은 눈으로 삶을 바라보는 법을 배울 것이다. 전쟁에서 평화롭게 일하는 법을 배울 것이다. 그리고 마지막으로, 수없이 많은 다른 사람처럼, 다시 살아가는 법을 배울 것이다." 우리 또한 스스로에게 이렇게 말해야 한다.

3장

용기의 그릇을 키우면
달라지는 것들

오, 강적에 맞서 싸우고 싶어라.

의연하게 적수와 맞서고 싶어라.

그들과 홀로 대적하고 싶어라.

사람이 얼마나 버틸 수 있을지 알고 싶어라.

갈등과 고문, 감금, 대중의 악평을 직접 대면하고 싶어라.

단두대에 오르고 싶어라.

총구를 겨누고 담담하게 앞으로 진격하고 싶어라.

정말이지 신이 되고 싶어라!

-월트 휘트먼, 「환희의 노래(A Song of Joys)」

용기란 두려움을 다스리며 딛고 승리하는 것이다. 위험한 순간에 또는 매일 주인 의식을 바탕으로 주체성을 행사하며 상황을 극복하고, 다른 사람이 모두 포기한 운명을 넘어서려는 결정이다.

어둠을 저주할 수 있지만 촛불을 켤 수도 있다. 다른 사람이 와서 우리를 구해줄 때까지 기다릴 수도 있고, 직접 나서서 스스로 구할 수도 있다. 어느 쪽을 택할 것인가? 모든 영웅은 선택에 직면한다. 우리의 판단이 중요한 전환점이 될 것이다. 이때가 바로 진실의 순간이다. 용기를 낼 것인가? 무리해서라도 해볼 것인가? 어떤 모습을 보여줄 것인가?

비겁함이 나의 의무를 다하지 못하는 것이라면 용기는 두려움을 딛고 올라가 행동으로 옮기는 결정이다. 부름에 응하는 일, 두려움을 극복하고 운명을 쟁취하는 일, 누군가는 해야 하는 일이기에 할 수 없는 일을 하는 것. 성공할지 확신이 서지 않더라도 인내와 기개, 배짱과 투지를 가지고 임하라. 셰익스피어의 말처럼 "시간이 우리를 부르면 그 시간에 맞추어야 한다." 우리의 운명은 여기에 있다. 운명을 움켜쥐어 보자.

적과 싸울 때 기억해야 할
단 한 가지

한 남자가 프랑스를 구했다. 프랑스 역사상 가장 존경받는 지도자 샤를 드골은 프랑스를 위기에서 구해야 한다고 생각했고 그 일을 혼자서 해냈다.

1940년 6월, 프랑스는 독일에 함락됐다. 프랑스에는 독일군의 탱크뿐만 아니라 지도자들의 두려움도 들끓었다. 프랑스 지도자들은 근대 역사상 최악의 독재자 히틀러에게 항복하는 조약을 소리 없이 빠르게 협상했다. 그리고 그 순간 드골은 영국으로 가는 소형 비행기에 탑승했다.

드골의 인생에서 가장 두려운 비행이었다. 이륙하기 전 총을 맞거나 포로로 잡힐 수 있어서가 아니었다. 원래 가족이 타려고 했던 비행기를 포함해 많은 비행기가 추락하여 탑승자 전원이 사망해서도 아니었다. 드골은 짧은 한 시간 반의 비행을 회상하며 이렇게 말했다. "모든 걸 잃은 채 비행기를 타는 제 자신이 너무 혼자 같이 느껴졌습니다. 마치 바다를 이쪽 끝에서 저쪽 끝까지 수영해서 건너기를 바라는 사람처럼요. 인생이 끝나는 줄 알았습니다. 무너지지 않는 프랑스와 불가분의 관계에 있던 프랑스군이라는 틀 안에서 살아온 인생이요."

당시 드골은 프랑스 대통령이 아니었다. 왕족 출신도, 계급이 높은 장군도 아니었다. 물론 평범한 시민은 아니었다. 그즈음에 준장이자 국방성 차관으로 승진한 드골은 총리에게 프랑스가 수렁에 빠지지 않으려면 맞서 싸워야 한다고 주장한 단 한 사람이었다. 동시에 그저 평범한 사람이기도 했다. 포기할 생각을 하지 않은 사람, 조국이 포기하는 것을 지켜볼 준비가 되어 있지 않은 사람. 그래서 드골은 포기하지 않았다.

해협을 건너 영국에 상륙하자마자 드골은 처칠과 만났다. 그리고 다음 날 영국의 공영방송인 BBC에서 연설해 달라는 제안을 받았다. 군대의 지휘관도 아니었고 가진 돈도, 계획도 거의 없었다. 계획을 세울 권한도 없었지만 어찌어찌했다. '용기 있는 한 사람이 다수의 힘을 갖게 된다'는 격언은 드골에게 딱 맞아떨어지는 말이다.

드골은 유명한 BBC 방송에서 목소리를 냈다. "프랑스가 잃은 것은 아무것도 없다고 말씀드릴 수 있습니다. 프랑스가 정복당한 수단이 언젠가는 프랑스에 승리를 가져다줄 수 있습니다. 프랑스는 혼자가 아닙니다! 혼자가 아닙니다! 프랑스는 혼자가 아닙니다!" 그렇지만 프랑스는 혼자였다.

드골의 방송은 주로 영국이 철수시킨 수천 명의 프랑스 군인을 겨냥한 것이었다. 그들에게 자신과 함께 싸우고 조국을 위해 싸울 것을 촉구했다. 사실 군인들 대다수는 조국을 위해 싸우는 대신 비시프랑스(Vichy France)로 송환할 것을 요청했다. 비시프랑스는 제2차 세계대전 중에 나치 독일이 점령하고 있던 남부 프랑스를 통치한 괴뢰정권이다. 드골의 오랜 멘토이자 상관이며 제1차 세계대전의 위대한 영웅인 필리프 페탱 장군도 독일에 협력했고 자신의 명성을 이용해 정권을 합법화했다. 페탱은 제2차 세계대전에서 프랑스 제3공화국이 무너지자 주전파인 샤를 드골 등을 "현실을 직시하지 못한다"라며 비판했고, 새로운 수반이 되어 독일에 항복했다. 1940년에는 독일과 휴전협정을 체결하여 비시정부의 수반이 됐다. 싸우는 게 무슨 소용이 있었을까? 히틀러의 거침없는 행보를 막을 사람이 있었을까?

방송 전 마이크 음향을 확인할 때, 드골 장군은 딱 한 단어만 말했다. '프랑스.' 드골은 진지하게 진심으로, 논리와 사실 여부를 떠나서 진정으로 프랑스를 믿었다. 페탱의 항복이 불법이라 믿었다. 이 믿음을 길잡이로 삼았지만, 그 너머에는 다른 이유가 있었다. 그는 프랑스를 구할 수 있다고 확신했다.

하지만 드골이 마주해야 했던 현실은 암울했다. 드골과 그의 도움 없이 탈출에 성공한 용감한 아내를 비롯한 가족, 그리고 몇몇 장교만이 그와 뜻을 함께했다. 이 정도면 충분한 것일까?

"여태까지 이룩한 중요한 일을 모두 돌아봤을 때, 언제나 비주류 아니었습니까?" 프랑스의 작가이자 레지스탕스 지도자인 앙드레 말로는 드골의 말년에 이렇게 물었다. 드골이 답했다. "비주류였죠. 그 말에 동의합니다. 하지만 비주류가 되는 걸 조만간 멈춰야겠다고 생각했습니다."

드골과 견줄 만한 프랑스 영웅은 "용기가 남아 있는 한 잃은 건 없다"라는 유명한 어록을 남긴 나폴레옹뿐일 것이다. 드골은 용기를 내어 마지막 결정을 내렸다. 지도자의 책임감이라는 짐을 어깨에 지기로 하고 절망에 저항했다. 그리고 대신 짐승 같은 맹렬함으로 한 번도 진 적 없는 전투사의 길을 택했다.

지금도 그렇지만 20세기 중반에도 한 명의 위인이 역사를 바꿀 수 있다는 것을 믿는 사람은 거의 없었다. 과연 한 사람이 세상을 바꿀 수 있을까? 정말 변화를 일굴 수 있을까? 아니면 시간과 추세라는 거스를 수 없는 힘에 양보해야 할까?

전쟁 전에 드골은 이렇게 썼다. "연쇄적으로 일어나는 일에 인간의 의지가 개입하면 그 결과는 돌이킬 수 없다. 책임감이

나를 무겁게 짓누른다. 이 책임감을 오롯이 견뎌낼 사람은 거의 없을 것이다. 그러므로 훌륭한 지성적 자질만으로는 충분하지 않다. 지적 능력이 결정을 내리는 데 도움이 되고, 본능이 결정을 밀어붙인다는 데는 의심할 여지가 없다. 하지만 결정을 내릴 때 마지막으로 기댈 수 있는 건 도덕적인 요소다."

그렇다고 해서 물리적인 요소를 깎아내릴 수는 없다. 프랑스에서 비시정가 드골 없이 재판을 벌였고 사형을 선고했다. 또한 마지막 전쟁에서 드골은 총검에 찔리며 여러 번 다쳤고 전쟁포로가 됐다. 하지만 엄청난 위험을 무릅쓰고 용기를 내 끈질기게 탈출을 시도했다.

드골의 아내인 이본 드골도 용감하게 행동했다. 이본은 세 명의 아이를 데리고 배에 올라 적들의 포위망을 피해 런던에 무사히 도착했다. 그 자녀 중 한 명은 다운증후군이었다. 이후 수십 년 동안 드골 부부를 향한 암살 시도가 서른 번이나 계속됐다.

첫 번째 암살 시도가 있고 나서 드골 부부는 차를 타고 이동하다가 암살자들의 기관총 세례를 받았다. 창문은 부서졌고 타이어는 전부 구멍이 나 바람이 다 빠졌다. 이본은 어디 하나 다친 곳 없이 차에서 내려 차분하게 방금 트렁크에 넣은 장바구니는 괜찮으냐고 물었다. 드골은 "총 쏘는 솜씨가 형편없군"이라며 암살자들을 조롱했다. 두려운 감정을 능숙하게 다루고 심지어 공포를 초월하기까지 하는 가족이었다.

우리는 드골이 결국 승리했다는 것을 알기에 프랑스가 적군에 저항하며 단결했다고 기억할지도 모른다. 애석하게도 그렇지 않다. 사람들은 두려워했다. 변명거리를 댔다. 거대한 장애물을 보고 가망이 없다고 자기 자신을 합리화했다. 충격적인 사실이지만 프랑스 국민은 일상으로 빨리 돌아갈 수만 있다면 나치 휘하에서 그 굴레와 멍에를 받아들이려고 했다. 그렇게 프랑스의 노동력은 독일의 군 장비 생산에 이용됐고 수많은 프랑스계 유대인이 죽임을 당했다.

사람들의 비겁함으로 말미암아 세상에는 영웅이 필요했다. 1920년대에 드골은 이렇게 썼다. "사태가 위중해지고 위험이 곳곳에 도사리게 되자 해일은 강인한 사람들을 최전선으로 밀어붙였다." 드골에게 닥친 사건들은 심각하고도 긴박해졌다. 드골은 부름에 응답할 준비가 되어 있었다. 나아가 자신과 함께할 사람이 있느냐고 손을 내밀었다. 몇몇은 도망갔고 몇몇은 손을 맞잡았다.

드골의 용기는 프랑스 레지스탕스에 일부 영감을 줬다. 또한 싸울 용기가 부족했던 프랑스 사람들을 암묵적으로 공공연하게 겨냥했다. 히틀러는 공포를 앞세웠다. 악마처럼 사람들에게 최악의 시나리오가 일어날지도 모른다고 분위기를 조장했다. 이것이 바로 샤를 드골을 영광스럽게 빛낸 점이다. 드골은 아무런 장밋빛 약속을 하지 않았다. 오로지 요구만 했다. 저항하는 것은 자신의 의무라고 했다. 더 높은 힘은 더 고귀한 대의를 위해 봉사하라고 우리를 부르고, 프랑스를 우리 자신의 힘으로 해방해야 한다고 했다. 결국에는 약 40만 명의 프랑스 남성과 여성이 레지스탕스에 합류했다. 다리를 폭발시키고 정보를 수집하며 적군의 작전을 방해했다. 수용소에서 사람들을 구하고 적을 하나씩 제거하여 연합군이 도착하기 전에 나치 세력을 한풀 꺾어놓았다.

이것이 바로 용기의 특성이다. 두려움처럼 용기도 전염성이 강하다. 프랑스뿐만 아니라 전 세계를 단결하게 만든 것은 드골의 헌신과 불굴의 정신이었다. 드골의 대의에 동참한 최초의 프랑스 정치인 르네 플레벤은 아내에게 이렇게 썼다. "도망친 사람들을 보면서 위험을 직면했다는 사실에 자부심을 느낄 거라 장담해." 영국의 한 기자는 이렇게 설명했다. "드골 장군은 체념과 항복을 몰랐던 프랑스를 상징한다. 그는 혼자 맞서 싸웠다."

1944년 6월, 200만 명이 넘는 규모의 연합군이 프랑스에 상륙했고 그해 8월에 프랑스는 자유의 몸이 됐다. 4년이라는 길고 황량한 세월이 흘렀다. 어둠을 견뎌내니 드디어 해가 떴다. 파리 해방 후 연설에서 드골이 말했다. "파리! 파리는 분노했습니다! 파리는 파괴됐습니다! 파리는 고문당했습니다! 그러나 파리는 해방됐습니다! 프랑스는 스스로 해방됐습니다. 프랑스 군대와 시민의 지원과 도움을 받아 프랑스가 해방됐습니다. 하나의 프랑스를 위해, 진정한 프랑스를 위해, 영원한 프랑스를 위해 맞서 싸웠습니다!"

군중 속에서 한 라디오 기자는 그 순간의 카타르시스만이 아니라 극적인 장면들을 실시간으로 기록했다. 하지만 승리의 축배를 들기에는 아직 일렀다. 바로 눈에 띄지 않는 곳에 적군이 숨어 있었다. 폭발음이 들려왔다. 하지만 드골은 대수롭지 않은 듯 어깨를 으쓱했다.

영국의 기자 로버트 리드는 헐떡이면서 BBC에 말했다. "지금까지 본 장면 중 아주 극적인 장면이었습니다. 곳곳에서 포격이 시작됐습니다. 드골 장군은 성당 안으로 몰려드는 군중을 통제하려고 했습니다. 그는 불길이 휩싸인 곳으로 곧장 걸어 들어갔습니다. 주저하지도 않고 앞만 보고 나아갔습니다. 자기 위로 총알이 쏟아지고 있는데도 어깨를 펴고 중앙 통로를 걸어갔습니다. 최고로 비범한 행동이었습니다. 그런 모습은 생전 처음 보는 광경이었습니다. 총성이 울려 퍼지고 드골의 주위로 총알이 쏟아졌지만, 그는 완전히 불사신 같았습니다."

그리고 드골은 100만 명 이상의 프랑스 시민과 함께 행진하려고 샹젤리제 거리로 향했다. 드골이 예언한 것처럼 그때까지 홀로 맞서 싸웠지만, 더는 혼자가 아니었다. 용기는 악을 이겼다. 한 사람이 다수의 힘을 가지게 된 것이다.

여기서 용기는 단순히 맞서는 행위 그 이상이라는 사실을 이해하는 게 중요하다. 그저 쉬운 길과 어려운 길 중 하나를 택해야 하는 헤라클레스보다 훨씬 더 마음먹기가 어렵다. 험난한 길을 걷는 선택이기 때문이다.

프랑스가 무너진 뒤 절망적인 시절부터 드골은 아주 긴 여정을 걸어왔다. 망명하던 중에 자유프랑스 정부를 세우고 라디오방송을 했다. 드골은 광범위하게 분산된 프랑스 제국 정부 통제권을 서서히 그리고 꾸준히 되찾아야 했다. 자금을 모으고 군대를 이끌 장군들을 찾아야 했다. 정적을 제압하고 홍보전을 벌여야 했다. 또한 연합군과 전략을 협의해야 했다. 연합군이 결정에 앞서 자신과 상의하지 않으면 주먹을 불끈 쥐고 소리를 질렀다. 물의를 일으켜서라도 자신을 협상 테이블로 불러올 수밖에 없게 했다. 해방을 축하하는 자리에서도 저격수들을 물리쳐야 했다.

"인내해야 할 뿐만 아니라 느린 진전, 난감한 예외성, 교묘한 질문이 터무니없이 뒤섞여 있었고, 계산과 협상, 갈등, 실언이 아찔할 정도로 끊임없이 이어졌죠. 이런 가운데 우리의 전략을 성취하고자 노력해야 했습니다. 사람들은 이 점을 쉽게 간과하죠."

이는 용기의 각각 다른 형태였다. 그리고 바로 이러한 특성들이 몰락해 가던 프랑스를 전쟁 막바지에 승전국으로 탈바꿈하게 했다. 프랑스가 아직 건재함을 보여주는 것. 이것이 바로 드골이 의도했던 바였다. 이것이 바로 그가 용기로 증명하려 했던 것이었다. 조국이 무너지지 않고 그 유산을 이어가는 이야기를 써 내려가고자 했다. 제명을 다하지 못하고 프랑스가 멸망하는 것을 거부했다. 드골은 언제나 진심으로 프랑스의 위대함을 이야기했기에 그의 말은 이루어졌다.

드골은 자기중심적인 사람이었을까? 실수도 했을까? 적을 두었을까? 분열과 대립을 초래하는 사람이었을까? 당연하다. 드골은 처칠을 화나게 했고 루스벨트에게 의심의 눈초리를 받았다. 나중에 프랑스 대통령의 자리에 올랐을 때는 모든 사람과 집단을 격노하게 했다. 유엔은 물론이고 알제리전쟁 때는 프랑스와 알제리 양측 모두의 화를 돋웠고, "자유로운 퀘벡 만세!"라는 말로 퀘벡 독립운동에 불을 지핀 악명 높은 연설을 하여 모든 캐나다인의 미움을 샀다. 트루먼, 아이젠하워, 케네디, 존슨 등 미국 대통령도 차례로 드골과 불화가 있었다.

드골이 함께 일하기 까다롭고 통제하기 어려우며 협박이 먹히지 않았다는 데는 의심의 여지가 없다. 왜 그렇게 많은 사람이 드골을 죽이려 했다고 생각하는가? 하지만 그의 독립성과 대담무쌍함은 위대한 업적을 세우는 비결이었다. 대부분의 위대한 업적이 그렇듯이 말이다.

"아마 저를 같이 일하기 어려운 사람이라고 말할지도 모르겠습니다. 하지만 제가 보잘것없는 사람이었다면 지금 페탱의 작전 참모가 되었겠죠." 세르피코처럼 비난을 대수롭지 않게 취급하며 드골이 답했다. 자기만의 길을 가는 사람, 패배를 받아들이지 않는 사람, 주체성을 충실히 믿는 사람, 죽음이나 해체의 위험을 무릅쓰고도 자율성을 주장할 만큼 용감한 사람에게는 이래라저래라 간섭하거나 타협을 강요하기가 어렵다.

물론 드골이 독일에 맞서 싸울 때는 절대 혼자가 아니었다. 그가 항상 신용하지는 않았어도 미국이나 영국 같은 동맹국이 있어서 그런 게 아니다. 용감하게 행동하는 사람은 절대 혼자가 아니기 때문이다. 이것이 진짜 이유다.

"나는 그 누구에게도 속하지 않지만 동시에 모든 이에게 속한 사람입니다." 드골은 웅대한 서사와 위대한 전통 속에 자신이 해야 하는 역할을 하고 있다고 믿었다. 전우들이 그러하듯이 드골도 긴 프랑스 역사에 등장하는 필연적인 존재였다. 드골은 해방된 프랑스 시민들에게 말했다. "프랑스 역사가 시작된 이래로 조국을 위해 맞서 싸운 사람들의 이야기를 따라가 보면, 프랑스의 영원한 미래를 위해 싸운 선조들이 있습니다. 언젠가 우리도 작가 샤를 페기처럼 '어머니, 당신을 위해 싸운 아들들을 보십시오'라고 프랑스에 이야기할 겁니다."

드골은 영웅의 여정에 있었다. 선조들이 응답했던 부름과 똑같은 부름을 받았고 응답했다. 우리도 그러한 부름에 응답할 기회가 있을 것이다. 두려움을 거부하고 운명을 움켜쥔다면 말이다.

처칠은 드골을 운명론자라고 불렀다. 운명을 따를 때, 본래 내 것이었던 운명을 움켜쥘 때 우리는 절대 혼자가 아니다. 우리는 헤라클레스와 나란히 걷고 있다. 위인들의 발자취를 따라가고 있다. 드골과 나폴레옹, 잔 다르크, 샤를마뉴 대제를 비롯한 역사 속의 지도자들이 그랬듯이 하느님과 신, 성령의 인도를 받는다.

용기는 엄청난 역경에 홀로 맞서 싸우라고 요구할 수도 있다. 심지어 세상 전체와 맞서 싸우는 느낌이 들 때도 있을 것이다. 하지만 우리는 두렵지 않다. 왜냐하면 실제로는 혼자가 아니기 때문이다. 드골 뒤에 프랑스가 있었던 것처럼, 우리 뒤에도 흔들리지 않는 가치관이 있다. 그리고 열심히, 오랫동안, 끈질기게 싸울 때 모든 이가 우리와 함께할 것이다.

스스로 변화를 만들어가는 법

수천 년 동안 인간은 이 자리에서 그 유명한 질문을 자기 자신에게 해야 했다. 다음 질문은 랍비 힐렐이 남긴 말에서 따온 것이다. "내가 안 하면 누가 하겠는가? 지금 안 하면 언제 하겠는가?" 미국의 인권운동가 존 루이스는 이렇게 표현했다. "우리가 안 하면 누가 하겠는가?"

누군가는 반드시 해야만 하는 일이기 때문이다. 미국 남북전쟁에서 상황이 극단으로 치달았을 때 북부 연방군은 남부 연합의 수도 리치먼드의 보급기지 역할을 한 피터즈버그에 기습 공격을 가했다. 북군은 피터즈버그만 점령하면 남부 연합의 수도 리치먼드에 진출할 수 있었다. 당시 북군을 지휘했던 율리시스 그랜트는 "이 임무는 매우 중요하다. 누군가는 해야 할 일이다"라고 말했다. 참호전에서 필사적으로 방어하는 적과 맞서 거의 9개월 동안 싸워야 했지만 그랜트는 단념하지 않았다. 흔들리지 않았다. 산만해지지 않았다. 책임을 다른 사람에게 떠넘기거나 피해를 줄이는 해결책이 있을지도 모른다는 함정에 빠지지 않았다.

그랜트는 그곳에서 꾹 참고 기다렸고 이끌었다. 피터즈버그를 점령하며 다른 많은 장군이 실패했던 일을 때맞추어 해냈다. 몇 주 안에 남군은 항복했다. 엄청난 과업이었다. 도망가는 대신 맞섬으로써 전쟁의 참상은 끝이 났다.

1861년 올리버 웬들 홈스 2세는 부유하고 명망 있는 집안의 자제였다. 자기 대신 남북전쟁에서 싸울 사람을 고용할 수 있었다. 하지만 홈스는 그렇게 하는 대신 입대하여 적군에 맞서 싸웠다. 게티즈버그전투에서는 거의 목숨을 잃을 뻔했다. 이후 그는 법대를 졸업하고 변호사로 높은 수입을 올렸다. 그 뒤 하버드대학교에 직장을 얻었는데, 평생 먹고사는 것을 걱정하지 않아도 되는 자리였다. 학문의 세계라는 보호막 안에서 편안하고 즐겁게만 지내도 됐다. 하지만 홈스는 판사가 되려고 그 안정적인 직장을 관뒀다.

엄청난 돈과 값진 인맥을 포기해야 했지만 법조인은 법이 만들어지는 현장으로 가야 한다고 생각했기에 그렇게 했다. 이후 홈스는 대법관으로 승진하여 90세의 나이로 사임할 때까지 미국 역사상 가장 오랫동안 대법관을 지냈다.

홈스는 이런 글을 남겼다. "삶은 곧 행동과 열정이다. 그렇기에 제대로 살지 않았다고 비판받을 위험을 각오하고서라도 시대의 열정을 나누고 행동해야 한다."

운명의 부름을 받았을 때 모세는 이렇게 대답했다. "제가 누군데 파라오에게 갑니까?" 우리 또한 운명의 부름에 이런 의문을 품을 수 있다. 하지만 이 질문에 대한 답은 우리를 위한 답과 같다. 우리가 바로 그 일을 할 적임자이기 때문이다.

우리는 모두 독특하다. 그랜트도 그랬고 홈스도 그랬다. 나이팅게일과 드골 모두 독특했다. 우리는 각각 다른 기술과 경험, 통찰력이 있으며 각각 다른 부름을 받는다. 그 부름에 답하지 않는다면 우리가 세상에서 무언가를 빼앗아 가는 것이다. 용기를 발휘하지 못한다면 그 파급효과는 자신을 넘어 타인의 삶까지 영향을 미친다.

우리가 이 아이를 입양하지 않는다면 누가 입양하겠는가? 우리가 사업을 시작하지 않는다면 누가 하겠는가? 마법을 일으키는 세 마디, 즉 "부탁합니다", "고맙습니다", "미안합니다"라고 오늘 말하지 않으면 언제 말하겠는가?

아무도 영원히 하지 않을 것이다. 누군가가 한다고 하더라도 우리가 아니지 않은가. 직접 하는 것과는 다를 것이다. 그만큼 좋지 않을 것이다. 우리가 이바지하지 않았기 때문이다.

시작은 개인이 변화를 일으킬 수 있다고 믿는 것이다. 다음 단계는 내가 변화를 일으키는 사람이 될 수 있다는 것을 이해하는 것이다.

위기의 순간을 반복하라

어떤 사람들은 더 용감하게 태어난 것일까? 아니면 그냥 준비가 잘된 것일까? 미군이 제2차 세계대전 당시 수백만 명의 군인에게 배포한 책자 『군대 생활 안내서』의 첫머리는 이렇게 시작된다.

"노하우는 도움이 된다. 군대에서 본연의 위치와 역할을 알면 자기를 위하는 그 어떤 행위보다 더 큰 정신적 위안과 만족감을 얻는다. 필요하다면 이와 관련해서는 이기적으로 행동하라. 스스로를 다루는 법을 알면 기분이 좋아지므로 자기가 해야 할 일을 익히도록 하라. 자기 의무와 직무가 무엇인지, 어떤 권리와 기회가 있는지 지식을 쌓으면 언젠가는 군대에서 더 가치 있는 사람이 될 것이다. 장기적으로는 개인적인 만족감도 얻을 수 있을 것이다."

스스로 납득할 만한 이유를 생각하며 두려움을 없앨 수 있지만 다른 것으로 두려움을 대체하는 게 더 효과적이다. 무엇으로 대체할 수 있을까? 바로 '역량'이다. 훈련과 과업, 그리고 해야 하는 일을 하면서 두려움을 대체할 수 있다.

기원전 321년 카우디네 협곡에서 로마 군대는 옴짝달싹 못하고 있었다. 좁은 길 한쪽에 벌목한 나무와 돌을 쌓고 다른 쪽의 고지에는 무장한 병사를 배치하여 바리케이드를 쳤다. 부대는 아무런 가망 없이 갇혀 있었다. 극복할 수 없는 장애물과 참호 속의 적군에게 둘러싸인 채 심각한 궁지에 몰리자 그들은 공포에 휩싸였다. 군인들은 다른 사람들은 무엇을 해야 하는지 알지도 모른다고 생각하며 양옆을 둘러보았다. 장군들은 너무나 혼이 빠져버린 상태였다. 어떻게 이런 일이 일어날 수 있었을까? 무엇을 해야 할까? 어떻게 살아남을 수 있을까?

그때 역사에서는 잊힌, 한 이름 없는 군인이 요새를 세우는 첫걸음을 내디뎠다. 그 누구도 명령하지 않았지만 본능적으로 다른 군인들이 뒤따랐다. 물론 절박했던 상황적 특성을 고려해 볼 때 울타리를 치는 것은 무의미해 보였다. 하지만 아무것도 하지 않는 것보다는 나았다. 그들은 훈련으로 두려움을 대체했다. 몸을 움직이니 마음이 편해지고 힘이 솟아나는 것을 느꼈고, 정신적인 위안을 받으며 시간을 보낼 수 있었다. 이것이 바로 그들이 해야 할 일이었다.

이 기이한 행동을 지켜보던 적군은 야유와 조롱을 퍼붓기 시작했다. 로마 군인들마저 자기네가 하는 쓸모없는 수고를 비웃었지만 어쨌든 계속했다. 사실 요새를 만들어 그들이 있는 곳의 방어를 강화하는 것은 바로 자기 자신을 강하게 하는 것이었다. 그들을 덮친 혼미함은 곧 사라졌고, 결의가 굳어졌다. 얼마 지나지 않아 적들은 그렇게 훈련된 로마 군대를 공격하는 위험을 무릅쓰기보다는 타협하기로 했다.

선수와 군인만 훈련을 하는 것은 아니다. 훈련은 모든 상황에서 두려움을 극복하는 열쇠다. 예상치 못하거나 연습하지 않은 상황이 덮치면 불리해진다. 하지만 준비하고 예상한 일에는 대처할 수 있을 것이다. 에픽테토스는 역경을 겪을 때 "바로 이 일을 위해 훈련하고 단련했다"라고 말할 수 있게 되는 것이 우리의 목표라고 했다. 세네카도 비슷한 시기에 이런 말을 했다. 어떤 일이 닥쳤을 때 움찔하고 싶지 않다면 그 일이 닥치기 전에 미리 훈련하라.

익숙한 일은 해낼 수 있다. 미리 경험해 보고 잘 훈련하면 위험이 적어질 수 있다. 두려움은 혐오로 이어지고 혐오는 비겁함으로 이어진다. 반복은 자신감으로 이어지고 자신감은 용기로 이어진다.

괴롭히는 사람을 맞닥뜨렸을 때, 어려운 기자회견에 나서야 할 때, 위험한 쪽에 걸어야 할 때, 대중의 지지를 받지는 못했어도 윤리적으로는 옳은 주장을 내세워야 할 때, 사방이 적으로 포위됐을 때. 이 모든 순간에 훈련이 효과를 발휘하기 시작한다. 그러지 않으면 두려움과 의구심이 뒤따를 것이다.

우리는 본능적으로 자기 일만 신경 쓰고 쉬운 길을 택하려고 한다. 미국의 농구선수 앨런 아이버슨이 말한 유명한 구절을 빌려서 이야기해 보겠다. "연습에 관한 얘기냐고요? 네, 연습에 관해 이야기하고 있습니다. 가장 중요한 건 연습이기 때문이죠. 연습을 통해 마음속에서 행동을 하나하나 되짚어갑니다. 이 상황이나 그 상황에서 뭘 했는지 몸이 기억합니다. 강해지는 법을 배우는 과정에서 강해집니다. 연습을 반복하면 계획했던 범위까지 해내게 됩니다. 어려운 질문을 하는 사람들을 곁에 두게 됩니다. 불편한 상황이 편해집니다. 급격하게 지치는 지점까지 의도적으로 인터벌트레이닝을 하면서 달리기 선수로서 역치를 높입니다. 익숙해집니다. 눈을 가리고 소총을 조립하고 중량 조끼를 입고 뛰게 됩니다. 천 번 연습한 뒤 압박 받지 않는 상태에서 천 번 더 연습해 보면 뭘 해야 할지 정확하게 알게 됩니다." 노하우는 도움이 된다. 하지만 용기를 내게 하는 것은 준비다.

성공은 도미노처럼 작동한다

　미국이 베트남전쟁에 개입하기 위해 통킹만 사건을 조작했다는 대니얼 엘즈버그의 내부 고발은 아주 작은 일에서 시작되었다. 그는 평화 회의에 참석했고, 몇 가지 질문을 던졌으며, 의문점을 해소하기 위해 문서를 제대로 살펴보고자 집으로 가져왔다. 바로 이렇게 시작됐다. 어느 누구도 국방성 비밀 보고서인 펜타곤 문서를 유출하는 것부터 내부 고발을 시작하지는 않는다. 아주 사소한 일에서부터 변화는 시작된다.

　프랑스인은 '작은 행동'의 중요성을 자주 말하곤 한다. 여기서 작은 행동이란 위와 같이 변화를 끌어내는 작은 발걸음이 쌓여서 큰 행동이 되는 사소한 움직임을 말한다. 두려움을 느낄 때, 큰 문제에 직면하여 절망해 있을 때 이 개념을 잘 생각해 보자. 큰일을 이끌지 않아도 된다. 목숨을 위협하는 아슬아슬한 일은 제쳐두자. 작은 것부터 시작하는 게 좋을 때도 있다.

사실 엘즈버그도 그랬다. 엘즈버그가 일했던 정부는 어떠한 채찍질도 용납하지 않았다. 심지어 다소 날카롭거나 듣는 사람을 불편하게 하는 질문도 거부했다. 엘즈버그도 처음부터 《뉴욕 타임스》에 문건을 유출하려던 것은 아니었다. 지금까지 해왔던 대로 노력을 기울였는데도 아무런 소용이 없자 강도를 점차 높였다.

워터게이트사건으로 대통령직을 사임한 리처드 닉슨에서 영화 업계 사람들에게 성범죄를 저질러 본인이 설립한 제작사에서 해고된 하비 와인스타인을 넘어 후대에 이르기까지, 누군가는 천하무적 폭군이던 사람을 끌어내리고 만다. 갑옷에 가장 먼저 균열을 내는 사람. 그 사람이 우리일 수도 있지 않을까?

플로렌스 나이팅게일은 이렇게 말했다. "아무리 작은 기회라도 실질적으로 시작할 기회를 놓쳐서는 안 된다. 큰 노력을 기울이지 않아도 잘 자라는 겨자씨가 스스로 싹을 틔우고 뿌리를 내리는 것처럼 경이로운 일이 자주 일어난다." 나이팅게일도 그랬다. 한 해 여름 동안 병원에서 일을 해 보니 그는 남들을 돌보는 데 한평생을 바칠 수 있다는 자신감이 생겼다. 나이팅게일이 정해진 기한 동안만 간호하는 일을 해보겠다고 하자 그를 말리던 가족을 더 쉽게 설득할 수 있었으며, 자기 자신을 설득하기도 더 쉬웠다.

반대로 발명왕 토머스 에디슨은 이에 동의하지 않았다. 에디슨은 작은 일만을 하기에는 인생이 너무 짧다고 했다. 그는 항상 풀기 어려운 문제와 야심 찬 프로젝트에 끌렸다. 행운은 용기 있는 자의 편이다. 그렇지 않은가? 그러한 폭발적인 착상을 실현하고자 할 때도 작은 행동에서부터 시작해 볼 수 있다. 작은 행동이 인생의 걸작을 낳기 때문이다.

큰 목표를 세우되 작은 것에서부터 시작하라. 문제를 한 가지만이라도 제거해 보라. 아주 조금만 움직여 보라. 한 문장을 쓰라. 편지 한 통을 보내라. 불꽃을 일으키도록 하라. 그다음에는 무슨 일이 일어날지 알 수 있을 것이다.

어두운 도로를 달릴 때 전조등은 전방 몇 미터만 빛을 비추지만 계속해서 앞으로 나아가기에는 충분하다. 이것이 바로 큰 문제를 해결하는 방법이 아닐까? 문제를 조그맣게 쪼개서 해결한다면? 우리 앞에 놓인 일에만 집중한다면? 물줄기가 시작되는 곳에서 건너면 강을 쉽게 건널 수 있다는 말이 있다. 문제가 더 복잡해지거나 다른 문제에 묻히기 전에 해결하는 게, 문제가 발생하자마자 초반에 해결하는 게 가장 이상적이지 않을까? 문제를 목록에서 지워나가는 작업을 시작하기 전에 추진력과 자신감을 키우도록 하라. 그리고 무엇보다도 이것이 바로 훈련에 도움이 되는 일이다. 내가 첫 번째로 해야 하는 가장 작은 일, 지금 이 순간에 해야 할 일을 알려주는 것 말이다.

언제나 성공하지는 못할 것이다. 하지만 다시 말하지만, 어쨌든 모든 게 우리에게만 달려 있진 않다. 누군가가 우리가 멈춘 곳에서부터 시작할 수 있다. 우리는 시작하기만 하면 된다. 계주경기에서처럼 자기 능력을 최대치로 뽐내며 자신이 맡은 구간을 달리기만 하면 된다. 최선을 다하라. 할 수 있는 일을 하라. 지금 당장 행동에 옮기도록 하라. 그것이 전부다.

그 외에 다른 방법은 없다. 행동해야 한다. 하지만 작은 차이가 얼마나 큰 변화를 낳는지를 보면 놀랄 것이다.

에이브러햄 링컨은 "무언가를 하는 연대장 한 명은 백 명의 병사를 거느리지만 아무것도 하지 않는 사람보다 빛난다"라고 말했다. 대규모 전투에서 완승을 거둘 날을 기다리기보다는 소규모의 전투를 계속해서 이기는 게 더 낫다. 투쟁은 계속되고 우리는 주어진 몫을 다한다.

시작하자. 우리가 있는 곳에서 우리에게 있는 것을 동원해 우리가 할 수 있는 일을 하자. 작은 행동이 쌓일 것이다.

어둠 속으로 뛰어들기

　미국의 비행기 조종사 찰스 린드버그는 비행해서는 안 될 이유가 넘쳐났다. 그 누구도 단 한 번도 착륙하지 않고 대서양을 횡단한 적이 없었다. 린드버그도 여태까지 바다 위를 가로지르는 비행을 해본 적이 없었으며 장거리 비행은 더더욱 해본 적이 없었다. 비행기의 이륙을 어렵게 하는 뒤바람에 대응할 대비책 없이, 지형지물을 보지 않고 800킬로미터 이상 비행한 적이 없었다. 심지어는 쉰다섯 시간 연속으로 잠을 자지 않고 비행해 본 적도 없었다.

　경쟁자 한 명은 시범 비행을 하다가 추락했다. 그때 네 명의 승무원 중 세 명이 중상을 입었다. 몇 주 뒤에 파리에서 뉴욕으로 가는 비행기를 조종했던 두 명의 조종사도 비행하던 중에 실종됐다. 이후 그들의 소식을 들은 사람은 아무도 없었다.

그런데도 린드버그는 약 5만 8000킬로미터의 망망대해 위를 혼자 가로지르기로 했다. 용적이 너무 적어서 9킬로그램의 낙하산도 추가로 실을 수 없는 비행기를 타고 말이다. 세상은 린드버그에게 많은 것을 요구하는 게 분명했다. 심지어 린드버그가 자기 자신에게 요구하는 것보다 더 많이.

1927년 5월 19일, 린드버그는 롱아일랜드섬의 루스벨트필드공항에 도착했다. 다른 경쟁자는 아직 도착하지 않았다. 비행기에 연료를 가득 채웠다. 잠깐 날씨의 변화가 생겼다. 린드버그는 그날 밤에 잠을 이루지 못했다. 아침에 일어나 보니 비행항로에 문제가 생겨 있었다. 바람에 대해 의견이 분분했다. 시간도 예정보다 늦어지고 있었다. 린드버그는 사람들의 반대와 앞으로 일어날지 모르는 어려움이 머릿속에 갑자기 떠올랐다. 격납고와 활주로 옆의 아스팔트 길에 있던 사람들의 눈에는 의심이 가득했다. 이런 장면을 너무 많이 본 것이다.

린드버그는 고리버들로 만든 조종석에 앉아 고글을 끼고 엔진을 켰다. 몇 분 뒤에는 운명이 이끄는 방향으로 주행하고 있었다. 그는 망설였다. 비행하는 게 옳은지 다시 한번 생각해 보았지만 곧 의구심을 제쳐두고 속력을 냈다. 오전 7시 52분, 바퀴는 지면에서 멀어졌다. 6미터의 활주로만 남았다. 하루하고

반나절이 채 되지 않아 그는 프랑스 땅 위에 섰다.

린드버그는 어떻게 그 모든 두려움을 이겨낸 것일까? 자신이 착수한 일을 해서는 안 되는 이유가 저렇게 많이 있었는데 말이다. 미 해군 엘리트 특수부대 네이비실의 조코 윌링크는 두려움을 극복하려면 하는 수밖에 없다고 말했다. 그냥 하면 된다. 어둠 속으로 뛰어들면 된다. 이것이 두려움을 극복하는 유일한 방법이다. 하지 않으면 어떤 일이 일어날까? 실패하고 후회하며 수치심이 들 것이다. 기회와 앞으로 나아갈 희망을 잃어버릴 것이다.

드골은 말이 통하지 않는 몇몇 행정부 관료에게 설명했다. "이런 일이 생겼을 때는 죽기 아니면 까무러치기의 마음가짐으로 임해야 합니다. 나는 하기로 마음먹었습니다. 죽을 각오로 한다는 것은 죽음을 불사하겠다는 의미이기도 합니다."

프랑스는 무너지고 있었고, 드골은 그 말을 남기고 영국으로 갔다. 아내도 마찬가지였다. 짐 가방도, 낙하산도, 만일의 상황에 대응하는 대비책도 없었다. 프랑스를 상대로 알제리가 독립하려고 했던 알제리전쟁이든 1968년 학생과 노동자가 결탁하여 들고일어난 68혁명이든 드골은 과거에 수십 번이나 그랬던 것처럼 용감하게 앞으로 갔다. "주사위는 던져졌다. 장애물을 잊어버리고 나아가라!"

위험했을까? 당연하다. 걱정하는 게 타당하다. 하지만 아무것도 하지 않으면, 시도조차 하지 않으면 성공할 확률은 없다. 그 누구도 안전한 삶을 살게 되리라고 보장해 주지 않는다. 실패하거나 죽을 가능성을 배제할 수도 없다.

하지만 가지 않는다면? 뭐, 어쨌든 실패하리라는 것은 확실하니 다른 형태의 죽음을 맞이할 것이다. 나중에 그래도 무언가를 해야 했었다며 후회할 것이다. 언제나 그렇듯이 말이다. 한마디로 지금 당장, 해야 한다.

소크라테스와 벌거벗은 임금님

　로마의 무언극 작가 데키무스 라베리우스는 자신을 위해 공연하라는 율리우스 카이사르의 명령을 받았다. 어떤 사람에게는 그 명령이 영광스러웠을 것이다. 하지만 다른 이들에게는 조금 모욕적이었다. 데키무스는 아첨꾼이 아니었기에 그에게는 카이사르의 명령에 반항해야 할 도덕적 의무가 생겨났다.

　카이사르가 관중석에 앉아 있고 모든 이가 지켜보는 가운데 데키무스는 카이사르의 얼굴을 보면서 열변을 토했다. 폭정을 조롱하고 카이사르가 고통스럽게 죽음을 맞이하리라고 예견했다. 이 와중에 가장 인상적인 것은 데키무스가 너무 잘해냈다는 것이다. 무척이나 예술적이고 대담하게 연기했던 나머지 카이사르도 차마 데키무스를 처벌할 수 없었다.

그리스어로 이러한 용기를 파레시아(parrhesia)라고 한다. 파레시아는 권력에 진실을 말하는 것, 타협과 부정한 행동을 거부하는 것을 의미한다. 소크라테스는 마음속에 있는 것을 숨김없이 말하는 대표적인 파레시아스트다. 그는 다른 사람들이 말하기 두려워하는 내용을, 말하기 두려워하는 대상에게 이야기하는 사람이었다. 고대 역사가의 말로 바꿔 표현하자면 그 누구도 소크라테스에게 자기 성격과 맞지 않게 행동하거나 말하거나 생각하게 할 수 없었다.

그런데 소크라테스의 이런 행동을 감탄하는 것도 이상하다. 이것이 일반적이어야 하지 않을까? 이것이 사람으로서 기본 도리가 아니던가? 진실을 알고 있으면서도 말하지 않는 것은 진실을 배반하는 것이다. 침묵을 지켜서 유죄를 면할 수는 있겠지만 변명의 여지는 없다. 잘못한 일이다. 비겁한 사람이다. 아무도 진실을 듣고 싶어 하지 않을 수도 있고 진실을 들을 때 아주 겁먹을 수도 있지만 진실을 말하는 것을 두려워할 수는 없다.

1934년 독일의 목사이자 신학자인 디트리히 본회퍼는 『벌거벗은 임금님』이라는 동화를 뒤늦게 알게 됐다. 동료 기독교인들이 히틀러에 대해 자기 자신을 어떻게 속이는지, 히틀러가 악랄한 거짓말을 어떻게 시작하는지를 보았던 본회퍼에게 이 동화는 1톤짜리 벽돌로 머리를 내리친 것처럼 충격을 줬다.

본회퍼는 동생에게 편지를 썼다. "오늘날 이 세상에 부족한 한 가지는 이야기 마지막에 솔직하게 목소리를 내는 아이라네."

동화의 소년은 본능적으로 자연스럽게 왕에게 저항할 수 있었다. 당신은 무슨 변명을 할 텐가? 물론 변명거리는 수도 없이 많을 것이다. 일에 해가 될 거야. 사람들이 좋아하지 않을 걸. 별 차이가 없을 거야. 일이 지연될 거야. 누가 이런 이야기를 듣고 싶겠어. 다른 사람의 미움을 사고 싶진 않잖아. 알았다, 이 아첨꾼아!

자, 한번 보자. 일단 쩔쩔매는 것과 자기 자신의 품위를 떨어뜨리는 것은 별개의 일이다. 이것이 드골이 히틀러에 대해 깨달은 점이다. 히틀러는 전적으로 '방관하는 비겁함'을 바탕으로 권력을 쥐었다. 그 누구에게도 약자를 괴롭히는 사람을 폭력배라고 부를 의향이 없었다. 독일의 그 누구도 황제가 옷을 입지 않았다는 것을, 히틀러가 사실은 제정신이 아닌 채 살인을 저지르는 미치광이라는 것을 보려고 하지 않았다. 분명 그런 말을 하려고 들지도 않았을 것이다. 아무 말도 하지 않고 히틀러가 듣고 싶은 말만 했다. 그렇게 모든 사람은 공범이 됐다.

물론 진실을 말할 의무가 있다고 해서 잔인할 권리가 생기지는 않는다는 것을 반드시 짚고 넘어가야 한다. 소크라테스는 사람들이 중요한 것을 얻을 수 있게 도와주려고 했다. 다른 사람의 기분을 상하게 하려는 의도는 없었다. 가르침을 주고자 했다. 하지만 다른 사람의 기분을 상하게 했다고 해서, 적이 생겨났다고 해서 아랑곳했을까? 그것이 지혜를 추구하는 것을 멈추거나 의무를 저버리게 할 수는 없다.

사회는 이러한 성격의 사람들 없이 제대로 기능하지 못할 것이다. 데키무스가 카이사르의 눈을 쳐다보며 카이사르를 어떻게 생각하는지 말한 것처럼 항상 지지하지는 않아도 된다. 인간의 위선과 부조리를 비웃는 미국의 코미디언 데이브 셔펠, 인간의 가식과 확신을 꿰뚫는 미국의 경제학자 나심 탈레브, 가장 기본적인 가정에 의문을 던지는 고대 그리스의 철학자 디오게네스도 그런 사람이다.

현재 상황에 도전하는 인물이 필요하다. 문제를 캐내고 공개적으로 비판할 예술가가 필요하다. 정직하게 나라를 이끌어가야 한다고 주장하는 정치인과 불쾌한 사실을 주저하지 않고 말하는 전문 고문관이 필요하다. 선전이나 합리화, 은폐를 용납하지 않는 사람이 필요하다. "이건 옳지 않습니다. 전 참여하지 않겠습니다"라고 사회의 모든 위치에서 기꺼이 목소리를 높여줄 사람들. 세상은 우리가 그렇게 말해주기를 기다린다.

지금 결정하라

    훗날 국무장관 자리에 오른 딘 애치슨의 기억 속에는 조지 마셜 장군이 정통 지도자로 또렷하게 각인되어 있었다. 외교관과 지도자 들의 토론은 끝날 줄 몰랐다. 어떻게 하면 좋을지, 누구의 잘못인지, 무슨 말을 할지, 점심으로 무엇을 먹을지.

    예상할 수 있듯이 마셜 장군은 명령을 내리며 사람들의 말을 끊었다. "여러분, 문제와 맞서 싸우지 마십시오! 맞서 싸우지 말고 결정하십시오!" 두려움은 온종일 문제와 씨름하기를 원하지만, 용기는 그럴 수 없다는 것을 안다.

    애치슨은 신들이 준 가장 진귀한 은총이 결정 능력이라는 것을 깨달았다. 인생에서, 외교정책에서, 복잡하고 더러운 세상에서 성공하려면 지도자는 용감하고 명료하게 결정을 내리는 법을 배워야 한다. 애매하게 결정을 내리거나 우유부단하면 안 된다.

마셜은 결정을 내리는 능력이 있었다. 트루먼도 마찬가지다. 그렇기에 세계대전이 끝나고 난 후 유럽을 굶주림과 파산으로부터 구할 수 있었고, 베를린이 러시아에 봉쇄당한 뒤에도 베를린을 도울 수 있었다. 그들은 기꺼이 나서서 선택했다. 애치슨은 이런 서신을 썼다. "대통령으로서 해야 할 일은 결정을 내리는 것입니다. 트루먼 대통령님께서는 결정하셨습니다."

트루먼은 대통령직을 맡은 뒤 첫 30일간 수많은 결정을 내려야 했다. 몇 주와 몇 달 안에 트루먼 대통령은 원자폭탄을 투하할 것인지, 공산주의에 반하는 국가를 군사적·경제적으로 원조하는 마셜플랜으로 유럽을 구할 것인지, 소련의 공세를 저지하고자 세계 여러 나라에 군사적·경제적 원조를 제공하는 트루먼독트린을 시행할 것인지, 베를린 공수작전을 진행할 것인지도 결정을 내려야 했다. 이해관계가 복잡하게 얽혀 있고 전문가 간의 합의가 부족했다는 점을 고려하면 이런 결정을 내리기가 고통스럽고 어려워 보일 것이다. 실제로도 그랬다.

하지만 그것은 일부에 불과했다. 트루먼과 마셜은 비난의 화살이 날아오리라는 것을 알고 있었다. 모든 결정이 위험하다는 것을 알고 있었다. 하지만 무슨 일이 일어나든 모든 책임을 지리라는 것도 알고 있었다. 트루먼독트린과 마셜플랜처럼 그 결정에 자기 이름이 남을 것이었다. 이들은 결정을 내렸을 뿐만 아니라 인생에서 가장 두려운 일에 집중했다. 바로 결정을 따르는 것이다.

각축을 다투는 수술실에서 의사는 지체하지 않고 신속하게 결정을 내려야 한다. 의사는 조치를 해야 하고, 수술 결과에 따라 환자가 살 수도 있고 죽을 수도 있다는 사실을 직면할 용기를 품어야 한다. 격투선수, 중개인, 연기자, 실적이 떨어진 기업을 회생시키는 CEO 등 모든 지도자가 똑같이 어려운 위치에 놓여 있다. 어떤 결과가 나올지 모른다는 점에서 잔인한 직업이다. 경정맥을 찌르고 사람들을 해고하고 수표를 써야 한다. 이러한 잔인함에는 끔찍한 면이 있다. 기분이 좋은 사람이 아무도 없다는 것이다. 취약한 상황에 놓인 사람들을 상대로 늦장 부리거나 소심하게 행동한다면 특히나 그렇다.

우리는 옳은 결정을 내리려면 토론을 해야 한다고 주장한다. 더 많은 정보가 필요하다고 말이다. 하지만 이 과정에서 시간이 지체되기만 한다. 사람들은 결정을 내리지 않는 현재의 편안한 상태를 벗어나고 싶어 하지 않고 그 결과에 책임지는 시간을 최대한 늦추려고만 한다.

직장을 그만둘 것인지, 어디에 투자할 것인지, 내가 아는 사실을 대중에게 공개할 것인지, 누군가를 놓아줄 것인지에 대해 토론한다. 계속해서 미루고 '만약 …하면 어쩌지?' 하는 끝없는 가정을 하거나 주의를 분산하고자 지금 해야 하는 일의 핵심을 피해간다.

데키무스는 무대 위를 성큼성큼 걸으면서 카이사르와 용감하게 맞섰다. 또 로마 공화정 말기에 벌어진 내전 당시 폼페이우스의 편을 들지 카이사르의 편을 들지 우왕좌왕하던 키케로의 면전에 대고 그를 '두 의자에 동시에 앉은 사람'에 빗대어 조롱했다. 얼마 지나지 않아 키케로의 적들은 키케로를 제거하고자 움직였다.

이 상황에 딱 들어맞는 표현이 있다. 변하지 않는 것도 사실은 선택이다. 시간이 지난 뒤에야 그때 무언가를 해야 했다고 후회할 것이다. 자기를 해치는 관계를 끊어내든 사업을 시작하든 맞서 싸우지 말고 결정하라. 당장.

다른 사람들과 논의하는 데 쓰는 시간을 제대로 썼더라면 허리케인에서 더 멀어질 수 있었을 것이다. 결정을 내리지 못해 망설였던 시간을 안 좋은 결과를 줄이는 데 쓸 수도 있었을 것이다. 어려운 문제를 해결하기에 가장 좋은 시기는 오래전이고, 두 번째로 좋은 시기는 지금이다.

트루먼은 1948년 소련이 체코슬로바키아를 장악했을 때 딸에게 이렇게 썼다. "상황이 암담하구나. 누군가는 결정을 내려야 할 테고, 그 결정은 내가 내릴 것이다."

말로 문제를 해결할 수는 없다. 무엇을 할 것인지 결정하고, 그 일을 해낼 때만 문제를 해결할 수 있다. 물론 오로지 결정을 내리는 데만 급급해서 결정만을 위해 결정하는 게 아니라, 옳은 부름에 응하기로 지금 당장 결정해야 할 것이다. 만약 결정을 잘못 내리거나 결정에 실수가 있었다면 처음과 같이 용감하고 명쾌하게 다시 결정을 내리면 된다.

까다로운 사람이 되자

몇 차례의 면접이 끝난 뒤에 한 여성이 면접관을 마주 보고 앉았다. 화학 연구원은 종이 상단에 평가를 아주 짧게 썼다. 최선을 다해 거꾸로 된 글자를 읽어내자 훗날 영국에서 여성 최초로 총리에 오르는 마거릿 대처는 면접관들이 자기를 어떻게 생각하는지 알게 됐다.

"이 여성은 우리 회사에서 일하기에 성격이 너무 드셉니다."

두 가지 관점에서 면접관의 메모를 해석할 수 있었다. 비난이거나 엄청난 칭찬이거나. 겁쟁이는 욕이라고 생각하며 비판에 귀 기울인다. 그러나 자신감을 가지고 들으면 그런 비판은 정중하게 무시할 수 있다. 용기를 내서 한 귀로 흘려보내거나 타인의 의견이 자신을 바꾸도록 내버려 두지 않으면 된다. 그러면 어떻게 될까?

다른 사람들이 세르피코에게 뭐라고 했는지 기억해 보라. 드골에게 한 말도 떠올려 보라. 나이팅게일에게 무슨 말을 했는지 생각해 보라. "넌 까다로운 사람이야."

당연하다. 얌전한 사람은 역사를 쓰지 못하기 때문이다. 이 인물들이 좀 더 타협적이었다면, 다른 사람들이 기대하는 역할을 기꺼이 맡았더라면, 다른 사람들이 자신을 어떻게 생각하는지 신경 썼다면, 쉽게 단념하는 성격이었다면 애초에 독자적인 위치에 설 수 없었을 것이다. 권력을 쥔 사람들은 까다롭다고 했을지도 모르지만 역사는 이 사람들에게 다른 이름을 붙여줬다. 인습 타파주의자, 즉 권위에 대항하는 사람이라고 말이다.

몇몇 사람은 남들과 다른 것을 두려워하고 대부분은 까다로운 사람이 되기를 두려워한다. 하지만 이러한 성격 안에는 자유가 숨 쉰다. 자기 신념을 지키고자 공격적으로 몇 번이고 싸울 자유. 더 높은 기준을 고집하고자 싸울 자유. 타협하지 않을 자유. '문제가 해결됐다'는 것을 받아들이지 않을 자유.

그러려면 용기가 필요하다. 특히 성가신 일을 피하고 싶고, 모든 사람이 차선에 머물기를 원하며, 왜 그랬는지 물어보기를 원하지 않는 이런 세상에서는 더더욱 그렇다.

1936년 독일 해군 훈련함의 진수식에서 반드시 해야 하는 나치식 경례를 거부했을 때, 조선소에서 노동자로 일하던 아우구스트 란트메서는 역사에 대해 깊이 생각하지 않았다. 단지 자기 신념에 반하는 규칙이나 관습을 따르지 않았을 뿐이다. 이것이 바로 란트메서가 1935년 유대인 여성과 결혼한 이유다. 당시 유대인과 독일인 간의 결혼은 위법이었다. 란트메서는 자기가 사진으로 찍히는 줄도 몰랐고, 자신이 나온 사진이 히틀러의 압제를 혼자서 꿋꿋이 거부하는 독일인의 상징으로 역사에 남을 줄도 몰랐다. 그저 대중의 압박 속에서도 히틀러에게 대항하여 홀로 꿋꿋이 맞서 싸우는 사람일 뿐이었다. 그는 까다로웠다. 그리고 숱한 대가를 치렀다. 하지만 다른 방법은 없었을 것이다.

세상은 그들에게 벌을 주려고 할 것이기에 온종일 저항해야 한다. 전투력과 결단력을 갖춰야 하고 자신감도 있어야 한다. "아니, 그렇게 하면 안 된다니까." "아니, 네가 제안한 것은 '모두에게 최고의 방법'이 아니야." "아니, 입을 다물지 않을 거야." "아니, 아직 안 끝났어." "아니, '더 부드럽게' 말하지 않을 거야."

사람들은 미쳤다고 할 것이다. 왜냐하면 용기는 미친 짓이기 때문이다. 어쨌든 본모습에 충실하려면 이러한 관점에서 바라봐야 한다. 자기 자신이 되는 것을 두려워하기만 해서는 안 된다. 고집해야 한다. 대가를 치러야 하더라도, 반대하더라도, 두렵더라도 해야 한다. 쉽지는 않겠지만 그만한 가치가 있다.

1961년 미시시피주에서 백인 전용 화장실을 썼다고 체포됐을 때 찍힌 피의자 식별용 사진에서 존 루이스는 얄궂은 웃음을 짓고 있다. 사진에 담긴 모습만으로 그의 즐거움을 모두 파악하기는 어렵다. 선한 문제를 일으켰을 때의 즐거움, 옳은 편에 서는 것의 즐거움, 훼방의 즐거움 그리고 바라건대 궁극적으로는 선이 악을 이기는 즐거움.

마거릿 대처는 까다로웠다. 아마도 별로 특별하지 않은 그 화학 공장에서 일하기에는 너무 까다로웠을 것이다. 하지만 그런 고집과 끈질김 덕분에 현대사에서 가장 어려운 시기에 영국을 하나로 결집할 수 있었다. 다른 사람들 무리에 잘 녹아든다고 해서 영국 최초의 여성 총리가 되는 것은 아니다.

대처는 철의 여인이었다. 세르피코, 드골, 루이스, 나이팅게일처럼 다른 사람이 될 수 없었다. 그들은 본연의 모습대로 살라는 부름을 받았고, 그 부름에 응답할 용기가 있었다.

단 몇 초의 용기

1960년 10월 19일, 마틴 루서 킹 2세는 애틀랜타의 리치백화점 안에 있는 식당에서 식사하려다 체포됐다. 남부 당국은 이때다 싶어 이번 기회를 활용해 킹을 무너뜨리고자 했다. 다른 혐의로도 킹을 기소한 당국은 보석을 거부하고 그를 리즈빌에 있는 주 교도소로 보냈다. 여러 가지 혐의가 적용되어 킹은 4개월을 복역했다.

남편이 잔인한 폭력에 노출될지도 모른다는 걱정이 앞선 나머지, 마틴 루서 킹의 셋째를 임신한 코레타 스콧 킹은 만삭의 몸을 이끌고 닉슨과 케네디의 선거 운동에 모두 참여했다. 1960년 당시 미국 대통령 선거에서는 민주당에서 존 F. 케네디가 출마하고, 공화당 전당대회에서 리처드 M. 닉슨이 후보로 지명되면서 미국 역사상 가장 치열한 접전이 벌어졌다. 그렇기에 두 후보 모두 흑인 표가 절실히 필요했다.

닉슨은 킹과 친구였을 뿐만 아니라 아이젠하워 정부 당시 시민권운동을 개인적으로 지원해 왔다. 그런데 고문관들이 닉슨에게 빨리 행동하라고 촉구한 그 순간에 닉슨은 망설였다. 반세기 전 시어도어 루스벨트와 같은 고민을 하고 있었다. 닉슨은 남부의 표를 잃고 싶지 않았고, 논란 한복판에 뛰어들고 싶지 않았다. 사람들의 눈길을 끌려는 행위로 보일까 봐 걱정스러웠다. 그래서 킹을 배신했다. 이로써 케네디가 조지아 주지사와 코레타 모두에게 전화를 걸 기회가 생겼다. 케네디는 공항에서 직접 전화를 걸어 코레타를 위로해 주고 안심시켰다. 한편 케네디의 동생 로버트 케네디는 앨라배마주의 판사에게 전화를 걸어 킹을 석방하라고 압박하기도 했다.

킹은 닉슨에게 투표할 예정이었지만 어려운 상황에서 곁에 있어준 케네디에게 표를 던지겠다고 밝혔다. 킹은 그 일을 이렇게 회상했다. "닉슨과 더 오랫동안 알고 지냈습니다. 조언을 구하고자 자주 전화했죠. 하지만 중요한 순간이 왔을 때 닉슨은 내 이름을 들어본 적도 없는 것처럼 행동했습니다. 이것이 바로 닉슨을 진정한 도덕적 겁쟁이이자 용기 있는 발걸음을 딛고 위험을 감수할 의지가 없는 사람으로 여기는 이유입니다."

2주 뒤 케네디는 0.5퍼센트 포인트 미만의 차로 이겼다. 두 개의 주요 주에서 3만 5000표 차이밖에 나지 않았다. 두 차례의 전화로 대통령 선거에서 이긴 것이다. 무고한 혐의로 투옥된 선량한 시민의 아내에게 썼을 수도 있는 단 몇 초를 비겁한 행위에 썼기에 닉슨은 대통령직을 포기해야 했다.

　자신이 누구인지 전적이 어떤지 등은 중요하지 않다. 중요한 것은 그 순간이다. 그리고 그 순간은 1분 미만일 때도 있다. 할 수 있는가? 아니면 너무 무서운가?

　이메일 전송 버튼을 누르는 데는 몇 초밖에 걸리지 않는다. 첫마디를 입 밖으로 꺼내는 데, 자원봉사를 하려고 손을 내미는 데, 기관총 진지를 향해 달려가고자 첫 발걸음을 떼는 데, 찬성에서 반대로 또는 반대에서 찬성으로 표를 바꾸는 데, 케네디가 그랬던 것처럼 킹의 목숨을 구하려던 것조차 아닌, 단지 그의 아내를 위로하는 전화를 거는 데는 아주 짧은 시간이 필요하다.

　일단 일이 진행되면 다른 모든 것은 자연스럽게 따라온다. 책임을 다하며 한 발 한 발 앞으로 나아갈 수 있다. 대학을 중퇴하고 새로운 경력을 쌓는 데 도전할 수도 있고, 이혼 서류를 제출하고 삶을 새롭게 꾸려나갈 수도 있으며, 미국 증권거래위원회로 찾아가 불만 사항을 제기할 수도 있다. 너무 바빠서 두려워할 시간도 없을 것이다. 추진력이 우리에게 반하는 방향이 아니라 우리가 나아가는 방향으로 작용하기 시작할 것이다.

영국 작가의 실화를 바탕으로 영화감독 캐머런 크로와 영화배우 맷 데이먼이 각본을 쓴 영화「우리는 동물원을 샀다」에는 이 상황에 맞는 훌륭한 대사가 나온다. 맷 데이먼이 어린 아들에게 말한다. "제정신이 아닌 것 같은 용기를 20초 동안 내는 게 필요한 것의 전부일 때가 있단다. 말 그대로 20초 동안 용기를 내고 어색함을 참으면 돼. 그러면 장담하건대 뭔가 대단한 일이 일어날 거야."

정말 우리는 이렇게 약속할 수 있을까? 아니, 그럴 수 없다. 인생은 영화가 아니기 때문이다. 결과는 불투명하다. 그러나 성공하지 못할 수도 있지만 시도는 해봐야 한다. 했는데 성공하지 못할까 봐 두려워서 시도하지 못하는가? 이때 기억해야 할 것이 있다. 용기를 내지 못한 몇 초는 주황 글씨처럼 우리를 따라다닐 것이다. "두려웠어요"라는 말은 시대를 초월한 변명이다.

사람들의 용기에 놀라거나 위축될 때 종종 잊어버리는 사실이 있다. 바로 그것이 철저하게 계획된 것은 아니라는 점이다. 간단한 결정에서부터 시작됐다. 도약으로부터 시작됐다. "케네디는 정치적으로 옳은 일인지 알지 못했습니다." 킹은 케네디의 결정을 이렇게 회고했다. 하지만 킹도 마찬가지였다. 처음 몽고메리 버스 보이콧운동에 참여했을 때, 그 일이 자신의 여생과 세상을 바꾸리라는 것은 알지 못했다.

용기는 한순간에 결정된다. 나설 것인지 물러설 것인지, 도약할지 후퇴할지 결정하는 순간은 1분보다 더 짧은 시간이다.

사람은 일반적으로 용감하지 않지만 특별하게도 우리는 용감하다. 부끄러워도 단 몇 초 동안만 용기를 내면 우리는 위대해질 수 있다. 이 정도면 충분하다.

두려운 일을 하는 습관

해리 번스는 1920년 테네시주에서 태어난 평범한 정치인이었다. 과거에 대담하게 맞서보거나 용감하게 투표한 적은 없었다. 옳은 가치를 위해 싸우는 운동가도 아니었으며 정치적 스타와는 더더욱 거리가 멀었다. 당시 번스는 겨우 스물다섯 살이었고, 하원의원 임기 2년을 막 채운 참이었다.

"절대로 당에 해가 되는 표를 던지지는 않을 겁니다." 공화당 의원이었던 번스는 여성에게 선거권을 부여하는 미국 수정헌법 제19조 비준에 열렬히 반대하는 정계 선배들을 안심시켰다. 그들은 번스를 믿었고, 번스는 두 번이나 비준 논의를 미루는 데 투표했다. 심지어 옷깃에 붉은 장미를 달고 다녔다. 붉은 장미는 이른바 여성참정권 운동에 반대하는 사람들이 자기 뜻을 널리 알리는 상징으로 쓰였다.

그런데 놀라운 일이 발생했다. 8월 18일, 번스의 '찬성표'로 테네시주는 수정헌법을 비준했을 뿐만 아니라 그 표가 전국적으로 수정헌법 조항의 비준을 촉발하여 2000만 명의 여성에게 투표권을 부여한 것이다.

번스가 얼마나 놀라웠을지 그리고 놀라운 만큼 얼마나 두려웠을지 상상해 보라. 번스는 '마마보이'였다. 문자 그대로 미망인 어머니를 부양했다. 그런데 그 결정으로 번스는 폭도에게 폭력을 당할 위험이 있었다. 재선 공천도 위협받았다. 선거구민 대다수가 반기지 않았다. 그렇지만 그는 해냈다. 아마 번스의 인생에서 가장 무서운 순간이었을 것이다.

해리 번스의 고난을 동반한 용기를 정치인 존 매케인의 인생에 찾아온 비슷한 순간과 비교해 볼 수 있다. 번스가 양심의 위기를 겪은 지 거의 100년이 지난 시점에, 미국 상원에서 오바마케어(Obamacare)라고 불리는 저소득층까지 의료보장 제도를 확대하는 건강보험개혁법 폐지 투표가 열렸다. 매케인은 이 법안을 오랫동안 비판해 왔고, 실제로 오바마케어를 폐지하자는 운동도 벌였다. 하지만 마지막 날 밤에 매케인이 결정적인 표를 날리면서 상황은 극적으로 변했다. 처음에는 오바마케어 법안 폐지에 손을 높이 들었던 존 매케인이 급작스럽게 반대를 뜻하는, 엄지를 내리는 행동을 취한 것이다. 그렇게 오바마케어를 폐지하려던 공화당의 노력은 무산되었다.

매케인은 2010년 민주당의 법안 통과 전술을 비판한 적이 있었고 자신이 속한 당이자 집권당인 공화당이 같은 방식으로 법안을 통과시키려 하는 것을 지지하지 않았다. 하지만 지금은 법안 통과 방식에 항의하기 위해서 그가 정치적 선택을 했다는 것보다 반대표를 던지면서 그가 어떻게 느꼈을지를 더 생각해보면 좋겠다.

이 두 가지 사례에서 모두 반대표를 던지려면 '몇 초간의 용기'가 필요했을 것이다. 하지만 매케인이 해리 번스보다 훨씬 덜 두려웠으리라는 것은 확실하다. 매케인은 전혀 갈등하지 않았다. 흔들리거나 자기 자신에게 의문을 품지도 않았다. 왜냐하면 여태까지 사람들을 꾸준히 놀라게 해왔기 때문이다. 모든 사람이 그에게 화를 내고 자기 선택이 스스로에게 유리하지 않더라도 그는 원칙을 고수했다.

반면 번스는 눈을 질끈 감고 미지의 세계로 뛰어들었는데, 아마 과반수의 사람은 번스가 자기 이력을 망치고 있다고 생각했을 것이다. 번스는 이런 일을 해본 적이 여태까지 단 한 번도 없었다. 명치가 조이는 경험도 해본 적이 없었다. 용기를 내는 성격도 아니었다. 어머니가 남긴 편지가 아니었다면 두려움과 의심의 순간을 마주하지 못했을 것이다. 어머니는 이렇게 썼다. "빨리 수정헌법안에 투표하렴. 더는 불확실한 상황 속에

뒤선 안 돼. 챈들러스의 연설을 보았는데 매우 씁쓸하더구나. 네가 어떻게 하는지 지켜보고 있었는데 지금까지는 아무것도 보지 못했다. 착한 아들이 되어 여성참정권 운동가 토머스 캐트 부인의 비준 운동을 도와야 해. 진정한 의미의 비준을 위해 노력한 게 그 여자니까. 엄마는 이만 줄인다. 사랑을 담아, 엄마가."

오바마케어 폐지 투표 당시 105세였던 매케인의 어머니는 아들에게 이를 상기할 필요가 없었다. 태어났을 때부터 더 어려운 일을 해낼 수 있게 아들을 교육했기 때문이다. 매케인의 어머니는 아들에게 '곤경은 흥미진진한 삶을 구성하는 요소'라고 가르쳤다고 한다. 우리 모두 그래야 하는 것처럼, 매케인은 용기 있게 행동하는 습관을 들였다. 결정을 내린 뒤 걸어가는 매케인의 눈에서는 용기를 볼 수 있다. 그리고 그 용기에는 즐거움이 서려 있다. 매케인은 공화당 지도부가 보는 앞에서 주먹을 한 방 날리는 것을 즐겼다. 이는 매케인의 삶과 경력에서 최후의 일격이었다.

중요한 순간 그냥 용감해지기를 바랄 수는 없다. 용기는 기르는 것이다. 그 어떤 운동선수도 한 번의 슛으로 경기를 뒤집어 이기리라고 기대하지 않는다. 수천 번 연습한다. 머릿속으로 혼자 경기 날짜를 카운트다운하며 연습경기에서, 즉석 경기에서, 체육관에서 똑같은 슛을 던진다.

조금 진부한 조언이지만 매일 두려운 일을 한 가지씩 하라. 막상 해보면 나쁘지 않다고 느낄 것이다. 어떻게 연습도 해보지 않고 자기뿐만 아니라 다른 사람들도 두려워하는 큰일을 해내리라고 생각하는가? 별로 위험하지 않은 일도 주기적으로 하지 않는데 어떻게 위험한 일이 생겼을 때 나서리라고 믿을 수 있는가? 그래서 우리는 자기 자신을 시험해야 한다. 용기를 내는 것을 습관으로 들여야 한다.

미국의 시인 랠프 월도 에머슨은 "언제나 두려운 일을 하라"라고 말했다. 미국의 철학자이자 심리학자인 윌리엄 제임스의 구절을 빌리자면, 우리는 '신경계를 적 대신 동맹으로 삼고' 싶어 한다. 무언가를 자동으로 하게 되면 깊게 생각할 일이 없다. 잘못된 일을 할 여지가 줄어드는 것이다. 제임스는 "우유부단하기만 한 사람"만큼 비참한 사람은 없다고 말했다. 하지만 사실 쉽게 포기하고 안전한 결정마저 내리기를 두려워하는 사람은 그보다 더 비참하다.

이런 사람들은 일상이 형편없을 뿐만 아니라 중요한 순간에 실패하고 모든 사람을 실망하게 한다. 그러므로 우리가 할 수 있는 최선은 작은 일부터 시작하는 것이다. 샤워기 손잡이를 돌려 찬물로 씻을 수 있다. 소란스러운 청중 앞에서 자발적으로 연설할 수 있다. 다른 사람들이 어떻게 생각하는지 신경 쓰지 않고 아이들을 즐겁게 해주려고 바보 같은 의상을 입을 수 있다. 자신이 알지 못할 때 사람들이 눈을 굴리고 비난하려 한다는 것을 인정할 수 있다. 한 번도 해보지 않았던 것을 시도해볼 수 있다. 이렇게 하다 보면 중요한 순간에 무엇을 해야 할 것인지 깨닫는다. 무슨 일을 할 것인지 알게 된다. 용감한 일, 옳은 일, 원칙을 따르는 일을 해야 한다. 결과가 어떻게 되든지 말이다.

스파르타 군대는
적군의 수를 묻지 않는다

한 텔레비전 기자가 제임스 매티스 장군에게 이렇게 물은 적이 있다. "무슨 이유로 밤에 잠을 안 주무셨나요?" 질문이 채 끝나기도 전에 매티스는 입을 열었다. "아니요. 제가 다른 사람들이 잠을 자지 못하게 한 것이죠."

이 답변은 매티스가 중시하는 삶의 철학을 담고 있다. 매티스의 전과 후를 살아간 모든 전사의 철학을 담고 있기도 하다. 이는 공격의 철학이다. 주도권을 잡겠다는 철학이다. 적에게 위협을 받기보다는 위협하겠다는, 공포에 질리기보다는 오히려 공격해서 공포를 심어주겠다는 철학이다. 이 철학 때문에 매티스의 부대는 밤에 적을 향해 있는 V자 모양 군사기지에서 자라는 명령을 받았다. 이 철학 때문에 걸프전 당시 뛰어난 장교에게 행동이 너무 굼뜨다는 이유로 징계를 주어 면직했다. 영국의 장군 더글러스 헤이그 경의 말을 빌리자면, 매티스의 중심이 되는 태도는 모든 위대한 군인이 품어야 하는 특성이다. 즉 "적과 싸우기를 진정으로 원하는 것." 매티스는 자기 군대에 이것 말고는 아무것도 바라지 않았다.

상대가 준비할 때까지 기다리겠다는 것인가? 그들에게 유리한 상황을 허용하겠다는 것인가? 절대 안 된다! 민간인의 세계에서는 이를 진취성이라고 부르고 스포츠 세계에서는 이를 호승심이라고 부른다. 그리고 잔혹한 전쟁의 세계에서는 이런 표현을 쓴다. 공격성.

용기 없이는 절대 공격성을 띨 수 없다. 이 둘은 서로 필요충분조건이다. 전쟁이나 사업, 스포츠, 인생에서 용기나 공격성 없이 위대한 업적을 이룬 사람은 없다.

스파르타 군대는 적군이 몇 명이나 있는지 묻지 않았다. 어디 있는지만 물었다. 어차피 공격할 것이기 때문이었다. 이기기 위해 그곳에 있었다.

그랜트는 다른 사람은 맡기 두려워했던, 피터즈버그 함락 임무를 담당하게 되었는데 그때 남부 총사령관이었던 로버트 E. 리와 남군에게 수년간 혹독하게 당한 나머지 너무 조심스러워하던 부하들 때문에 잇달아 좌절했다. 그런데도 그랜트는 서부

전투에서 승리를 거뒀다. 그랜트의 부하들은 언제나 소심하게 공격했고, 상대방을 압박하거나 공세를 취하기를 꺼렸으며, 리가 마음먹고 공격하면 어떻게 되는지 경고했다.

텍사스주의 평원에서 공포는 환영에 불과하며 적을 과대평가해서는 안 된다는 교훈을 얻은 그랜트는 몹시 부정적인 예측 결과를 들고 찾아온 장군에게 말했다. "리의 계획에 대해 듣는 것은 정말이지 피곤하군. 당신들 중 몇몇은 항상 리가 갑자기 공중제비를 두 번 돌아 후방과 양옆에서 동시에 등장하리라고 생각하는 거 같네. 부대로 돌아가서 리가 뭘 할지 생각하는 대신, 우리가 뭘 할 수 있을지 생각해 보게."

그랜트는 이런 명령을 내렸다. "리가 가는 곳마다 우리도 간다. 압박해야 한다." 절대 방어 태세로 돌아가지 않았다. 그 결과 1년 뒤에 리는 그랜트에게 항복했다.

북군이 공세를 취한 그 전투는 남북전쟁의 결정적인 순간으로 길이 남았다. 그랜트는 맞고만 있을 수는 없다는 생각에 주먹을 날리기 시작했다. 리가 주도권을 잡았을 때 남군의 군사력은 강력했다. 하지만 주도권을 잃는 순간 지는 것이 시간문제였다.

목을 바짝 조여오는 적들에게 대부분 해당하는 이야기다. 상대가 우리를 때리게 놔두는 한 그들은 우리를 계속 때릴 것이다. 하지만 싸움을 먼저 건다면, 어디서 싸울지 결정한다면, 상대의 약점을 공략한다면, 적어도 시도해 볼 기회가 생긴다.

그것이 무엇이 되었든 무슨 일을 하든 공격적으로 추구해야 한다. 두려움에 휘둘릴 때 상대방에게 쫓길 때 우리에게는 기회가 전혀 돌아오지 않는다. 그런 식으로 해서는 상황을 끌고 갈 수가 없다. 성공하려면 먼저 공세를 취해야 한다. 조심해야 할 때도, 끊임없이 전진한다는 가정하에 승리를 향해 언제나 집요하게 움직여야 한다. 일을 진행하는 속도를 조절하라고 요구해야 한다. 전투에서든 회의실에서든 큰 문제든 작은 문제든 일의 진행 속도를 우리가 정해야 한다. 우리가 무슨 일을 할지 상대방이 두려워하도록 해야지, 상대방이 무슨 일을 할지 우리가 두려워해서는 안 된다.

말하는 순간 이미 이룬 것이다

어느 월요일 아침에 젊은 프레더릭 더글러스는 한계에 다다랐다. 노예를 학대하기로 악명 높은 관리인 에드워드 커비가 벌을 주러 왔지만 오히려 참을 만큼 참은 더글러스는 커비의 멱살을 잡았다. 이런 반항은 한 번도 경험해 보지 못한 커비는 아찔했다. 백인에게 손을 대는 행위는 곧 죽음이라는 것을 모르는 노예는 단 한 명도 없었다. 그런데도 열여덟 살에 불과했던 더글러스는 사정없이 커비를 구타했다.

커비는 도와달라고 소리쳤지만 더글러스가 가슴을 강하게 걷어차자 지원군들은 뒷걸음쳤다. 두 시간, 무려 두 시간 동안! 더글러스와 커비는 마당에서 싸웠다. 더글러스는 자기 인생을 위해, 인간으로서 자신의 존엄성을 위해 잔인하게 싸웠다. 방어하는 데 익숙하지 않던 커비는 놀라고 창피했다. 결국 커비는 패배했다. 몸은 지칠 대로 지쳤지만 무엇보다 더글러스가 두려웠다. 그래서 커비는 어쩔 수 없이 더글러스를 놓아주면서도 어떻게든 노예에게 교훈을 심어줬다고 스스로 합리화했다.

마틴 루서 킹 주니어는 훗날 "언젠가는 억압의 쇠발굽으로 짓밟히는 일에 지치는 날이 온다"라고 말했다. 그날 아침 메릴랜드에서 더글러스도 이제는 지쳤다고 결론을 내렸다. 그리고 이것이 모든 것을 바꿔놓았다.

"그런 느낌은 단 한 번도 받아본 적이 없었다. 노예의 무덤에서 자유의 천국으로 옮겨가는 영광스러운 부활이었다. 오랫동안 억눌려온 사기가 고조되고 비겁함은 사라지며 대담한 반항이 그 자리를 채웠다. 내 신분은 노예일지 모르지만 실제로 노예가 될 수 있었던 날들은 이미 지나갔다고 마음을 굳혔다."

어디서 이런 부름을 받았는지 이해하려면 더글러스의 어린 시절을 살펴봐야 한다. 여덟 살 때 더글러스는 넬리라는 이름의 노예가 끔찍하게 채찍질을 당하는 것을 목격했다. 감독관은 잔인하고 자신감이 넘치는 사람이었는데 다섯 자녀의 어머니인 넬리에게 생각지도 못한 일을 저질렀다. 넬리는 할퀴고 때리면서 감독관이 자기를 붙잡지 못하게 했고, 비명을 지르고 고함을 쳤다. 감독관이 넬리를 채찍질할 때 묶어 놓는 기둥으로 끌고 갈 때, 넬리는 손톱으로 땅바닥을 긁으면서 붙잡을 수 있는 모든 것을 붙잡았다. 넬리의 자녀 중 한 명은 심지어 감독관의 다리를 물었다. 더글러스는 "넬리는 그 남자가 자신을 채찍질하는 대가를 최대한으로 치르게 하려고 작정한 것 같았다"라고 묘사했다.

감독관이 벌을 내리려고 할 때 그의 얼굴은 피범벅이 되어 있었다. 넬리의 성공이 증명된 셈이다. 넬리는 채찍질에도 굴하지 않았다. 감독관에게 저주를 퍼붓고 노예 제도의 악행과 악인을 비난했다. 살갗은 찢어졌지만 기개는 꺾이지 않았다.

그 장면은 소년의 기억에 스며들어 프레드릭 더글러스에게 용기의 씨앗을 심어줬다. 그 씨앗은 어느 날 갑자기 주인에게 폭력적으로 반항하는 것으로 싹을 틔웠고, 그 이후 약 57년간 정의를 위해 싸움으로써 영웅적인 열매를 맺었다.

누가 감히 더글러스에게 다시 위협을 가할 수 있었을까? 어떤 장애물이 더글러스를 막을 수 있었을까? 그의 적들이 어떤 위협을 가할 수 있었을까? 더글러스는 아무런 힘이 없는 노예였지만 자신을 옥죄어 오는 억압에 굽히지 않고 죽음을 노려보았다.

한번 용기와 자유를 맛보면 두려움의 맛을 견디기가 훨씬 어려워진다. 1956년에 시작된 연좌농성 또한 마찬가지였다. 흑인들이 백인 전용 식당에 자리를 차지하고 앉아서 음식과 커피를 주문하는 것이다. 자리를 뜨는 대신 항의의 표시로 그 자리에서 일어나지 않은 채 다시 정중하게 음식을 주문하고, 거부당해도 재차 주문했다. 결국 그 고집에 못 이긴 식당 측에서 그들이 주문한 음식을 내올 때도 있었지만 흑인들이 연행될 때도 있었다. 이들뿐만 아니라 다른 아이들을 괴롭히는 불량한 아이에게 맞서는 온순한 아이에게도 해당하는 이야기다.

"굴복하는 게 잔인무도한 일과 잘못된 행동에 대응하는 최선의 해결책이라는 오래된 학설은 플랜테이션 농장의 노예를 괴롭혀 왔다. 가장 쉽게 채찍질할 수 있는 사람이 더 자주 맞는 법이다. 감독관과 맞서 싸울 용기가 있는 사람은 처음에는 채찍질을 많이 당하더라도 결국에는 자유인이 된다. 비록 노예라는 공식 신분은 변하지 않아도 말이다."

더글러스는 '나를 죽일 순 있어도 채찍질할 순 없다'라는 생각을 자신의 신조로 삼았다. 다시는 채찍질을 당하지 않겠다고 선언한 순간 이미 반쯤 자유인이 된 것과 다름없다. 곧 그는 자유를 찾아 도망갔고, 노예 사냥꾼들과 용감하게 맞섬으로써 나머지 권리도 손에 넣었다.

마틴 루서 킹 주니어의 말을 빌리자면, 등을 곧게 펴면 누군가에게 맞을 수는 있어도 누가 등에 올라탈 수는 없다. 더글러스에게 싸움은 말 그대로 몸싸움을 의미했다. 마틴 루서 킹과 인권운동가들은 다른 방식으로 저항했다. 감옥이 가득 차고 시스템이 무너질 때까지 경찰견과 소방 호스, 엽총에 맞서 끊임없이 몸을 던졌다.

우리는 학대와 제약, 불의를 용납할 수 없다. 문제를 외면할 수 없다. 문제에 한 발짝 다가갈 수 있을 뿐이다. 굴복은 해결책이 아니다. 잔인무도한 일이 마법처럼 저절로 사라지기를 기대할 수도 없는 법이다. 어디엔가는 선을 그어야 한다. 지금이 아니어도 조만간 그어야 한다. 주권을 요구해야 한다. 계속해서 주장해야 한다.

우리는 아는 것보다 훨씬 더 큰 힘이 있다. 그 힘으로 정당한 권리를 요구하고 학대와 탄압, 불합리한 차별에 저항함으로써 용감해질 수 있을 뿐만 아니라, 더글러스가 그랬던 것처럼 다음 세대를 도울 수 있다.

한 명이면 충분하다

　다른 국가가 스파르타에 군사적 도움을 요청했을 때 스파르타는 군대를 보내지 않았다. 그 대신 스파르타의 지휘관 한 명을 보냈다. 이것이 전부였다.

　왜냐하면 용기는 두려움과 마찬가지로 전염성이 있기 때문이다. 자기가 무엇을 하는지 알고 두려워하지 않는 사람, 수적으로 열세인 군대의 군사력을 강화하고 망가진 시스템을 고치며 혼란이 뿌리내린 곳을 진정시킬 계획이 있는 사람인 스파르타인 단 한 명만 보내면 충분했다.

　텍사스주의 기마 경관 빌 맥도널드의 이야기도 그랬다. 1900년대 초반에 도박의 일종인 불법 권투 시합을 뿌리 뽑고자 댈러스 당국은 텍사스주에 순찰대를 호출했다. 맥도널드가 도착했을 때 시장은 경악했다. "순찰대를 한 명만 보냈다고?" 그 말을 들은 맥도널드가 답했다. "분위기를 술렁거리게 할 한 명이면 충분하지 않습니까?"

용기 있는 한 사람이 다수의 힘을 갖게 된다. 앞서 언급한 구절의 진리를 생생하게 보여주는 일화다. 여기서 '갖게 된다'가 핵심이다. 처음부터 다수의 힘을 가진 게 아니다. 그렇게 되는 것이다.

변화를 일으키려고 꼭 스파르타의 장군이나 텍사스주의 순찰대가 되어야 하는 것은 아니다. 전쟁 역사가이자 미국 육군 장교인 S.L.A. 마셜은 "아무리 계급이 낮더라도 자기 자신을 통제하는 사람은 다른 사람을 통제하는 데 이바지한다. 두려움은 전염력이 강하다. 하지만 용기도 그에 못지않다."라고 말했다.

연대에서 가장 똑똑한 사람은 아니라도 괜찮다. 가장 몸집이 크거나 가장 최선을 다하는 사람이 되지 않아도 된다. 질문의 모든 답을 알아야 하는 것도 아니다. 계속 자기 자신을 통제하기만 하면 된다. 지금 당장 그 일을 해야 하는 것은 아니니 그저 훈련이 길잡이가 되게 하라. 옳은 일과 우리 앞에 닥친 일을, 용감하고 침착하게 그리고 명확하게 해치우면 된다. 어떤 사람이든지 무엇을 하든지 말이다.

국민을 선동하는 정치선전에 휘둘리지 않는 시민은 정부를 책임감 있게 만들고, 시장이 침체했을 때 은행에서 예금 인출

소동을 벌이지 않는 사람은 경제가 돌아가게 하며, 용감한 표정의 부모는 자녀가 암과 싸울 수 있도록 돕는다. 평범한 병사가 방탄모를 단단히 조인 뒤 덜덜 떨리는 이를 꽉 다물고 후퇴하기를 거부함으로써 동료를 돕고 적에게 피해를 주는 것처럼 말이다. 마셜은 "한 사람의 용기는 그 사람의 시야 안에 있는 모든 사람의 용기를 어느 정도 반영한다"라고 말했다. 용감할 때 변화를 일으킬 수 있다. 왜냐하면 그 과정에서 다른 사람에게 용기를 북돋을 수 있기 때문이다.

용기는 바이러스처럼 소리 없이 접촉해서 퍼진다. 공기를 통해 퍼져나간다. 우리는 용기를 발산하며 다른 사람들에게 넘치는 힘을 쏟아서 용기를 감염시킨다. 그 사람들은 차례차례 또다른 사람들에게 용기를 감염시킨다. 해롭고 나쁜 병원체가 아니라 힘과 목적의식을 기를 병원체를 퍼뜨린다.

두려움에 가득 찼을 때 조그만 불씨는 공황에 불을 붙일 수 있다. 확실히 사기가 떨어지고 패배할 수 있다. 불씨가 쉽게 불을 붙일 수 있는 만큼 그 불씨를 땅에 비벼 쉽게 끌 수도 있다. 한 사람이 태세를 전환하게 할 수 있는 것이다.

그렇다면 여기서 질문이 있다. 우리는 태세를 전환하게 하는 사람인가? 문제의 일부인가, 아니면 해결책인가? 그들이 부르는 사람인가, 아니면 그들이 진정시켜야 하는 사람인가?

기꺼이 책임질 용기

특출나게 용감한 사람도 알고 보면 세상에서 아주 평범한 한 가지를 두려워한다. 바로 책임이다. 책임 회피가 얼마나 자주 일어나는 일인지 생각해 보면 참 아이러니하다.

루컨 경은 카디건 경이 지휘하는 영국의 11경기병 '빛의 여단'에 돌격 명령을 내렸다. 이 두 사람은 러시아 군대와 전투하고자 600명의 영국 기병대를 파견했는데 이 전투는 군 역사상 가장 용감하지만 무의미한 공격이었다. 그들은 기병대를 향해 이런 말을 했다.

"제군들, 이건 황당무계한 작전이지만 본인은 이에 책임지지 않겠다."

"조금이라도 책임을 질 마음은 없네. 급하게 필요해서 돌격 명령을 내린 거지. 책임질 일은 눈곱만큼도 없어."

그들은 적의 무자비한 총알에 맞설 수 있었다. 측면에서 총알을 쏜다고 할지라도 발맞추어 행군할 수 있었다. 하지만 비판과 비난 앞에서는 어땠을까? 모든 유약한 지도자와 다를 바 없이 그들은 비판과 비난을 피해 도망쳤다. 심지어 비극으로 이어진, 결과가 뻔한 무의미한 명령에 의문을 제기할 만큼 용기를 내지 못했다. 단순히 부하들에게 명령을 내렸으며 책임을 지기보다는 확실한 죽음을 선택했다.

이것이 바로 규칙이다. 하기로 마음먹은 것이 자신이라면 이제 무슨 일이 일어나도 자기 책임이다. 변명할 여지는 없다. 예외도 없다. 세상에서 자기 몫을 다하는 것, 자신이 한 행동에 책임을 진다는 것. 이것이 우리가 요구하는 전부다.

지도자라면 더더욱 그렇다. 모든 책임은 스스로 져야 한다. 항상. "제 잘못이 아닙니다.""내 문제가 아닌데요.""절 탓하지 마세요." 우리 사전에 이런 말은 없어야 한다. 위대해지고 싶다면, 겁쟁이가 아니라면 말이다.

미국의 작가 조앤 디디언은 "자기 삶에 대한 책임을 기꺼이 받아들이려는 마음이야말로 자기 존중이 샘솟는 원천이다"라고 평했다. 지도자의 특혜에는 대가가 따른다. 용기에 붙는 세금은 너무 비싸다. 결과에 따라 비난을 받기 때문이다.

신경 쓰이는가? 그러면 아무 일도, 아무 말도 하지 않고 평범하게 살아가는 게 더 행복할 것이다. 그런데도 우리는 비난을 모면하고 도망갈 구멍을 만들어놓을 수 있다고 생각하는 듯하다. 빛의 여단 이야기에는 또 다른 재미있는 오점이 숨어 있다. 당시 영국의 계관시인이었던 앨프리드 테니슨 경은 돌격하는 평범한 병사를 주제로 잊을 수 없는 감동적인 시를 썼다.

오른쪽에도 대포,
왼쪽에도 대포,
앞에도 대포,
천둥같이 발사되고
폭풍같이 쏟아지는 실탄과 포탄 속에서,
용감하게 잘 타고 들어갔네.
죽음의 입으로
지옥의 입구로
600명이 타고 들어갔네.

이 시를 어떻게 출판했는지 아는가? 필명을 썼다. 왜냐하면 테니슨은 자기 위치를 고려했을 때 너무 '품위가 없을까 봐' 걱정되었기 때문이다.

앞서 말했듯이 용기에는 전염성이 있다. 하지만 기꺼이 전염될 준비가 되어 있어야 한다. 테니슨은 불쌍한 병사들의 용기에 푹 빠져 있었지만 책임을 회피하는 장교들의 선례를 따랐다. 만약 목소리를 높이겠다면 서명하라. 자신이 하는 모든 일에 이름을 쓰자. 이것은 용감한 일이다. 아니, 용감하다기보다는 용기를 내는 시작점이라고 말할 수 있겠다.

가게에서 물건을 깨트리면 물건값을 변상해야 한다. 행동했으면 그 행동에 책임을 져야 한다. 말을 했으면 그 말에 책임을 져야 한다. 명령했으면 비난을 받아들여야 한다. 책임을 지는 것이 자기 존중이 솟아나고 지도자가 탄생하는 원천이다.

행운은 용기 있는 자의 것이다

　아주 오래전부터 나라를 불문하고 전해 내려오는 속담이 있다. '행운은 용기 있는 자의 편이다. 용감한 사람에게 행운이 따른다.' 용기는 큰 계획을 좋아한다. 위험을 감수하는 사람에게 호의를 보인다.

　길을 개척하여 다른 사람도 그 길로 가라고 용기를 북돋는 결정, 다른 사람과 의견을 달리하는 결정, 새로운 것을 시도하기로 한 결정, 정신 나간 도전을 받아들이기로 한 결정, 청혼하기로 한 결정, 여행을 떠나기로 한 결정, 손을 들기로 한 결정, 이미 경기가 위태로울 때 공을 뺏길까 봐 걱정하지 않고 길게 패스하는 결정. 이러한 결정을 방해하는 장애물이 종종 있지만 역사의 흐름은 우리와 은밀히 함께한다는 것을 알아야 한다.

관중은 우리와 함께하며 우리가 이겼을 때 환호할 준비가 되어 있다. 우리가 더 적극적으로 나설수록 더 많은 행운이 찾아오는 것처럼 보인다.

미국의 건축가 대니얼 버넘은 학생들에게 작은 계획을 세우지 말라고 조언했다고 한다. 학생들에게 큰 문제를 해결하려면 크게 생각해야 한다고, 인생의 작고 사소한 측면에 붙잡혀 있지 말고 목표에 도달하고자 노력하라고 했다. 겁을 먹게 하는, 무언가 새롭고 색다른 것을 시도하라고 북돋웠다.

역사에 이름을 남긴 위대한 지휘관과 기업가 들은 위험을 감수했기에 성공할 수 있었다. 겁이 났을지는 몰라도 두려워하지 않았기 때문이다. 그들은 아주 크게 용기를 냈기 때문이다. 그들은 경기장에 들어섰고 주사위를 던졌으며 배짱도 있었고, 종종 운까지 좋았다. 그들에게 운이 따라주지 않았더라면 역사에 이름을 남길 수 없었을 것이다.

히틀러의 암살을 시도했지만 실패한 뒤 음독자살한 독일의 에르빈 로멜 장군은 이런 편지를 쓴 적이 있다. "경험상 성공은 대담하게 결정할 때 따라온다. 그러나 전략적 또는 전술적 대담함과 군사적 도박을 구분해야 한다. 대담한 작전을 시도한다고 해서 성공이 보장되는 것은 아니지만, 실패할지라도 모든 상황에 대처할 수 있을 만한 군대를 수중에 남긴다. 반면 도박은 전투에 승리하거나 군대가 완전히 파멸에 이르거나 둘 중

하나다. 도박이 정당화될 수 있는 상황도 있다. 예를 들어 패배가 시간문제인 전투가 있다. 시간 확보가 무의미할 때는 위험을 감수하는 작전이 유일한 기회일 수 있다."

로멜이 제2차 세계대전 초기에 북아프리카에서 그렇게 능수능란하게 맞서 싸울 수 있었던 것은 전장에서 전략적이고 전술적으로 대담했기 때문이다. 그러나 전쟁이 발발하기 전에 히틀러에 맞설 용기가 부족했다는 비난을 피할 수는 없다. 사실 거의 모든 독일 장군은 용기가 부족했다. 대부분은 히틀러를 비웃고 비난했지만, 히틀러가 독일을 장악했을 때 군사규정을 어기면서까지 대항하진 못했다. 이 사람들은 총과 죽음을 숱하게 마주한 적이 있는, 세상에서 가장 용감한 사람들이었다. 하지만 회의에서 그들은 겁을 먹고 마음을 졸이며 다른 누군가가 무언가를 하기를 바랐다. 기다리고 희망을 품고 움츠리면서 흉악한 범죄에 동참하고 있었다. 그들의 고군분투를 온전히 알 수 없겠지만 행동하지 않는 순간 운명은 결정됐다.

결국 로멜에게 남은 것은 도박뿐이었다. 그 순간 조금의 용기만 냈더라면 오래 끌지 않아도 됐을 것이다. 하지만 1944년 도박은 더 정당화됐다. '패배는 단순히 시간문제니 한번 시도해 보면 어떨까?' 이렇게 생각한 로멜은 시도했다. 행운은 7월 20일 히틀러 암살을 음모한 사람들의 편이 아니었지만 적어도 역사는 그 시도를 높이 산다.

조금의 대담함을 당장 발휘하는 것이 후일 죽음을 불사하는 용기를 내는 것보다 훨씬 가치 있다. 전자는 후자보다 행운이 자신의 편을 덜 들어도 성공하기 쉽다.

아마존 창립자 제프 베이조스는 '회사를 걸고 내기하지 않는 법'에 대해 이야기한 적이 있다. 사실 도박은 하지 않아도 된다. 안일하게 생각하기에 엄청난 위험을 감수해야 하는 처지에 놓이게 되는 것이다. 수년 동안 세계적 흐름을 무시해 왔다면 결국 회사는 변화하거나 폐업해야 한다. 이전에 해야 했을 일들을 지금 하려니 도박에 모든 것을 걸어야 하는 것이다.

베이조스는 안전한 내기를 매일 꾸준히 하는 게 더 낫다고 말한다. 부주의하게 굴기보다는 계산해 보고, 엄청나게 위험한 일을 하는 대신 서서히 위험도를 올리는 것 말이다. 지금 어려운 일을 하라. 오늘 용기가 필요한 모든 일에서 꾸준하게 용기를 내라. 생각만큼 위험하지 않다는 것과 혼자가 아니라는 것을 믿어야 한다.

설령 그렇게 느껴지지 않더라도 우리를 지지해 주는 무언가가 있다. 행운은 이곳에 있다. 운명은 우리에게 미소를 짓는다. 하지만 그것들은 금방 지친다. 기다리게 한다면 노할 것이다.

나중에 도박하기보다 지금 위험을 감수하는 게 낫다. 하지만 나중에 도박하든 지금 위험을 감수하든 과감하게 진행하라.

패자만이 시합이 끝나기 전에
싸우기를 멈춘다

북베트남 감옥에 수감된 미국의 제러마이아 덴턴 사령관은 정치선전용 인물로 발탁됐다. 이 감옥에 수감된 지 10개월이 넘었지만 무자비한 심문은 수일 동안 계속됐다.

덴턴 사령관은 지치고 배가 고프고 온몸이 아픈 상태로 카메라 앞 의자에 앉았다. 거센 구타가 이어지리라는 것을 예상하면서 자신이 행동할 수 있는 선택지를 떠올렸다. 아무 말도 하지 않을 수도 있고, 질문에 가능한 한 상투적인 답변을 할 수도 있었다. 죽도록 보고 싶은 가족, 아내와 일곱 명의 자녀에게 사랑이 담긴 말을 전할 방법을 찾을 수도 있었다. 자신을 포로로 잡은 사람들이 원하는 정보를 모두 발설하고 형 집행을 유예할 수도 있었다. 심지어 하노이 힐튼호텔에서 남은 형을 사는 특별대우를 받을 수도 있었다.

하지만 놀랍게도 덴턴은 반항의 몸짓을 택했다. 심문관의 형식적인 질문에 대답하면서 카메라 불빛에 눈이 먼 것처럼 천천히 눈을 깜박이기 시작했다. 눈을 한 번 길게 깜빡였다. 세 번 길게 깜박였다. 한 번은 짧게, 한 번은 길게 그리고 또 짧게 깜빡였다. 길게 깜빡였다. 두 번 짧게 깜빡인 뒤 길게 깜빡였다. 한 번은 짧게, 한 번은 길게 그리고 또 짧게. 마지막에는 짧게 한 번 깜빡였다. 덴턴은 전 세계가 볼 수 있도록 모스부호로 고문(T-O-R-T-U-R-E)이라는 단어를 표현한 것이다. 덴턴을 포로로 잡은 사람들은 그를 무너뜨렸다고 생각했다. 하지만 덴턴은 자신을 학대하는 사람들의 행동을 역으로 이용해 국제무대에서 창피를 줌으로써 그들을 무너뜨렸다.

스토아 철학자는 운명에 "엿 먹어라"라고 말하는 사람이라고들 한다. 맞는 말이다. 그들은 저항하고 맞서 싸운다. 그릇된 행동을 하게끔 생겨먹은 사람들은 아니다. 특히 압박받을 때만 그렇게 한다.

넌더리가 나서 사직서를 냈는데 비밀유지 의무를 상기시키는 사내 변호사, 자신의 제안을 받아들이지 않으면 상대의 보잘것없는 사업을 망하게 해주겠다며 꿈쩍하지 않는 경쟁자, 돈을 주면 사라지겠다면서 남을 등쳐먹는 사기꾼, 자신에게 굴복하기를 원하는 정치인, 이 일에서 손을 떼라고 요구하는 공무원. 압박은 노골적일 수도 있고, 미묘할 수도 있다. 본인 외에는 아무도 신경 쓰지 않는 크고 작은 문제일 수도 있다. 그래도 메시지는 분명하다. 그러기만 해봐.

알렉산더 대왕의 잔인했던 부친, 필리포스 2세에 포위당한 스파르타 수비대의 이야기를 떠올려 보자. 필리포스 2세가 말했다. "만약 내가 이긴다면 너희들 모두 죽여버릴 테다." 스파르타 군인들은 강력한 한마디로 답했다. "만약에." 무너뜨리기가 쉽지 않을 거라는 말이다. 한 말에 책임을 져야 할 거라는 말이다. 먼저 우리를 이겨야 할 거라는 말이다. "우리를 죽일 순 있어도 우리한테 채찍질할 순 없다."

사람들은 보통 원초적인 반항을 과소평가한다. 하지만 그 반항도 오래 이어질 수 있다. 프레더릭 더글러스와 넬리도 노예제도에 억압받는 가운데 용기를 낼 수 있었는데 우리라고 왜 못 하겠는가?

책의 첫머리에서 존 애덤스가 헤라클레스의 이야기를 미국의 공식 인장에 넣으려고 한 일화를 소개했는데, 벤저민 프랭클린도 이와 비슷한 의도로 새로운 공화국을 위한 표어를 제시한 적이 있다. "폭군에게 저항하는 일은 신에 복종하는 일이다." 폭군뿐만 아니라 남을 괴롭히는 사람, 거짓말을 일삼는 사람, 남을 학대하고 예의가 없는 사람, 사기꾼, 대중을 선동하는 정치가, 부정행위자, 상습범에게 저항해야 한다.

용기는 말한다. "내 눈에 흙이 들어가기 전에는 안 돼." 용기는 말한다. "그런 짓은 절대 안 할 거야." 용기는 말한다. "남들이 뭐라 하든 내 기준에 맞추어 내 방식대로 할 거야."

그들은 우리를 해칠 수 있다. 우리에게 소리를 지를 수 있다. 끔찍한 짓을 저지를 수도 있다. 하지만 우리는 무력하지 않다. 생각하는 것보다 더 큰 힘이 있다.

"제가 머리 숙이는 것을 잘 못 합니다." 드골은 영국 동맹군에게 말했다. 굴복하지 않을 작정이었다. 그 누구든, 적이든 친구든 부드럽게 대할 생각이 없었다. 그는 전사였다. 싸우는 것이 드골이 해야 할 일이었다.

우리에게는 주체성이 있다. 싸움을 건 것을 후회하게 해줄 힘이 있다. 이미 결정됐다는 결론을 절대 받아들이지 말라. 패배자만이 시합이 끝나기 전에 상대와 싸우기를 멈춘다. 1미터를 전진할 때마다 싸우자. 자기 자신을 위해 싸우자. 그 누구도 우리에게 그릇된 행동을 하게 할 수는 없다. 어디까지 그 힘을 쓸 각오가 되어 있느냐가 관건일 뿐이다.

세네카의 희곡에 나오는 헤라클레스는 이렇게 말한다. "다른 사람이 당신에게 무언가를 강요할 수 있다면 당신은 죽는 법을 잊은 것이다." 기억하라. 어느 누구도 당신에게 강요할 수 없다.

4장

갈림길에서
나만의 답을 선택하는 법

세상에는 내가 할 수 없을 정도로 불가능한 일은 없다.
그러므로 평생 용감하게 살아야 한다.
-톨스토이

러시아의 작가 바를람 샬라모프는 전체주의 정권의 반대편
에 섰다는 이유로 소련의 정치범 강제수용소인 굴라크에서 몇
년간 힘든 노역을 했다. 권력을 과감하게 비판했다는 이유로,
충분히 공산주의자답지 못했다는 이유로, 자수하지 않았다는
이유로 구금됐다. 설령 자수했더라도 살아남을 확률은 희박했
지만 말이다. 그가 거기서 깨달은 것은 무엇이었을까? 샬라모
프가 남긴 글에는 이런 말이 있다. "세상을 선인과 악인이 아
닌, 겁쟁이와 용감한 사람으로 나뉘어야 한다."
　세상은 우리에게 용기가 있느냐고 묻는다. 매일 순간순간마
다 묻는다. 적은 우리에게 용기가 있느냐고 묻는다. 인생의 장
애물도 마찬가지로 묻는다. 왜냐하면 세상은 그걸 알아야 하기
때문이다. 당신은 겁쟁이인가? 아니면 믿을 만한 사람인가? 무

슨 일이든 해낼 수 있는가?

세네카는 불행을 경험한 적이 없는 사람들을 측은하게 여겼다. "단 한 번도 반대에 마주하지 않았다면 자신이 뭘 할 수 있는지 아무도 모릅니다. 심지어 자기 자신도 말입니다."

그것이 바로 이 질문이 중요한 이유다. 세상은 우리를 어떤 범주에 넣어야 하는지 알고 싶어 하기에 일부러 어려운 상황에 빠뜨린다. 성가신 일이나 비극이 아니라 질문에 답할 기회다. 용기가 있는가? 줏대가 있나? 용감한가? 이 문제에 직면할 것인가, 아니면 도망칠 것인가? 일어설 것인가, 아니면 밟힐 것인가? 이 질문에 말이 아닌 행동으로 대답해야 한다. 혼자서 답하지 말고 사람들 앞에서 답할 수 있어야 한다.

6초의 용기

베수비오산이 폭발했을 때 도망칠 수 있는 사람들은 도망쳤
다. 멀리 있던 사람들에게는 연기와 잿더미만 보였다. 로마 해
군 제독이자 아마추어 과학자였던 대(大) 플리니우스는 호기심
이 들어 조사 계획을 세웠으나 전령을 통해 친구가 산기슭에
갇혔다는 긴급한 소식을 듣게 됐다. 함대를 집결한 플리니우
스는 사람을 배에 태울 수 있는 만큼 다 태워서 구출해 내고자
단 한 치의 두려움도 없이 현장으로 달려갔다. 그런데 해안가
에 도착하자마자 잔해가 가로막고 있는 것이 보였다. 한 조타
수는 돌아가야 한다고 조언했다.

'행운은 용기 있는 자의 편'이라는 표현이 어디서 나왔는지
아는가? 돌아가기를 거부한 플리니우스가 한 말이다. 플리니

우스는 이렇게 명령했다. "행운은 용기 있는 자의 편이다. 폼포니아누스에게 가라." 폼포니아누스는 그가 구하려 했던 친구의 이름이었다.

플리니우스는 몇 초간의 용기를 냈다. 망설이지 않았다. 의무를 자기 자신보다 우선시했기 때문이다. 플리니우스의 조카는 이렇게 회고했다. "조사하려고 시작한 일이었지만 영웅으로서 일을 마쳤다." 비극적이게도 플리니우스는 살아남지 못했다. 행운은 용기 있는 자의 편일 수도 있지만 장담할 수는 없다. 유일하게 확실한 것은 위기의 순간에 망설이면 아무것도 이루지 못하고 그 누구도 구하지 못한다는 것이다.

2008년 이라크 라마디에서 폭탄을 실은 트럭이 소규모 군 사기지를 향해 질주하고 있을 때 조너선 예일과 조던 헤이터 상병은 기지를 지키고 있었다. 안전하게 대피할 수 있는 출구까지는 불과 몇 미터 거리밖에 되지 않았다. 지역 경찰은 트럭이 오는 것을 보자 주저하지 않고 출구로 빠져나갔다. 앞으로 나서서 발포를 시작한 것은 불과 얼마 전에 처음 만난 두 해병이었다. 빠른 속도로 달려오는 트럭을 향해 무기를 꺼내 들자 약 900킬로그램의 폭발물이 터졌다.

트럭이 골목으로 진입한 시점부터 강력한 폭발이 일어날 때까지 60초밖에 흐르지 않았다. 불과 스무 살과 스물두 살이었던 두 사람의 인생 마지막 순간을 장식한 폭탄이 터져 생긴 구덩이의 폭은 약 1.8미터, 깊이는 1.5미터 이상이었다. 현장을 목격했던 사람들과 면담한 존 켈리 장군은 망설임이나 고민 없이 희생한 영웅들을 감동적으로 묘사했다.

"그들이 도망쳤다면 분명 살아남을 수 있었을 것이다. 하지만 그러지 않았다. 도망쳤다고 해도 그들을 겁쟁이라고 부를 사람은 없을 것이다. 그런데 그들은 순찰하는 해병의 의무와 책임을 진중하게 받아들였다. 그 누구도, 그 무엇도 통과하지 못하도록 한 걸음도 물러나지 않았다. 헌신과 목숨을 맞바꿨다. 그들이 그렇게 했기에 쉰여 명의 가족이 아니라 두 명의 가족만 가슴 아파하게 됐다. 이 가족들은 그날 밤 쉰여 명의 군인이 천국의 문까지 얼마나 가까이 다가갔었는지를 절대 알지 못할 것이다."

단 몇 초간의 용기. 우리에게는 이것만이 필요하다. 어쩌면 이 몇 초의 용기가 우리의 모든 것일 수도 있다.

"그래, 내가 돈을 기부할게. 그 사람들은 돈이 필요해." 감당할 수 없더라도 말이다. "그래, 내가 책임질게. 누군가는 책임져야지." 감옥에 가게 되더라도 말이다. "그래, 직장을 그만두고 편찮으신 어머니를 돌볼 거야." 어머니가 건강을 회복할 때까지 얼마나 오랜 시간이 걸릴지, 다른 한편에서 무슨 일이 기다리고 있을지는 모르겠지만 말이다.

시간이 더 많았다면 너무 많은 생각이 들었을 것이다. 이유를 떠올렸을 것이다. 자기 자신을 지키려고 노력하기 시작했을 것이다. 무서웠을 것이다. 얼어붙었을 것이다.

친구들은 어떻게 되는 것일까? 동료들은 어떻게 되는 것일까? 대의는? 이런 걱정을 멈추고 앞으로 가야 한다. 보내기 버튼을 눌러야 한다. 차가 오는 길에서 아이부터 밀쳐내야 한다. 앞으로 나서야 한다. 목소리를 높여야 한다. 목소리를 가다듬을 시간이 없다.

신중하게 생각할 시간이 없다. 일어날 수 있는 모든 시나리오를 살펴볼 여력이 없다. 조언을 구할 여유가 없다. 왜냐하면 사람들이 우리에게 기대고 있기 때문이다. 왜냐하면 이런 일을 대비해서 훈련받았기 때문이다. 이것이 바로 상황이 요구하고, 이상이 요구하는 것이기 때문이다. 자신을 믿으라. 의무를 다하라. 잘될지도 모른다. 그렇지 않을 수도 있다. 앞으로 펼쳐질 일을 알 수 없어도 어쨌든 영웅은 그렇게 한다.

존 켈리 장군이 말했듯이 골목에서 해병들에게 주어진 시간은 6초였다. 상황을 인식하는 데 1초. 무기를 올리고 총알을 발사하는 데 2초. 총알이 날아가고 트럭을 멈추는 데 필수적이었던 2초를 더하면 목숨을 구하는 데 남은 시간은 순식간에 지나가는 1초뿐이었다. 6초. 이 문장을 읽는 데 쓴 시간보다도 짧다.

켈리는 나중에 이렇게 회고했다. "가족, 조국, 신념, 삶과 죽음에 관해 생각하기엔 부족한 시간이다. 하지만 두 명의 용감한 젊은이가 목숨을 바쳐 자기 의무를 다하기엔 충분하고도 남는 시간이다. 이런 사람들이 오늘 밤 전 세계에서 당직을 서고 있다. 바로 우리를 위해서.ˮ 그들을 실망시키지 말라.

내가 걷는 길을
정답으로 만들어라

　미국의 전기작가 허먼 해기돈은 시어도어 루스벨트의 이야기를 "위인전을 읽고 위인처럼 되고 싶다고 마음먹은 한 소년의 이야기"라고 묘사했다. 이 말에서 조롱하는 냄새를 맡을 수 있다. 그렇지 않은가?

　루스벨트는 실제로 그렇게 믿었다. 자기 자신을 믿었다. 위인의 이야기를 믿었다. 자기 능력보다 더 큰 일을 해낼 수 있다고 믿었다. 그런데 그때나 지금이나 많은 사람은 위대한 일을 터무니없고 심지어 위험하다고 생각했다. 「고린도전서」 13장 11절에서는 이렇게 말한다. "어른이 되어서는 어린아이의 일을 버렸노라."

드골도 비슷한 조롱을 받았다. 드골은 진심으로, 진정으로 프랑스의 위대함을 믿었다. 운명 같은 것이 있다고 생각했다. 거듭 "프랑스는 위대한 능력이 있다"라고 말했다. 그 당시 상황을 고려했을 때 드골의 말은 터무니없는 주장이었다. 프랑스는 한편으로는 연합군에 휘둘리고, 다른 한편으로는 나치에 소극적으로 협력하고 있었다.

드골의 어록을 몇 개 읽어보면 움찔하고 놀랄 것이다. 우리 안에는 냉소적인 피가 깊이 흐른다. 우리는 사람들이 철이 들기를 바란다. 현실을 직시하고 동화에서 벗어나기를 바란다. 하지만 이런 믿음이 없었더라면, 다른 이들의 오만한 태도와 비난 그리고 헛수고라는 시선에도 불구하고 실천하는 용기가 없었더라면 우리는 지금 어디에 있을까?

드골이 프랑스에 신경을 덜 썼더라면 분명 프랑스를 구하는 데 더 적은 위험을 감수하려고 했을 것이다. 새로운 역사를 쓰도록 그를 추동한 힘은 민망할 정도로 깊고 진실한, 운명에 대한 믿음이었다. 드골은 위대한 인물이 되고 싶었고 그 과정에서 위대한 국가를 개혁했다. 루스벨트는 남을 보살피고자 하는 욕구에서 용기가 솟아났다. 그 욕구 때문에 처음에는 주저했지만 결국 부커 T. 워싱턴을 백악관에 초대하도록 마음먹게 했다. 이것이 바로 적과 맞서고자 언덕으로 돌격하고 기업의 이익과 관련한 압력에 굴복하기를 거부한 이유다. 상류층의 거만

한 우월의식과 무관심에 저항했던 이유다.

매티스 장군이 말했듯이 냉소주의는 비겁하다. 남을 돌보는 데는 용기가 필요하다. 특히 의심으로 가득 찬 사람이 많을 때 용감한 사람만이 믿음을 품을 수 있다.

그들은 우리를 보고 비웃을 것이다. 패자는 언제나 옹기종기 모여 승자에 대해 이야기한다. 희망이 없는 자는 희망찬 사람을 조롱한다. 두려움에 가득 찬 사람은 용감한 자를 설득하려고 최선을 다하지만 아무런 소용이 없다. 소피스트 시대부터 학자는 사회문제를 해결하고자 똑똑한 두뇌를 쓰지 않고 사소한 트집을 잡아 분탕질하는 데 썼다.

이것이 바로 용기 있는 자가 뚫어야 할 안개다. 우리가 걷는 자갈길에는 치어리더가 아니라 잘못된 방향으로 가라고 유혹하거나 그만두라고 설득하려는 사람이 서 있다. 어떤 일을 시도할 때 위협을 느끼거나 협박당하기보다 누군가가 "이건 중요하지 않아"라든가 "별 차이가 없을 거야"라고 설득할 확률이 더 높다. 순수함을 지키고, 다른 사람을 보살피며, 의식이 부족한 정치인에게 솔직하게 대놓고 이야기하는 데는 언제나 힘이 든다.

이것이 바로 사람들이 미덕은 고사하고 용기에 관해 이야기하는 것조차 좋아하지 않는 이유다. 용기는 구시대적이며 어색하다. 마치 침대 위에 걸린 동기부여 포스터처럼 진부하다. 그런 것은 상대할 가치가 없다는 식으로 치부하는 게 나을 수도 있다. 그들이 기대한 것보다 용기가 부족해 보인다면 손가락질을 받을 수도 있기 때문이다.

하지만 자신이 관심이 없는 분야에서 무언가를 성취한 사람을 본 적이 있는가? 본의 아니게 옳은 일을 한 사람을 본 적 있는가? 자신이 하는 일이 가치 있다는 것을 믿지 않고서는 위대해질 수 없다. 먼저 냉소와 무관심에 대담하게 맞서라. 이를 극복하지 않고서는 용감해질 수 없다. 셰익스피어는 "위대해지는 걸 두려워하지 말라"라고 했다. 이 구절이 피에 흐르고 마음속으로 들어가게 하라. 이를 위해 싸우자.

다른 사람들이 이해하지 못한다고 한들 어떤가? 산에 오르는 것을 비웃는 사람은 가보지 못한 땅에 첫발을 내딛는 의미를 상상조차 할 수 없는 사람이다. 우리는 그 사람이 틀렸다는 것을 증명할 수 있다. 그것을 증명하지 못한다고 할지라도 최소한 우리는 산을 오를 만큼 용감했다. 허무주의는 패자를 위한 것이다.

사랑받고 싶다면 먼저 사랑하라

　1964년 3월 13일 새벽 3시, 키티 제노비스라는 젊은 여성이 아파트 건물 밖에서 잔인하게 강간당하고 칼에 찔렸다. 다른 사람들에게 소리치며 도움을 구했지만 무시당했다. 그 여성이 살해되는 소리가 온 동네에 울려 퍼졌어도 30여 명의 동네 주민은 텔레비전의 볼륨을 높이거나 침대에서 등을 돌리며 아무런 신경을 쓰지 않았다.

　왜 그런 것일까? 두렵고 다른 사람과 엮이고 싶지 않은 마음에 다른 누군가가 무언가 하기만을 기대했을 것이다. 어쩌면 아무것도 할 수 없을 거라고 믿었을 것이다. 동네 주민들의 비겁함과 무관심 때문에 연쇄 강간범이자 살인범은 다시 현장으로 돌아와 피해자의 지갑에서 50달러를 훔치기까지 했다.

그날 밤 같은 아파트에 있었다면 우리는 과연 어떻게 행동했을까? 1년에 636건의 살인사건이 일어나고, 자기 인생을 살기도 바쁘다는 이유로 죽어가는 여성의 비명을 듣고도 아무런 생각이 들지 않았을까?

이 사건은 현대사회가 얼마나 병들어 있는지를 너무도 적나라하게 보여준다. 잘 알려지지는 않았지만 이 이야기 속에 다른 사람들보다 더 용감한 이웃이 한 명 있었다. 같은 건물에 살던 30대 여성 소피아 패러는 비명을 듣고 키티가 곤경에 빠졌다는 것을 알아차렸다고 한다. 소피아는 아이를 집에 남겨두고 자기 안전을 생각할 새도 없이 재빨리 옷을 챙겨 입은 뒤 소리가 나는 곳으로 달려갔다.

키티는 건물 문에 낀 채로 바닥에 누워 있었다. 조심스럽게 문을 열고 들어간 소피아는 키티가 가까스로 살아 있는 것을 발견했다. 온몸이 피로 젖어 있었으며 칼로 가슴과 폐를 찔린 상태였다. 소피아는 키티에게 낮은 목소리로 속삭이며 필사적으로 키티의 목숨을 구하려고 노력했다. 누군가가 구급대원을 부를 때까지 소리쳤다. 누군가가 도와주러 올 거라며 조금만 더 버텨보라고 격려했다. 죽어가는 키티에게 많은 사람이 키티를 사랑하며 누군가가 곁에 있다고 말해줬다. 하지만 이미 너무 늦었다. 키티는 구급차에서 과다 출혈로 사망했다.

소피아가 말했다. "키티가 그 사람이 저였단 걸, 혼자가 아니라는 걸 알아주었으면 하는 생각뿐이었어요." 그렇다. 키티 제노비스의 이야기는 무관심과 냉담함의 이야기다. 하지만 그와 동시에 세상을 떠나기 전 마지막 순간에 친구를 안아주는 한 친구의 이야기기도 하다. 이미 포기한 사람도 많지만 아직 세상에는 다른 사람을 위로하는 친절한 사람이 여전히 존재한다. 우리는 어떤 친구인가? 어떤 이웃인가?

키티 제노비스는 동성애자였고, 당시 여자친구와 막 함께 살기 시작했으며 그 사실을 숨기지 않았다. 1964년에는 입 밖으로 꺼낼 수도 없는 이야기였다. 그런데도 키티와 소피아는 아파트 현관에서 인사만 나누는 정도보다 더 친밀한 친구였다. 키티는 가끔 소피아의 아들을 학교에 데려다줬다. 소피아는 키티와 그의 여자친구가 집을 비울 때 반려견 푸들을 돌봐주곤 했다. 그들은 이웃의 역할에 충실했다. 이웃이면 마땅히 해야 한다는 듯이 서로 돌봐줬다. 키티에게 비극이 닥친 중요한 순간에도 소피아는 나타났다.

영국의 작가 조지 엘리엇은 『미들마치』에서 이렇게 말했다. "사람들은 용기를 칭송한다. 가까운 이웃에게 보여주는 용기를 제외하고 말이다." 소피아 패러는 우리가 흔히 주목하는 인물은 아니다. 이 사건은 수백만 명의 이목을 끌었지만, 그 유명한 《뉴욕 타임스》 기사에서조차 소피아의 이름은 언급되지 않았다. 소피아는 인터뷰를 요청받은 적도 없고, 단 한 번도 주목

받은 적이 없다. 심지어 남을 신경 쓰지 않는 비겁한 이웃으로 뭉뚱그려 치부되는 데 반박한 적도 없다.

기사에 이름이 실리지 않았다고 해서, 키티의 목숨을 구하지 못했다고 해서 소피아가 발휘한 용기가 사라지는 것은 아니다. 중요한 것은 소피아가 무언가를 하려고 했다는 것이다. 소피아는 자기 안전을 생각하지 않고 급히 현장으로 달려갔다. 도움을 요청했다. 키티를 위로하고 보살펴 줬다. 이것이 바로 영웅이 하는 일이다.

언제나 성공할 수는 없겠지만, 그래도 시도해 봐야 한다. 마음의 빗장을 걸거나 텔레비전의 볼륨을 높여서는 안 된다. 어떤 위대한 순간을 기다려야 하는 것은 아니다. 우리를 위해, 타인을 위해 매일 무엇을 하느냐가 중요하다.

바를람 샬라모프는 정치범 강제수용소인 소련 굴라크에서 겪은 시험에 대해 다음과 같이 이야기했다. "처음부터 옳은 결정을 내린 게 자랑스럽습니다. 나의 자유가 다른 사람을 죽음으로 내몰 수 있다면, 나의 자유가 나와 같은 처지인 다른 수용자들을 억압하여 감독관에게 도움을 준다면 절대로 앞장서지 않았을 겁니다. 이 어려운 시험에서 제 신체적·영적 힘은 생각보다 강하다는 걸 깨달았습니다. 저는 아무에게도 매수당하지 않았고, 다른 사람을 죽음이나 형벌로 몰지 않았고, 아무도 비난하지 않았다는 사실이 자랑스럽습니다."

현대 세계에서 말하는 자유의 의미를 생각해 보자. 성공할 자유가 있다고 해서 남을 보살피지 않을 자유가 있는 것은 아니다. 무관심이 허락되는 것도 아니다. 그렇다, 우리가 해야 할 일은 많다. 세상에서 일어나는 나쁜 일의 대부분은 우리 잘못이 아니다. 그래도 아래층에 사는 무고한 주민의 비명에 귀를 닫아서는 안 된다.

안네 프랑크에게는 소피아와 비슷한 나이의 미프 히스라는 젊은 이웃 여성이 있었다. 히스는 몇 달 동안 위험을 무릅쓰고 다락방에 유대인 가족을 숨겨주고 먹을 것을 줬다. 모두 이 이야기가 어떻게 끝났는지 알고 있다. 한 이웃이 배신했다. 하지만 그런 일이 발생하지 않도록 용감하게 노력하는 사람에게 집중해야 한다. 히스가 말했듯이 희망이 없는 싸움이라도 남을 도울 용기를 품어야 한다. 히스는 수년 뒤에 이렇게 회고했다. "뭐라도 하려는 시도가 가만히 있는 것보다는 낫다. 시도가 잘못될 수도 있지만, 가만히 있으면 반드시 실패할 수밖에 없다."

우리는 노력해야 한다. 우리가 하지 않는다면 누가 하겠는가? 우리가 사는 이 세상의 어둠을 그냥 지나칠 수는 없다. 빛을 찾아야 한다. 빛이 되어야 한다. 가장 가까운 이웃에게 서로 빛이 되어줘야 한다.

아리스토텔레스처럼 절제하라

    용기 있는 한 사람이 다수의 힘을 갖게 된다. 이 말은 감동적이다. 그런데 위험하기도 하다. 만약 그 사람이 틀렸다면? 극단적으로 자기 자신만을 위한다면? 명분이 정의롭지 않다면? 폭군과 살인 정권은 이렇게 탄생한다. 이렇게 한 종파가 종말론을 따르는 사이비가 된다.

    절벽에서 떨어질 것 같을 때 한 사람이 자기 자신을 구하는 것은 쉽다. 다수를 구하는 것도 어렵지 않다. 그래서 용기의 미덕은 절제의 미덕만큼 필수적이라는 것을 이해하는 게 중요하다. 실제로 아리스토텔레스는 용기를 들어 절제의 개념을 설명했다. 용기는 비겁함과 무모함이라는 두 가지 악덕의 중간 지점이라고 말했다. 비겁함은 가장 대표적인 악덕이지만 무모함도 비겁함만큼이나 위험하다.

빛의 여단 책임자였던 루컨 경은 지나치게 조심스러운 바보였던 한편, 카디건 경은 아무 의심 없이 자살행위를 이끈 무모한 바보였다. 둘 다 나쁘지만 사람들은 아무 생각 없이 명령에 따라 행동하는 후자보다 신중하게 생각하다가 행동하지 않는 전자에 비난의 화살을 퍼붓는 경향이 있다. 이것은 잘못됐다. 두려움은 적어도 사람을 보호할 수 있다. 하지만 앞뒤 가리지 않는 대담무쌍함은 망하는 지름길이다.

마르쿠스 아우렐리우스는 이렇게 말했다. "무모하게 행동하지도 말고, 주저하지도 말라. 당황하지도 말고, 갈팡질팡하지도 말라. 비굴하지도 말라. 공격적이거나 편집증적으로 행동하지도 말라." 주위를 둘러보면서 누구에게 싸움을 걸지 고르는 청소년처럼, 지도자는 상대방이 한 수 위라는 것을 알게 되고 결국에는 패하게 될 것이다. 아마 자존심보다 더 많은 것을 잃을 것이다. 최악의 경우 끌려가서 건방지게 행동한 대가를 치를지 누가 알겠는가?

고대 그리스의 도시 테베와 치른 전쟁에서 거의 초인적인 용맹함을 발휘하여 인정받은 스파르타 군인에 관한 이야기가 있다. 전투가 끝난 뒤 갑옷을 입지 않고 싸웠다는 이유로 스파르타의 통치자들은 군인에게 벌금을 부과했다. 갑옷을 입지 않은 그 군인은 쓸데없이 스파르타의 자산, 그러니까 바로 자기 자신을 위험에 빠뜨렸다.

용기는 보여주기식 경쟁이 아니다. 허세를 뽐내는 것도 아니다. 아무 일도 없을 거라며 헬멧을 벗고 오토바이를 타는 게 용기는 아니다. 용기는 위험을 감수하는 것이긴 하지만 오직 필요한 위험만을 감수하는 것이다. 신중하게 고려한 위험만을 말이다.

그래서 진짜 용감한 사람은 오히려 말을 아낀다. 떠벌릴 시간도 없고 그 행위에 관심도 없다. 게다가 자랑하면 적이 뒤에서 자기를 겨냥하리라는 것을 안다. 자랑해서 얻을 게 무엇이 있겠는가? 그렇다고 이 사람들이 소심하거나 겸손한 것은 아니다. 아리스토텔레스가 지적했듯이 솔직함은 과장과 과소평가의 그 중간이다. 무언가를 알 때 안다고 말하는 것이다.

세상에서 진정한 용기를 마주하면 용기 있는 행동을 보기도 전에 용기의 강렬함을 느끼게 될 것이다. 긴장감만을 추구하거나 무모한 사람이 모방하려고 해도 용기는 드러나지 않는다. 앞서 말했듯이 용기 있는 사람은 무턱대고 덤비지 않는다. 멍청하지 않으므로 눈에 불을 켜고 갈등을 찾지 않는다. 심지어 대담해야 할 때도, 정말 용기를 내야 하는 드물고 결정적인 순간에도 누군가가 찾지 않는 이상 조용히 있을 것이다. 그리고 여전히 신중하고 침착하며 꼼꼼하게 여러 상황을 재면서 행동할 것이다.

이러한 용기는 오스트리아의 소설가 슈테판 츠바이크의 저서 『위험한 탐험가 마젤란』에 잘 드러나 있다. 마젤란은 탐험가로 그의 용기는 의문의 여지가 없다.

마젤란의 호탕함과 대담함에 언제나 고유의 태도가 있었다는 것을 다시 한번 반드시 짚고 넘어가야 하겠다. 마젤란의 행동을 살펴보면, 대담하게 행동하는 것이 자기도 모르게 충동적으로 움직이는 것을 의미하지는 않았다. 그건 정교하게 계획을 세우고 찬찬히 살펴본 다음 아주 조심스럽게 위험한 일을 하는 것을 의미했다. 마젤란의 가장 대담한 계획은 질 좋은 강철처럼 불에 달군 뒤 얼음으로 차갑게 굳힌 것과도 같았다.

우리의 본보기는 머리가 뜨거운 사람이 아니라 차가운 피가 흐르는 사람이다. 그래서 압박 속에서도 품위를 잃지 않는 것을 '압박 속의 초연함'이라 표현하기도 한다. 주의와 조심은 용기의 반대말이 아니라 용기를 보완해 주는 말이다.

이 모든 것을 반드시 하나로 묶어야 한다. 무모하게 행동해서 후회하는 일은 종종 생긴다. 하지만 용기를 냈다고 후회하는 일은 절대로 없다.

공짜로 주어지는 성공은 없다

2011년 4월에서야 피터 틸은 마음을 바꿨다. 아니, 마음을 열었다고 할 수도 있겠다. 성 정체성 폭로를 당한 지 4년이 지난 시점이었다. 그 4년 동안 계속해서 사람들은 할 수 있는 것은 아무것도 없다고 말했다.

틸은 A라고만 알려진 젊은 남성과 저녁 식사를 하면서 온라인 매체 《고커》가 준 고통에 관해 이야기를 나누고 있었다. 그는 《고커》가 문화 전반에 사기 저하를 가져오고 사생활을 폭로해도 처벌받지 않는다는 점, 그것을 보고 사람들이 고소해한다는 점에 대해 불평했다. A는 조금의 용기도 없었지만, 억만장자 틸에게 틸의 막대한 자원을 사용해 무언가를 해야 한다고 얼굴을 맞대고서 제안했다. "안 됩니다. 어쩔 수 없는 일입니다."라고 틸이 대답했다. 틸은 다른 사람이 자기에게 했던 말을 앵무새처럼 여러 번 되풀이했다. 그러자 A는 우리가 모두 들어야 할 말로 경종을 울렸다. "모두가 그렇게 생각한다면 세상은 어떤 모습이 될까요?"

모든 사람은 주체성을 가지고 태어나지만, 주체적으로 살아가기로 선택하는 사람은 별로 없다. 다른 사람이 자신에게 정해준 한계를 받아들인다. 실현할 수 있는지 없는지에 대해 다른 사람들의 의견에 귀를 기울인다. 가능성을 검토하면서 다른 사람들의 의견을 실제적인 진실로 간주한다.

두려움은 아무런 능력이 없다고 생각하게 해서 자기 능력을 발휘할 수조차 없도록 한다. 무언가를 할 수 있다는 믿음이 없다면, 그 일을 해낼 확률이 낮아질 뿐만 아니라 시도조차 하지 않게 될 것이 분명하다. 그래서 이런 사고방식에서 탈피한 사람이 세상에 더 많이 필요하다.

플로렌스 나이팅게일의 인생에서 가장 중요한 순간은 절대로 자기에게 필요한 게 손에 그냥 떨어지지 않는다는 것을 깨달았을 때였다. 나이팅게일의 일기장에서 살펴볼 수 있듯이 그는 스스로 쟁취해야 한다는 것을 깨달았다. 자신이 원하는 삶을 요구해야 했다.

"프랑스답지 않습니다." 나폴레옹은 문제를 해결하는 게 불가능하다고 말한 사람에게 답했다. 그리고 현장으로 가서 다른 사람들이 절대 할 수 없을 거라고 한 일을 자기 자신을 위해 그리고 프랑스를 위해 했다.

피터 틸은 이렇게 썼다. "가능성이라는 부당한 억압을 거부할 때 일은 시작된다." 틸은 알고 있었다. 믿기만 하면 됐다.

운명론은 잊어버리자. 나이팅게일이 그랬던 것처럼 삶을 스스로 통제하라. 우리 인생은 통제할 수 없는 힘에 휘둘린다는 비관적인 시각을 거부하라. 그렇다. 우리는 무언가를 할 수 있다. 반드시 해야 한다.

위인들이 써 내려간 역사를 아무도 믿지 않는다면 역사는 어떻게 쓰일까? 누가 새로운 역사를 쓸까? 분명 우리는 쓰지 않을 거라고 생각할 것이다. 분명 세상에 필요한 영웅들도 아닐 것이다.

하지만 우리는 모두 스스로 시작한 포로 생활을 끝낼 힘이 있다. 우리는 모두 주체성을 발휘할 수단이 있다. 선택으로 일이 시작되지만 그것을 보장하는 것은 행동이다. 레오나르도 다빈치는 "위인 중에 그냥 업적을 이룬 위인은 없다"라고 말했다. 업적을 이룰 만한 일이 그들에게 일어난 게 아니라, 위인들이 그런 일을 해낸 것이다.

그렇다면 이 중 어느 쪽이 되겠는가? 움직일 수 없는 대상이 되겠는가? 멈출 수 없는 힘이 되겠는가? 지도자가 될 것인가, 추종자가 될 것인가? 수동적으로 수용할 것인가, 능동적으로 저항할 것인가?

우리가 변화를 일으킬 수 있다고 믿어야 한다. 변화를 일으키려고 노력해야 한다. 왜냐하면 이것도 실제적 진실이기 때문이다. 세상을 바꾸는 사람은 비이성적인 사람이다. 이야기의 결말을 정할 수 있다고 믿는 사람에게는 적어도 역사를 쓸 기회가 주어진다.

베를린에서 A를 만난 뒤 틸은 전 세계를 충격에 빠트린 음모에 자금을 지원하고 감독하기 시작했다. 틸은 천천히, 하지만 꾸준하고 은밀하게 압력을 줬다.《고커》는 미국 프로레슬링의 전설적인 선수인 헐크 호건의 불륜 영상을 공개했다가 사생활 침해 소송이 걸렸고, 1억 4000만 달러를 보상하라는 법원의 판결을 받은 뒤 파산했다.

틸의 대응 방식에 꼭 동의해야 하는 것은 아니다. 은밀하게 제기한 소송이 결국 한 미디어 회사를 파산에 이르게 하여 궁극적으로 웹사이트를 거의 자기 손에 넣는 것을 보면 겁이 나는 것은 꽤 논리적인 반응이다.

사실 여기에 의문을 품어야 한다. 왜냐하면 주제성 그 자체만으로는 그다지 중요하지 않다. 중요한 것은 우리가 자기주장을 하고 능력을 행사하는 목적이다.

틸이 모두 시도하기를 두려워하고 소수만이 할 수 있는 일을 해냈다는 것에는 반박의 여지가 없다. 틸은 모두 불가능하다고 생각했던 것을 해냈다. 다른 사람들이 할 수 있는 것은 아무것도 없다고만 여긴 일에서 주체성을 찾았다. 사건이 그에게 일어나는 게 아니라 그가 사건을 일으키는 사람이 됐다. 틸은 자기가 원하는 것을 했고, 자기가 필요하다고 느낀 일을 했으며, 자기가 세상을 더 자유롭고 안전한 곳으로 만들었다고 생각했다. 세상의 변화는 이렇게 시작된다.

때로는 선을 넘어라

　대배심에서 부패한 뉴욕 경찰관들에 대해 증언한 직후, 프랭크 세르피코는 맨해튼 북부 경찰서로 전근됐다. 전근한 경찰서에 처음으로 출근하자마자 그는 무언가가 잘못됐다고 느꼈다. 아무도 세르피코를 쳐다보고 있지 않았는데도 사무실에 있던 사람들의 기운이 모두 그가 있는 쪽으로 향했다. 학교 운동장이나 대초원에서 볼 법한 원초적인 장면이 펼쳐졌다. 한 경찰관이 재빠르게 세르피코에게 다가갔다. 그렇게 행동하기로 사전에 협의를 끝낸 것이 분명했다. 세르피코의 가까이에 선 그 경찰관은 주머니에서 칼날을 꺼내 쥐었다. 그는 칼날을 번쩍이며 말했다. "우리는 당신 같은 놈을 다루는 법을 잘 알지. 네 혀를 잘라버리겠어."

하지만 이 경찰관은 세르피코가 프레더릭 더글러스처럼 참을 만큼 참았다는 것을 전혀 몰랐다. 순식간에 세르피코는 그 경찰관의 손목을 붙잡고 땅에 주저앉을 때까지 비틀었다. 그러고는 자기 무릎을 그 경찰관의 등에 대고 몸을 땅에 고정한 다음 9밀리미터 반자동 권총을 그의 머리에 겨냥한 후, 이렇게 말했다. "움직이기만 해봐. 머리통을 날려버릴 테니까."

권총에는 탄알이 열네 발 들어 있었다. 방에 있는 모든 사람을 너끈히 쏠 수 있었다. 세르피코의 요점을 전달하기에도 충분했다. '협박당하지 않겠다. 내 몸에 손댈 수 없다. 나는 물러서지 않겠다.'

지독하게 강렬한 이 순간이 멋지고 인상 깊지 않은가? 아니다. 애초부터 차라리 그런 일이 없었으면 좋았을 것이다. 착한 사람이 나쁜 사람에게 총을 들이미는 일은 없어야 한다. 누구도 옳은 일을 했다는 이유로 자신을 방어하는 일이 있어서는 안 된다.

세상은 '해야 할 것'에 신경 쓰지 않는다. 세르피코가 자기자신을 방어하기보다 불의를 묵인하는 것을 선호했어야 할까? 세르피코가 폭로하기 전에 죽임을 당하도록 내버려 둬야 했을까? 믿을 수 없을 정도로 온화하고 자제력이 강한 간디조차도 때로는 선을 넘어야 한다는 것을 알았다. 간디는 "비겁함과 폭력 중 꼭 하나를 선택해야 한다면 폭력을 선택하겠다"라고 말하기도 했다. 뉴욕 경찰은 세르피코가 입을 다물도록 강요하고 싶었다. 생명과 대의 중 하나를 선택하기를 바랐다. 하지만 그들의 바람처럼 둘 중 하나를 선택하는 대신 세르피코는 형세를 역전시켰다.

일부러 이런 상황을 좇아서는 안 되겠지만 그런 상황에 놓일 수도 있다는 것을 알아야 한다. 그리고 그제야 호신술 강사가 자주 쓰는 말의 숨은 뜻을 알게 될 것이다. "폭력이 해답이 되는 경우는 드뭅니다. 하지만 몇몇 상황에서는 폭력만이 해답입니다."

스파르타 장군은 소심한 시민에게 같은 점을 지적했다. 한 소년이 쥐를 잡았는데, 쥐는 꼬리를 세차게 휘두르며 자기를 잡은 소년을 물었다. 그 장면을 바라보던 장군이 말했다. "아주 작은 생물도 자기를 공격한 사람에 맞서 이렇게 날뛰는데 사람은 어떻게 행동해야 한다고 생각하는가?" 이 이야기 속의 쥐처럼 어떤 종도 자기 자신을 보호하려는 의지가 없으면 오래 살아남지 못한다. 용기가 없으면, 전사의 정신이 없으면 국가는 머지않아 소멸할 것이다. 세상에는 용감한 평화주의자가 많이 있지만, 그들조차도 이상주의가 실현될 수 있는 이유는 다른 위치에 있는 사람이 현실을 잘 파악했기 때문이라는 것을 안다.

도덕적 용기를 보호하고자 신체적 용기가 요구될 때도 있다.

자신이 위험에 처하거나 사랑하는 사람이 위험에 처하는 순간이 있을 것이다. 친절한 말로는 충분하지 않다. 평정심은 우리를 지켜주지 못한다. 강렬함, 공격성, 무력시위라고 부르는 것들이 우리를 지켜준다. 지금 이 순간에도 피해서는 안 된다. 움츠러들어서는 안 된다. 괴롭힘을 받아서는 안 된다. 아무것도 하지 않아서는 안 된다. 그 순간에 되받아쳐야 한다. 강렬하게 공격해야 한다. 주먹을 들어야 한다. 그 자리에 서 있어야 한다. 그러지 않으면 무릎 꿇게 될 것이다.

남들이 가지 않은
새로운 길로 떠나라

프랭크 세르피코의 어머니 마리아 조반나가 미국으로 떠난 과정을 간단히 소개하려 한다. 조반나와 그의 남편은 더 나은 기회를 찾으려고 이탈리아를 떠나 미국에 이민 가려는 계획을 세웠고 조반나가 먼저 미국으로 가기로 했다. 당시 스물일곱 살이던 조반나는 임신한 채로 배를 타고 미국으로 떠났다.

조반나는 바다를 가로지르던 배 위에서 진통이 와서 아이를 출산했다. 차디찬 바람이 부는 겨울에 출산으로 피를 흘리면서, 말이 전혀 통하지 않는 낯선 땅에 도착했다. 그런데 나중에 마중 나오기로 했던 친척은 코빼기도 보이지 않았다. 며칠 지나지 않아 갓난아기는 제대로 돌봄을 받기도 전에 조반나의 곁을 떠났고, 소중한 아이를 잃은 조반나는 결국 자선병원에 입원하게 된다. 그것도 혼자서 말이다.

일주일이 지나고 나서야 먼 친척이 조반나를 구해주러 찾아왔다. 그 후 조반나는 스토아 철학자처럼 의연하게 남편이 이탈리아에서 미국으로 건너오기를 기다리면서 브루클린에서 1년간 등골 빠지게 공장 일을 했다. 미국에 도착한 세르피코의 아버지가 할 수 있는 유일한 일은 구두닦이였다. 애초에 계획했던 구두 수선 가게를 열 수 있을 때까지는 거의 10년이 걸렸다. 하지만 둘은 그동안 세 명의 자녀를 키웠고, 그 자녀 중 한 명은 단독으로 뉴욕 경찰에 맞서서 개혁했다.

더 나은 삶을 살 수 있다는 희망을 위해 집을 떠나 자신이 이제껏 알던 세상을 버리고 모든 위험을 감수할 수 있는가? 바다와 사막을 건너서 충격과 편견, 장벽과 불확실성에 맞설 수 있는가? 이는 인간이 할 수 있는 가장 용기 있는 일일지도 모른다. 아름답고 감동적인 일이다.

나치 독일에서 선전장관 자리에 앉아 나치의 선전과 미화를 책임진 괴벨스는 유럽의 난민과 이민자를 '정체 없이 떠도는 시체'라고 표현했다. 그들은 그냥 시체일 뿐이라며 그들의 상황을 다른 사람의 문제로 치부하고, 그들이 곧 다른 곳에서 죽게 될 목숨이라고 이 일에서 도피했다. 이 사람들은 최선을 다하지 않았다면서 말이다.

가장 높은 수준의 교육을 받지 못했을 수도 있고, 부자가 아닐 수도 있고, 실수하거나 실패한 사람일 수도 있겠지만 이민자는 그 자체로 우러러볼 만한 미덕이 있다. 인생을 걸 정도로 대담하고, 순수한 집요함과 결단력이 있다. 이민자는 포기할 줄 모르는 전사다. 개척자와 탐험가의 후손이다. 이런 용기가 없었다면 누가 경제와 문화에 새로운 영향력을 불어넣는가? 편안하고 안전한 삶에서 무엇을 배우겠는가?

물론 일어나서 떠나는 방법은 이민 말고도 많다. 막다른 골목에 몰렸을 때 용기를 내서 직장을 그만두는 일일 수도 있고, 인생과 지금까지 쌓아온 것을 통째로 잃을지도 모를 프로젝트에 뛰어드는 일일 수도 있다. 자신이 속한 정당에서 나오거나 수년간 불행했던 결혼 생활을 끝내고 이혼을 결심하는 것도 해당한다. 우리는 최선을 다했다. 고군분투했다. 우리는 용감하고 치열하게 싸웠다. 그냥 잘 풀리지 않았을 뿐이다.

상황이 나빴다는 핑계를 대는 사람이 있다. 주변 환경을 좌절할 이유로 삼는 사람도 있다. 기회가 부족한 게 문제지만 기회가 저절로 생겨나리라고 믿는 사람도 있다. 하지만 일어나서 무언가를 하는 사람도 있다. 우리는 어느 쪽인가?

소크라테스는 친구 라케스와 대화를 나누며 용기란 무엇인지 묻고 훌륭한 대답을 듣는다. "용기는 일종의 영혼의 인내다." 소크라테스는 물론 거기에 그치지 않았다. 왜냐하면 불의를 참는 것, 어리석거나 불가능한 일에 노력을 계속해서 쏟아 붓는 것을 현명하다고 말할 수 없기 때문이다.

떠나는 것은 무서운 일이다. 새로운 장소나 새로운 무언가는 불확실성을 의미한다. 위험천만하고 고통스럽다. 다음 장소가 나을 거라고, 다음 시도가 더 잘될 거라고 아무도 약속해 주지 않는다. 하지만 같은 장소에서 같은 방식으로 같은 일을 계속해서 하는 것은 제정신이 아닌 것을 넘어 결국 일종의 비겁한 행위라는 것은 틀림없다.

멕시코에서 왔든 시리아에서 왔든 스리랑카에서 왔든 출신은 중요하지 않다. 실패한 사업의 잔해에서 빠져나왔거나 이제는 진부해진 틈새시장에서 성공했는지는 중요하지 않다. 법률의 글자 하나하나를 따랐는지, 흠 없이 착한 사람이었는지는 중요하지 않다. 중요한 것은 그들이 무언가를 한다는 점이다. 그들이 사건에 지배당하는 게 아니라 자신에게 일어나는 사건을 통제한다는 점이다. 크게 승부수를 걸고 있다는 점, 정말로 용기가 있는 사람이라는 점이 중요하다.

도약을 위해 무엇이 필요한지 아는 동시에, 다른 사람에게 그 자질이 있는 것을 발견했을 때 그것을 높게 사야 한다. 그리고 영감을 받아야 한다. 희망이 없는 상황은 없고, 주체성이 없는 사람은 단 한 명도 없다. 우리는 언제나 용감하게 짐을 싸서 떠날 수 있어야 한다.

미루면 청구서가 날아온다,
이자까지 더해서

1805년 10월 21일 12시 15분 전, 허레이쇼 넬슨은 신호 기수에게 트라팔가르해전을 개전하는 신호를 함대에 보내라고 명령했다. "영국은 모든 사람이 자기 의무를 다하기를 기대합니다." 넬슨은 영국군이 싸워주기를 바랐다. 적군과 아주 가까이에서 싸우기를 바랐다. 훈련받은 대로 하기를 바랐다.

두려움은 할 수 없는 이유를 끊임없이 늘어놓는다. '너무 힘들다', '너무 위험하다', '장애물이 너무 높다', '이 명령은 말이 안 된다', '지도자가 일을 나에게 맡겨야 했다.'

반면 용기는 소음을 뚫고 지나간다. 용기는 상황이 무엇을 요구하는지 일깨워 준다. 자신이 무슨 일에 발을 담갔는지 상기시켜 준다.

우리는 모두 각자 다른 의무가 있다. 의사는 의사의 의무가 있다. 법원 직원은 법원 직원의 의무가 있다. 군인은 군인의 의무가 있다. 자녀에 대한 부모의 의무, 배우자에 대한 배우자의 의무가 있다. 또한 잠재력이 있는 사람으로서 져야 할 의무가 있고, 양심이 있는 시민으로서 맡은 바 의무가 있다. 의무는 단순히 선서로 맹세하거나 법률로 정해진 일을 하는 게 아니라, 품위 있는 인간으로서 요구되는 일을 하는 것이다. 우리의 의무는 지금 바로 옳은 일을 하는 것이다.

건성으로 해서는 안 된다. 진심으로 헌신하는 것이다. 변화를 일으킬 수 있다는 믿음으로 해나가는 것이다. 반드시 변화를 일구어 나가야 한다는 마음으로 하는 것이다.

이런 두려움의 목소리가 들릴 수 있다. 어려울 것이다. 취임 선서로 말미암아 불가능한 처지에 놓일 수도 있다. 황제에게 복종의 의무를 다하지 않고 자존심을 지켰다는 이유로 물러나라고 명령받은 헬비디우스 같은 존재가 될 수 있다. 결국 베스파시아누스는 헬비디우스를 추방하고 사형에 처했다. 이처럼 이해관계자들 사이에 긴장감이 생길 것이다. 비판과 위험이 따를 것이다.

하지만? 그래서? 힘든 일을 피하면 무슨 일이 일어날지 아는가? 자기 자신에게 상관없다고 말하면 무슨 일이 생기는지 아는가? 맡은 일을 해내지 못했을 때, 어려운 결정을 윗선에 넘기거나 뒤로 미루면 무슨 일이 일어나는가? 나중에 다른 사람이 대신 하게 되거나 더 큰 대가를 치러야 한다. 회유와 미루기의 역사는 언젠가는 청구서가 날아오기 마련이며, 거기에는 이자가 붙어 있다는 것을 보여준다. 물론 의무를 다하지 않기를 선택할 수도 있다. 아니, 한 가지 선택지만 존재해서 그것만 선택할 수 있을 때도 있다.

영국 함대는 트라팔가르해전에서 프랑스·스페인 연합군과 다섯 시간 반 동안 싸웠다. 이 해전은 나폴레옹이 유럽을 정복하려던 계획의 최고점이었다. 이 전투는 역사상 아주 치열했던 해전 중 하나였다.

넬슨은 안전한 곳에서 해전을 지켜볼 수도 있었을 것이다. 이전 전투에서 이미 팔을 잃은 상태였기에 가장 신중하게 행동해야 했다. 하지만 멀리서 함대를 지휘하기에는 너무 많은 것이 선상에 있었다. 넬슨은 위험에 굴복하지 않고 배의 갑판 위를 걸어 다니며 명령을 내리고 조정했다. 적을 이기고자 모든 노력을 쏟으며 자신에게 있는 모든 것을 그 순간에 갈아 넣었다.

그리고 그때 총알이 넬슨의 척추를 관통했다. 갑판 아래로 옮겨진 넬슨은 마지막 말을 남겼다. "신이시여, 감사합니다. 저는 제 의무를 다했습니다." 우리는 모두 그런 생각을 하며 밖으로 나가는 것을 자랑스러워해야 한다.

존 F. 케네디는 "용감한 사람이 있으면 위험천만한 장소도 얼마든지 지킬 수 있다"라고 말했다. 자기가 맡은 일을 하는 사람이, 부름에 응답하는 사람이 그렇게 만드는 것이다. 동료 경찰관들과 맞선 세르피코, 당대의 관료주의와 무관심에 도전하던 나이팅게일, 부커 T. 워싱턴을 백악관으로 초대해서 벌집을 건드린 루스벨트가 그 예다.

처칠은 총격을 견디면서 동맹군을 끌어들이고 항복을 거부했기에 영국을 구할 수 있었다. 넬슨처럼 처칠도 "우리가 원하든 원하지 않든 의무를 다하게 하는 일이 지금 여기에 또 시공간을 넘어 일어나고 있다"라고 믿었다. 의무를 다하라고 부름을 받았고, 처칠은 그 부름에 응답했다. 많은 사람이 부름에 응했다. 우리도 부름에 답할 것인가?

인천상륙작전의 기적

맥아더 장군은 스스로 불러온 문제를 처리할 해결책을 냈다. 남한을 침공한 북한군은 남한군을 재빨리 공격했다. 일본에 있던 전구(戰區) 사령관 더글러스 맥아더 장군은 무방비로 당했다. 유엔의 지원을 받아 한국에 군대를 물밀듯이 투입했지만 버티기에는 역부족이었다.

서울은 함락됐다. 올가미가 조여왔다. 미군은 낙동강 방어선이었던, 이른바 '부산 교두보'라 불리는 곳에 갇혀 "지키지 못할 바엔 죽어라"라고 명령받았다. 승리하리라는 희망은 불투명해진 지 오래였다. 맥아더만 빼면 말이다.

맥아더에게는 한 가지 묘안이 있었다. 육군과 해병대가 진입할 수 있는 기지를 동해안에서 약 240킬로미터 떨어진 인천항에 설치하여 적진의 후방에 상륙하는 것. 이 방법으로 적을 기습 공격하여 전쟁의 흐름을 바꿀 수 있으리라고 생각했다.

하지만 전쟁의 흐름은 문제 중 일부에 불과했다. 침공할 수 없는 항구를 설계하고 싶다면 삭막한 공업도시 인천보다 더 적합한 곳은 없을 것이다. 인천에는 상상할 수 있는 모든 지리적 장애물이 있었다. 바닷가에는 개펄이 있는 데다가 바위투성이였다. 해변이 없는 항구는 콘크리트 방조제와 부두로 둘러싸여 있었다. 썰물 때는 잠재적으로 다수의 사람이 죽을 수도 있는 곳이었고, 밀물 때는 물살이 겉보기와는 달리 아주 거세서 익사할 정도로 위험했다. 게다가 한 달에 단 이틀만 진입할 수 있었다. 설령 그 이틀 동안에 들어간다고 하더라도 겨우 몇 시간만 가능했다. 물론 지뢰가 설치되어 있지 않다면 말이다.

모든 사람이 의구심을 품었다. 맥아더만 제외하고 말이다. 맥아더 장군은 칠판으로 성큼성큼 걸어가 프랑스어로 썼다. "목표가 무엇인가?" 적을 기습하는 것이었다. 적에게 압박을 가하는 것이었다. 맥아더는 지도 위의 항구에 원을 그렸다. "인천. 저곳이 우리가 상륙해야 할 곳입니다. 급소를 찌르는 겁니다." 그는 "두려움에서 답을 찾지 말라"라고 말했다. 이는 의지력과 용기의 문제였다.

맥아더의 상관들은 작전을 검토했다. 하지만 그 작전에 감명받지는 않았다. 해군 중장이 맥아더에게 말했다. "불가능한 작전은 아닌데 추천하진 않겠네."

의욕을 꺾을 만한 말이었다. 그런데 사실 이 말은 오히려 맥아더를 벅차오르게 했다. 바로 그렇기 때문에 그가 '기회가 있다'고 말한 것이다. 이것이 바로 '불가능하지는 않다'가 뜻하는 바였다. 1퍼센트의 확률이든 0.0001퍼센트의 확률이든 용기 있는 자가 해야 하는 말은 '가능성이 있다'는 것뿐이다.

어려운가? 있을 법하지 않은가? 상관없었다. 맥아더가 자신에게 주어진 기회를 마음에 들어 했던 이유는 순전히 불가능한 일처럼 보였기 때문이다. "북한군은 절대로 인천에 상륙할 수 없다고 생각할 것입니다. 그렇기에 기습 공격을 할 수 있습니다." 높지만 뛰어넘을 수 있는 확률은 용감한 사람들에게 깜짝 놀랄 만한 승리를 안겨줄 절호의 기회다.

워싱턴에서 안전하게 있으면서 상황의 '현실성'을 지적하는 위원회의 그 어떤 말도 맥아더를 설득할 수 없었다. 맥아더는 아버지의 말을 기억하고 있었다. "더글러스, 참모 회의는 소심함과 패배주의를 양산한단다." 이 작전이 성공을 거둘 확률은 5000분의 1이었다.

"운명의 초침이 째깍거리는 소리가 들려옵니다. 지금 행동해야 합니다. 안 그러면 죽습니다. 인천상륙작전은 성공할 것입니다. 그리고 10만 명의 목숨을 구할 것입니다."

1950년 9월 15일, 미군은 총구를 열고 진입하기 시작했다.

몇 분의 여유 시간을 두고 약 1만 3000명의 해병대가 상륙했다. 맥아더는 물가에 다다르자마자 제일 먼저 속을 게워냈다. 하지만 그는 해냈다. 모든 확률을 뛰어넘은 것이다. 행운은 용기 있는 자의 편이다. 물론 맥아더는 너무 우쭐댄 나머지 6개월 뒤에 인정사정없이 해고됐다는 사실에 유의해야 한다. 기억하라. 대담함은 무모함이 아니다. 다른 사람의 목숨을 걸고 도박해서는 안 된다.

확률에 도전할 정도로 용감한 사람이 없었다면 우리는 지금 어떻게 달라졌을까? 모든 기업가와 운동가, 일반인이 수치 예측에만 귀 기울인다면 이 세상은 어떤 세상이 될까? 모든 의사가 환자 상태를 진단한 후 낙관적인 전망 없이 객관적 사실에만 집중한다면 어떤 환자도 살릴 수 없을 것이다. 후반전에 기운이 빠진 팀이 이번 경기는 완전히 졌다고 생각한다면 점수를 만회하는 일은 없을 것이다. 1940년의 모든 영국 공군 조종사가 제2차 세계대전 당시 독일 공군이 영국에 가한 폭격 및 공습과 관련한 통계를 봤다면, 즉 비행 시 사망할 확률이 10분의 1이었다는 것을 알았다면 저항할 수 있었을까?

확신할 수 있는 일만 했다면, 상황이 유리할 때만 진행했다면 역사는 절대 만들어지지 않았을 것이다. 평균은 지금까지 일어난 모든 일에 반하는 수치다. 그래서 평균이라는 명사를 뜻하는 단어(the mean)에 형용사로 '비열한' 또는 '심술궂은'을 뜻하는 단어를 쓰는지도 모른다.

여론조사와 추정치, 통계 모형은 정지해 있는 한순간에 불과하다는 것을 기억해야 한다. 통계학자가 예측할 수 없고 설명할 수 없는 게 있다. 주체적인 개인, 즉 인간이 단순히 몸을 기대고 앉아서 일이 일어나기를 기다리는 대신 일을 일으킨다는 것이다.

평균을 보고 "나는 평균이 아닌데요"라고 말하는 데는 용기가 필요하다. "누군가는 예외일 겁니다. 그리고 그 예외가 나일 수도 있습니다"라고 말하려면 용기가 있어야 한다. 그것이 바로 용기다. 사실 직장이나 자기 인생에서 나쁜 일이 일어나거나 경기에서 지거나 거래에서 손해를 볼 위험을 감수하지 않는다면 용기를 낼 일도 없을 것이다. 그렇게 확실한 일인데 왜 용기를 내야 하겠는가?

우리가 평균이 아니라는 것을 알아차려야 한다. 우리는 한 번도 평균에 속한 적이 없었다. 우리는 유일무이한 존재다. 우리는 언제나 불가능에 도전하는 무언가를 가졌다.

만약 이것이 믿기지 않는다면 우리의 존재 자체가 일어날 가능성이 가장 낮은 일이라는 것을 상기하자. 일부 과학자가 추정한 바로는 한 사람이 태어날 확률은 400조분의 1이라고 한다. 하지만 이것도 과소평가한 확률이다. 부모님이 만나고 우리가 큰 문제 없이 지금까지 살아남아 이 자리에 있는 데까지 일어나야 했던 모든 일이 일어날 확률을 생각해 보라. 우리는 기적을 넘어선 존재다. 그 과정을 모두 거쳐 지금 우리는 이 자리에 있다.

제약 없는 성공이 드물다는 사실에 우리가 단념하게 내버려 둘 것인가? 평균이 무언가를 할 수 있는지 없는지를 정하게 내버려 둘 것인가? 우리의 기를 꺾고 신중하게 행동하라고 설득하게 내버려 둘 것인가? 아니면 절대 내버려 두지 않을 것인가? 위대하고 선한 삶을 살아가는 비결은 거기에 있지 않다.

물론 위험이 불편하다고 그냥 무시해 버릴 수는 없다. 다른 사람들이 우리에게 기댈 때는 특히나 그렇다. 앞서 말했듯이 지속해서 '회사를 걸고 내기하는' 기업가는 결국에는 망할 것이다.

도피해서는 안 된다. 확률에 도전하려면 아주 용감해야 한다. 하지만 성공할 가능성이 진짜 있을 때만 그렇게 해야 한다. 다른 선택지가 없을 때는 웬만해선 하면 안 된다.

영웅의 용기를
당신 앞에 가져오라

정치가이자 스토아학파의 철학자인 마르쿠스 포르키우스 카토는 대(大) 카토의 증손자로 로마 공화정 말기에 율리우스 카이사르와 대적하여 공화정을 수호한 것으로 유명하다. 그런 카토가 전쟁터에서 용감하게 죽음을 맞이할 때 마지막으로 뱉은 말은 아버지의 이름이었다.

카이사르를 살해하는 음모에 간접적으로 가담한 결과로 죽음을 맞이한 카토의 딸, 포르키아가 마지막으로 남긴 말이 무엇인지 아는가? "나는 카토의 딸입니다." 그들의 아버지는 모범을 보여줬다. 기대를 저버리지 않았다. 그들은 싸우다 쓰러졌다.

우리 중 소수만이 결심이 굳고 청렴하기로 유명한 소(小) 카토의 자녀처럼 유명한 혈통을 계승했다. 그렇긴 해도 우리는 길고 걸출한 전통의 후계자다. 카토와 지금까지 존재한 모든 영웅을 간접적으로 계승했다. 왜냐하면 그들이 없었다면 우리도 이 자리에 없었을 것이기 때문이다. 어떻게 하면 사람들을 실망시킨 행동을 정당화할 수 있을까? 「인생의 찬가」에서 롱펠로는 이렇게 썼다.

> 위인들의 생애는 우리를 깨우친다.
> 우리도 장엄한 인생을 이룰 수 있다고.
> 또한 떠나가면서 우리 삶 뒤편으로
> 세월의 모래톱에 발자국을 남길 수 있다고.

개인적으로, 직업적으로, 정치적으로 어려운 시기의 한가운데서 우리는 선례를 통해 힘을 얻을 수 있다. 위대한 행적과 감동적인 언사로 결의를 강하게 하고 다짐을 굳게 할 수 있다.

애플이 혁신적이고 반항적이었던 회사의 창립 정신에서 멀어지고 있을 때, 스티브 잡스는 회사를 다시 정상궤도에 올리고자 다음 전술을 사용했다. "당신이 어떤 사람인지 기억하는 방법은 누가 영웅인지 기억하는 것이다."

영웅은 어쩌면 도망치기를 거부하고 용감하게 십자가에 못

박힌 예수님일지도 모른다. 불타는 구축전차에 올라타 한 시간 이상 50구경의 기관총을 발사하고 사격하며 적군을 꼼짝 못하게 했으며 심지어 부상당한 뒤에도 틈을 주지 않고 지원부대가 올 때까지 숲을 방어해 미국 역사상 가장 많은 훈장을 받은 오디 머피일지도 모른다. 베트남전쟁에 항의하고자 모든 것을 걸었던 무함마드 알리일지도 모른다. 부모님의 반대와 시대의 제약을 넘어 새로운 세상의 도래를 알린 플로렌스 나이팅게일일지도 모른다.

해리 번스는 홀어머니를 부양하고 있었으므로 정치 경력을 망치고 싶지 않았다. 하지만 궁극적으로 어머니는 번스가 책임져야 할 대상이 아니라 번스에게 영감을 주는 사람이었다. 번스는 어머니를 위해 옳은 일을 했다. 비록 어머니가 약간의 위험을 감수해야 했을지라도 말이다. 이는 우리 가족에게도 적용되는 사실이다. 가족에게 자부심을 심어주고 싶기에 발걸음을 내딛고 앞으로 나아간다. 가족을 배신하지 않기 위해서.

용감한 선조들과 전 세대의 사람들은 대부분 세상을 떠났지만 그들이 보인 모범은 우리에게 다시 돌아오지 않았는가? 필요할 때마다 떠올릴 수 있도록 그들을 간직한 기억이 우리 주위에 떠다니지 않는가?

우리는 가장 어두운 순간에 과거를 살아간 용감한 사람들의 기억을 들여다봐야 한다. 이는 흔들릴 때면 언제라도 끌어 쓸 수 있는, 미리 마련된 용기다. 우리보다 앞서 용감한 삶을 살아 간 사람들을 떠올리고 그들과 연결되어 있다고 생각해 보라. 세네카의 아버지는 자녀와 손주에게 영감을 주었으면 하는 바 람에서 이렇게 썼다. "너희 할아버지는 용감하신 분이었단다. 그렇지만 네가 더 용감하다는 것을 명심하렴."

우리와 같은 피가 흐르는 용감한 선조들이 이곳에 서서 우 리를 지켜보고 보호해 주고 있다고 상상해 보라. 그들이라면 지금 여기서 무슨 일을 할지 스스로 떠올려 보라. 선조들의 기 대를 저버려서는 안 된다. 그러니 더 용감해져라. 바로 지금, 여기, 이 결정적인 순간에 말이다.

어려운 일일수록
정면으로 맞서라

　1945년 8월 30일, 더글러스 맥아더 장군은 일본에 착륙했다. 한국에서 대담한 일격을 가하기 10년 전, 일본의 상황은 한국만큼 심각했다. 침략 전쟁을 일으킨 추축국과 이에 대항하는 연합군 세력 간의 전투는 방금 막이 내렸다. 6년간의 세계대전 동안 적군의 군화는 일본 땅을 밟은 적이 없었다.

　곳곳이 위험하다고 경고하는 기밀 보고서로 가득했다. 모든 고문이 기다리자고 권유했다. 그런데도 맥아더는 무기도 없이 적의 심장부로 들어갔다. 도쿄행 비행기에 오르려고 본부를 떠나기 전, 참모들의 권총집에 권총이 들어 있는 것을 보고 그는 이런 명령을 내렸다. "총을 버리게나. 우리를 죽이려 든다면 그

권총은 무용지물이 될 거네. 전면적인 대담성만큼 깊은 인상을 줄 수 있는 것은 없네. 그들이 호되게 당하리라는 것을 모른다면 이렇게 해야 납득할 수 있을 거야."

일본이 어떻게 너 죽고 나 죽자 식의 전쟁광에서 평화롭고 개방적인 국가로, 흔들리지 않는 동맹국으로 빠르게 변화했는지 궁금하다면 이날이 그 답이 될 것이다. 맥아더가 일본 땅에 발을 딛었을 때 그의 얼굴에는 두려움이나 의심의 기미가 전혀 보이지 않았다. 맥아더의 사소한 행동 하나하나에는 의도가 숨겨져 있었다. 맥아더는 음식에 독이 들어 있는지 확인하지 않고 음식을 먹었고, 계엄령도 해제했다. 그는 싸우려고 온 게 아니었다. 그는 완전히 자신감에 차 있었다.

포격에 직면한 것 같지는 않았겠지만 더 많은 규율과 헌신이 필요했을 것이다. 처칠은 이를 제2차 세계대전에서 가장 용감한 행동이라고 칭했다. 맥아더는 단 한 번도 자기 안전을 생각한 적이 없다. 오로지 평화와 재건을 위한 준비 작업에만 집중했다.

맥아더의 이 행동이 얼마나 많은 생명을 구했는가? 얼마나 많은 게릴라를 저지했고, 얼마나 많은 저항을 막았는가? 태평양에 있는 모든 섬에서는 격렬하고 지독한 전투가 벌어졌지만, 도쿄에서는 단 한 발의 총도 발사되지 않았다. 맥아더의 입성은 전쟁이 끝났다는 것을 의미했다. 그리고 사람들은 그렇게 믿었다. 두려움이 더 크거나 화가 많이 났거나 복수하려는 사령관은 이를 절대 해낼 수 없었을 것이다.

활주로를 빙빙 돌았을 때, 비행기 밖으로 머리를 처음 내밀었을 때, 불과 며칠 전까지만 해도 자기를 죽이려 했을 사람들로 가득 찬 호텔에서 저녁 첫술을 들었을 때 맥아더가 두려워했던 순간도 있었을까? 본부로 돌아가기를 바라는 순간도 있었을까? 물론이다. 하지만 맥아더는 부하들을 위해, 조국을 위해, 세계의 평화를 위해 모든 것을 제쳐두어야 했다. 정말이지 대담함의 끝판왕이라는 것을 보여주어야 했다. 평정심을 유지하며 하던 일을 단호하게 계속해 나가야 했다.

모든 위대한 지도자는 이를 이해한다. 드골 또한 '대중 속으로 들어가기'라고 부르던 것을 연습했다. 열광적인 프랑스 시민 무리에 뛰어들어 기개와 사랑으로 서로 마음을 적셨다. 맥아더의 보좌관들이 공개적으로 모습을 드러내는 것을 경고했듯이 드골의 참모들도 지도자의 안전을 극도로 걱정했다. 하지만 드골은 너무나도 위험하므로 오히려 반드시 해야 한다는 것을 잘 알고 있었다.

저격수들이 잠복해 있고 맹렬한 총격전이 계속되는데도 샹젤리제 거리를 걷기로 한 드골의 결정은 프랑스의 해방을 도왔다. 드골은 목숨을 잃을 수도 있다는 잠재적인 비용을 치렀지만 프랑스 국민과의 관계를 돈독하게 쌓을 수 있었고, 남은 정치 인생에서도 국민들의 큰 지지를 받았다. 드골의 행보는 프랑스 국민에게 흔들리지 않을 용기를 줬다.

지도자는 상아탑이나 두꺼운 성벽 뒤에 앉아 있어서는 안 된다. 세상이 가하는 공격에 추종자나 직원, 군인 들은 정면으로 맞서게 두면서 자기 자신을 모든 위협과 위험으로부터 보호해서는 안 된다.

아니, 지도자는 직접 나서야 한다. 회사가 나락을 걷고 있을 때 자기 돈을 들여 재건하거나 사람들이 편하게 의견을 낼 수 있게 사무실의 문을 열어놓거나 다른 사람이라면 숨길 만한 약점을 공유하거나, 무엇이 되었든 이러한 행동들로 생긴 인맥은 위험을 회피하는 행동이 보장할 수 있는 것보다 훨씬 큰 안전을 제공한다. 상관은 마이크 앞으로 나가 군중이 던지는 모든 적대적인 질문에 대답한다. 자신이 저지른 실수에 대한 당황스러운 질문에 대답하고 자기가 잘못한 일이 아니더라도 책임진다.

수장은 뒤따라갈 수 없다. 부대를 이끌고 전장으로 들어간다. 부모는 아이들에게 두려움을 직시하라고 말만 해서는 안 된다. 두려움을 직시하는 게 무슨 의미인지 자기 삶으로 보여 줘야 한다. 자신의 울타리 안에 있는 사람들을 보살펴야 한다. 그들을 우선순위로 두어야 한다. 행동으로 보여줘야 한다. 더 높은 곳으로 불러야 한다.

마틴 루서 킹 주니어가 수감됐을 때 추종자들은 킹이 단순한 설교자를 넘어서는 존재라는 것을 깨닫게 됐다. 킹은 추종자들과 함께했다. 그들을 위해 목숨을 걸었다. 킹도 그 무리의 한 사람이었다.

두려워해서는 안 된다. 두려워하면 해야 할 일을 할 수 없을 것이다. 또 이러한 대담함, 즉 모든 위험에 맞서 대의를 직접 대변하려는 의지는 다른 모든 사람에게 그들도 괜찮으리라는 것을 보여준다. 지도자는 우리를 위해 자기 자신의 위험을 감수한다. 전면에 나선다. 자기의 용기를 전염시키는 것이다.

자기 자신을 뛰어넘을 때

　용기의 비이성적인 측면보다 더 설명하기 어려운 게 있다. 바로 애타심과 이타주의다. 실제로 진화심리학자와 생물학자, 극작가도 마찬가지로 몇 년 동안 이를 이해하려고 애썼다. 미국의 역사가 T.R. 페렌바흐는 "인간의 어리석음은 인간의 용맹함보다 설명하기 쉽다"라고 말했다.

　용기에는 명확한 보상이 있다. 다른 사람들은 손을 뻗는 것도 두려워하지만 보람이 있기에 위험을 감수한다. 하지만 자기를 희생하는 것은 어떤가? 아니면 무언가를 위해 진정으로 희생하는 것은 어떤가? 세상에는 용기가 있고 영웅적 행위가 있다. 영웅적 행위는 가장 고귀한 형태의 용기다. 이러한 유형의 용기는 타인을 위해 기꺼이 주는, 아니 아마도 모든 것을 바치는 사람에게 내재한다.

언젠가 유난히 비겁했던 지도자가 수 세기에 걸친 전쟁에서 목숨을 잃은 참전 용사들이 묻힌 묘지를 둘러보며 말했다. "이해가 안 돼요. 그들 안에는 도대체 뭐가 있었을까요?" 사람들이 던지는 이런 질문의 대부분은 겸손과 경외감, 이 믿기 힘든 현상을 이해하고자 하는 열망에서 나온다. 하지만 계산적이고 비겁하며 이기적인 자는 정말로 이해하지 못하고 당황해한다. '왜 다른 사람을 위해 목숨을 바칠까?' '자신의 목숨을 바치는 대가로 어떤 이익을 얻는 것일까?' '그 거래는 누구를 위한 것일까?' 하며 의문을 제기한다.

자기보존의 논리는 강하다. 특히 이해관계를 모두 따져보는 이들에게 자기보존의 논리는 더욱 강력하게 작용한다. 그렇기에 자기보호의 논리를 넘어서는 행동을 하려면 사람은 그 논리를 뛰어넘을 수 있을 정도로 강인해야 한다. 그런데 여기서 이상한 역설이 발생한다. 자기보호본능이 강하지 않은 사람은 용감하지 않을 것 같지만, 전혀 그렇지가 않다는 점이다. 때때로 가장 고귀한 형태의 용감함은 자신의 생명까지 버려야 하는 자살행위와도 같은 이타심을 요구한다. 그래서 자기보호본능이 강하지 않은 사람은 이해관계를 따져보지 않고 남을 위해 희생할 수 있으므로 사실 가장 용감한 것이다.

어떻게 이런 일이 가능한 것일까? 말로 설명할 수 없을지도 모른다. 이런 일이 일어난 순간에는 이해가 안 될지도 모른다. 어머니가 어린아이를 구하려고 초인적인 힘으로 차를 들어 올리는 위업을 이룩한 순간처럼 말이다.

하지만 우리는 용기가 인간이라는 종의 생존에 얼마나 중요한지 알고 있다. 선한 사람이 중요한 것은 말할 것도 없다. 그래서 인류는 역사를 통해 위대한 업적을 기념한다. 위업을 이룬 영웅들의 이름은 그렇게 수 세기 동안 시금석으로 남는다.

이 세상에서 용기는 아주 찾아보기 어렵다. 하지만 영웅적 행위는 더 드문 형태의 용기로, 직접 응시하기가 힘들 정도로 강력하다. 군인의 명예 훈장 수여 연설이나 누군가를 구하고자 철로로 뛰어든 영웅을 인터뷰하는 자리에서는 이런 말을 듣곤 한다. "다른 사람이라도 했을 일을 제가 한 것뿐입니다." 만약 그 말이 사실이라면 우리는 이런 행위를 대수롭지 않게 여겼을 것이다.

진정한 영웅적 행위는 우리를 부끄럽게 한다. 우리를 겸손하게 한다. 이성적으로 생각하면 할 수 없는 행위이기에 이성을 뛰어넘어 행동하게 한다. 그래서 그렇게 영웅적 행위를 숭배하는 것이다.

이런 위대함에 용케 손을 대는 사람의 생존율이 높지 않을 것은 자명하다. 다시 말하지만 그렇기에 아름다운 것이다. 어떤 경우에는 그들이 목숨을 다했기에 우리가 살아갈 수 있다.

이러한 희생의 의미를 곱씹지 않으면 영웅들의 기대를 저버릴 뿐만 아니라 우리 자신도 자기 자신을 넘어서는 데에 실패하게 된다. 그러니 기억하자. 이들의 용기를.

5장

한계를 뛰어 넘는
'지금 행동하기'의 힘

세계의 드넓은 싸움터에서,

인생이라는 야영장에서,

말 못 하고 쫓기는 짐승이 되지 말라!

싸움에서 이기는 영웅이 되라!

- 헨리 워즈워스 롱펠로

도덕적·신체적 용기가 위험한 행동을 무릅쓰는 것을 의미한다면, 영웅적 행위의 정의는 매우 간단하다. 다른 사람을 위해 위험을 감수하는 것이다. 단순히 자기 이익을 위해서가 아니라 누군가의 이익을 위해서, 무언가를 위해서, 더 큰 대의를 위해서 위태로운 행동을 하는 것이다. 이것이 인간의 가장 위대한 표현 아닐까? 진정한 위험이 도사리고 희망이 사라진 상황에서 관리자를 부르는 사람은 없다. 논리학자의 계산된 추론을 구하는 사람은 없다. 행동과 영웅을 부르짖는다.

그들을 구할 누군가, 우리 자신을 위해 할 수 없는 일을 앞장서서 할 사람을 찾는다. 이러한 부름에 응하면서 영웅은 잠깐

동안 더 높은 차원으로 들어가서 신의 얼굴을 만진다. 스토아 학파는 네 가지 덕성을 넘어 생의 풍요를 수용하는 영혼의 덕스러운 모습을 메갈로프쉬키아(Megalopsuchia), 즉 '영혼의 위대함'이라고 불렀다. 용기와 더불어 우리는 영혼의 위대함을 불러일으킬 수 있다.

언젠가 드골은 그가 생각하는 프랑스의 '위대함'이 무엇인지에 대한 질문을 받은 적이 있다. 드골은 다음과 같이 대답했다. "자기 자신을 뛰어넘고자 걷는 길입니다." 이것이 바로 다른 사람보다 위에 있게 하는 용기다. 너무 찾아보기 힘들고 훨씬 더 심오하기에 잠시만 볼 수 있다. 거기에 도달하려면 두려움을 이겨내야 하고, 일상적으로 용기를 길러야 하며, 인생이 주는 기회를 잡을 준비가 되어 있어야 한다. 우리는 많은 영웅이 필요하다. 그중 한 명이 되고 싶은가?

'두려움'의 반대말은 '사랑'이다

　그리스인은 완벽하지 않았다. 특히나 스파르타인은 완벽하지 않았다. 하지만 그들은 적어도 아첨꾼이 아니었다. 그리고 기원전 480년에 태어난, 만족을 모르는 폭군보다는 훌륭했다.
　거대한 페르시아제국을 통치했던 크세르크세스 1세는 정복과 복수에만 집착했다. 그리스인은 그 크세르크세스의 심기에 거슬렸다. 크세르크세스가 보낸 사절을 무례하게 퇴짜 맞히고, 10년 전 아버지 다리우스 1세의 원정을 좌절시켰기 때문이다. 그래서 크세르크세스는 엄청난 병력을 동원하여 그리스를 정벌하고자 진격했다.
　몇몇 그리스 도시국가는 벽에 적힌 글씨를 보고 항복했다. 다른 도시는 거액의 뇌물을 받고 편을 바꿨다. 스파르타부터 아테네, 테베, 아르고스, 코린토스에 이르는 그리스 도시국가 연맹은 이미 흔들리기 시작해 붕괴하기 직전의 벼랑 끝 위기에 놓여 있었다. 그 당시에는 몰랐지만 이 전쟁에는 서구 문명의 미래 전체가 걸려 있었다. 크세르크세스가 서양을 정복할까? 신으로 숭배되는 전능한 왕이 자유와 평등의 불씨를 밟아 끄고 오늘날 우리가 운 좋게 누리는 삶의 방식을 소멸시킬 수 있을까?

동맹국들이 힘을 합치고 준비하는 데 어려움이 있어서 용기 있는 자들이 결정을 내렸다. 300명의 스파르타인과 스파르타의 왕 레오니다스가 이끄는 소규모 군대는 가능한 한 페르시아를 저지하고자 '뜨거운 문'이란 뜻의 테르모필레로 달려갔다. 만약 스파르타가 강하게 맞서 싸운다면 그리스도 영감을 받아 칼을 들 수도 있었다.

스파르타 군대를 지휘하던 레오니다스가 병사들에게 말했다. "우리가 시간을 낭비하는 동안 야만인들이 가까이 오고 있다고 한다. 분명한 건 우리가 곧 야만인들을 죽이거나 그들에게 죽임을 당할 거라는 거다." 그래서 스파르타의 최정예 병사 300명은 진군했다. 그들은 모두 슬하에 한 명의 자녀를 둔 아버지들이었다. 그들은 400킬로미터를 횡단하여 전쟁 역사상 최악의 상황을 직면했을 것이다. 몇몇 이웃 국가에서 병력을 증강하여 5000명에서 7000명 사이의 그리스 군대가 페르시아 군대에 맞섰다고 전해지는데, 몇몇 고대 역사가는 그 수가 100만 명에 달한다고 주장하기도 했다.

그리스 군대의 유일한 이점은 무엇이었을까? 테르모필레는 에게해 근처의 좁은 해안 통로 지형으로 크세르크세스의 압도적인 병력을 무력화할 수 있었다. 또 페르시아인과는 달리 스파르타인은 실제로 무언가를 위해서 싸우고 있었다. 그들은 다른 사람들이 자유를 누릴 수 있도록 싸우고 죽을 각오가 되어 있었다.

레오니다스는 크세르크세스에게 말했다. "만약 그대가 삶이 고귀하다는 것을 안다면 다른 이들의 소유물을 탐내지 않을 것입니다. 하지만 나에게는 그리스를 위해 목숨을 바치는 게 그리스 전체를 혼자서 통치하는 것보다 낫습니다."

물론 만족을 모르는 역사의 정복자들은 이러한 것을 이해하지 못한다. 크세르크세스는 가장 먼저 스파르타인을 매수하려고 했다. 세력이 약한 도시국가는 크세르크세스의 공격을 받기보다는 매수에 회유되는 경우가 많았다.

하지만 헤라클레스의 후손인 레오니다스에게는 먹히지 않는 방법이었다. 쉬운 선택을 하는 것? 자신의 이익을 위해 남을 배신하는 것? 배신해서 출세하는 것? 레오니다스는 이렇게 답했다. "그리스인은 조상에게 비겁함이 아니라 용맹함으로 땅을 얻는 법을 배웠습니다."

레오니다스는 미덕을 택했다. 용기를 선택했다. 용맹에 대한 신념, 즉 단순한 용기가 아니라 자기 자신보다 더 위대한 무언가에 헌신한다는 신념으로 이 그리스인은 임무를 시도할 가치가 있다고 확신했다.

"어떻게 그런 위험을 감수하고 소수가 다수에게 맞설 수 있습니까?" 한 동맹군이 레오니다스에게 묻자 그가 답했다. "내가 병사의 수에 의존해서 싸운다고 생각한다면 그리스 군대만으로는 부족해 보일 것입니다. 숫자만 본다면 적군과 비교해 아군의 수는 턱없이 부족합니다. 하지만 용기를 바라본다면 이 숫자는 충분한 수입니다." 그래서 크세르크세스가 스파르타인에게 무기를 버리라고 했을 때, 레오니다스는 딱 필요한 말만했다. "와서 가져가지 그래."

스파르타와 전투를 벌이는 것만으로 페르시아군은 나흘 동안 꼼짝도 하지 못했다. 8월 18일 어느 순간에 공격이 시작됐다. 페르시아 병사들은 줄지어 밀집대형을 이룬 그리스군을 공격했다. 그들은 바위 사이에서 맞붙었다. 진정한 영웅이 항상 그렇듯이 스파르타인은 조국뿐만 아니라 바로 옆에 있는 병사를 위해 발맞추어 싸웠다.

전투 첫날이 저물 무렵 크세르크세스는 가장 무시무시한 병사로 구성된 1만 페르시아 정예부대에 명령을 내렸다. 이 부대는 페르시아제국의 친위대이자 그리스와 벌인 전쟁에서 활약한 부대로, 그리스어로는 아타나토이(Athanatoi), 라틴어로는 이모탈리스(immortalis), 영어로는 이모탈(immortal) 등으로 불리며 불멸부대, 불사조 군대, 불사부대라고도 한다. 한 스파르타인은 레오니다스에게 이 불멸부대가 가까이 왔다고 말했다. 레오니다스는 "그렇군, 그런데 우리도 불멸부대와 가깝다네"라며 그를 안심시켰다. 크세르크세스는 스파르타 부대를 세 번이나 공격했으나 고통스럽게 무력화됐다. 심지어 큰 피해를 본 불멸부대를 보며 경악을 금치 못했다.

첫째 날이 저물고 둘째 날이 됐을 때 레오니다스는 자신이 거둔 승리에 속지 않았다. 지원 병력이 온다고 하더라도 엄청난 희생이 따르는 임무라는 것을 잘 알고 있었다. 그런데도 그는 한결같았다. 시대를 위해 싸웠다. 오직 한 가지만을 증명하고자 그곳에 있었다. 레오니다스의 헌신적인 행동은 항복할지 저항할지 갈팡질팡하던 그리스인의 용기를 북돋우기 위함이었다. 그들은 싸워 나갔고, 둘째 날도 첫째 날만큼 잔혹했다.

셋째 날, 페르시아군은 그리스군을 후방에서 공격할 방법을 찾아냈다. 그리스군에 적의 군사력을 경고하는 목소리도 들려왔다. 크세르크세스의 궁수들은 햇빛을 가릴 만큼 많은 화살을 발사할 병력이 있었다. "그럼 그늘에서 싸우면 되겠군." 레오니다스는 이렇게 말한 다음 부하들에게 든든히 챙겨 먹으라고 명했다. 왜냐하면 다음 식사는 사후 세계에서 할 가능성이 컸기 때문이다.

레오니다스는 다친 병사 세 명을 골라 이 소식을 전하기 위해 스파르타로 돌려보내려고 했다. 그들이 남몰래 목숨을 구하기를 바라는 마음도 있었다. 그런데 그들은 모두 절호의 기회를 거절했다. 첫 번째 병사가 답했다. "저는 전갈을 전달하려는 게 아니라 싸우려고 군대를 따라왔습니다." 두 번째 병사는 다음과 같이 말했다. "이곳에 남는다면 저는 더 좋은 사람이 될 것입니다." 세 번째 병사도 이렇게 말했다. "뒤에 숨기보다 먼저 전투에 뛰어들겠습니다."

이 이야기를 들은 스파르타군은 결의에 차 침묵 속에 서 있었다. 그들 가운데 전날 전투에서 다치지 않은 사람이 누가 있겠는가? 지치지 않은 사람이 누가 있겠는가? 자식을 생각하지 않는 사람이 누가 있겠는가? 남겨두고 온 나라를 생각하지 않는 사람이 어디 있겠는가?

9시가 되자 해가 떠오르면서 열기가 올라왔다. 병사들의 갑옷에는 땀이 찼다. 남아 있는 아드레날린과 애국심이 몸속에서 솟구쳤다. 조국과 가족을 다시는 볼 수 없을 것이다.

레오니다스는 "앞으로 진군하라"라는 명령을 내렸다. 그리스군은 그들을 방어해 주던 바위가 가득한 입구 밖으로 나가 노천에서 적을 마주했고, 최후의 저항을 하며 적에게 더 큰 피해를 줬다. 페르시아는 분노에 차 그리스군을 강하게 압박하며 스파르타를 공격했다. 얼마나 많은 군사를 동원했는지 페르시아 병사들이 멈추지 않는 물결처럼 잇달아 몰려와 다치거나 죽은 전우들을 밟고 지나갔다.

스파르타는 전처럼 조직적이고 맹렬하게 적군을 해치웠다. 심지어 때로는 대열이 흐트러진 척까지 하여 페르시아가 전진하게 길을 내어준 뒤 대열을 바로잡아 무자비하게 적군을 죽였다. 그때마다 신명 나는 비명이 울려 퍼졌다. 흔하게 볼 수 없는 용맹함이 그곳에서는 잠깐이나마 흔한 미덕이 됐다. 스파르타인은 한계를 뛰어넘으며 거의 저세상 급의 탁월성으로 싸우고 임무를 해냈다. 하지만 스파르타인은 그들이 여기까지라는 걸 알고 있었다. 가족과 함께 늙어가지 못하리라는 것을, 마지막 한 사람까지 모두 다 살아남지 못하리라는 것을, 그 순간이 곧 오리라는 것을 알고 있었다.

레오니다스는 전투 마지막 날 낮에 죽임을 당했다. 그리스가 침략당해 멸망하지 않으려면 스파르타 왕이 죽어야 한다는, 오랫동안 전해져 온 예언을 현실로 만들었다. 부하들은 왕의 시신을 거두고자 첫 번째, 두 번째, 세 번째 시도를 했고 네 번째 시도에 성공했다. 그 뒤 바로 전장으로 돌아갔다.

창은 닳아서 깨졌다. 결국 지원군은 오지 않았다. 이제는 대열 사이에서 그 누구의 목소리도 들리지 않았다. 때가 된 것이다. 스파르타군은 다시 입구로 후퇴했다. 여기서 그들은 오직 칼만

들고 싸웠다. 칼마저 잃자 손과 이빨로 싸움을 이어 나갔다.

　결국 스파르타군은 제압당했으나 사흘간의 전투에, 그 전의 나흘을 더한다면 일주일이라는 시간을 스파르타에 벌어다 줬다. 크세르크세스의 수많은 병력이 희생되었지만, 그보다도 시간이 부족했다. 게다가 이 전투는 크세르크세스의 자신감을 흔들어 놓았다. 그리스에 스파르타인이 얼마나 더 있을까? 크세르크세스가 한 고문관에게 물었다. "다들 이렇게 싸우는가?" 고문관이 답했다. "수천 명이 더 있습니다. 그 누구도 이번 전투에서 전사한 군인과 비교할 바는 못 됩니다만 모두 그만큼 전투에 능합니다."

　그리스 역시 전투에 무엇이 달려 있었는지 이해했다. 스파르타인의 행동을 그 누구도 부정할 수 없었다. 그 누구도 자신의 몫을 다하라는 부름에 거절할 수 없었다.

　수 세기가 지난 1940년, 런던 상공에서 영국과 독일의 전투가 벌어졌다. 제2차 세계대전 당시 영국을 지킨 영국 본토 항공전 브리튼 전투에서 처칠은 영국 공군의 훌륭한 방어에 관해 "지금까지 이렇게 적은 사람에게 이렇게 많은 빚을 진 적이 없다"라고 언급했다. 정확한 말은 아니다. 이런 소수의 저항조차도 300명의 스파르타인이 이미 존재했기 때문이다. 테르모필레에서 스파르타인이 희생하지 않았다면 르네상스부터 미국독립혁명에 이르기까지 서구 문명의 모든 업적이 존재하지 않았을 것이다.

게티즈버그전투의 군인과 영국 공군이 그랬던 것처럼 목숨을 바친 300명의 병사는 인간을 넘어섰다. 그들은 거의 신과 같은 존재가 됐다.

"자유는 공짜가 아니다"라는 말은 지나치다 싶을 정도로 상투적이다. 그런데도 이 말은 사실이다. 테르모필레에서 영광스럽게 패배한 덕분에 그리스인은 살라미스해전과 플라타이아이싸움에서 승리할 수 있었다. 레오니다스가 테르모필레에서 전투를 벌이고 있을 때 그리스 연합군의 함대는 병력을 증강하고자 아르테미시온 지역에 정박하고 있었는데, 크세르크세스는 이 전략을 간파하고 페르시아 함대를 이 지역으로 보냈다. 하지만 페르시아 함대는 폭풍을 만나 수많은 군대와 배를 잃게 되었고, 크세르크세스는 이미 테르모필레의 전투에서 원하는 승리를 이뤘기에 퇴각하기로 결정했다. 이 해전에서 승리함으로써 아테네의 황금기가 시작되어 아테네는 힘 있는 지중해 국가가 됐다. 반대로 이 전투를 치르고 나서 페르시아제국은 쇠약해졌다. 그 뒤에 일어난 플라타이아이싸움에서는 이미 아테네의 보병과 무기 수준이 상당하여 그리스는 페르시아에 완승을 거둔다.

마그나카르타와 독립선언서, 국제연합(UN)은 모두 테르모필레의 전투에서 파생한 것이다. 모두가 사랑하지만 많은 이가 남용하는 '자유'라는 가치 역시 테르모필레의 전투에서 얻은 것이다. 함께 맞서 싸웠던 아버지들은 땀 흘린 대가를 보지 못하리라는 것을 확실히 알고 있었다. 미래를 생각했던 누군가가 오래전에 심은 나무 밑에 지금 우리가 앉아 있는 것과 같은 이치다.

그들은 이유를 묻지 않았다. 그들은 행동하고 죽었다. 전장에 있는 고대 비문에는 "지나가는 스파르타인에게 전하라. 스파르타 법을 따랐기에 이 자리에 우리가 존재한다"라고 적혀 있다. 그들의 용기와 이타적인 태도는 영원하다. 그들 중 누구도 살아남지 못했지만 스파르타 병사들은 그들을 죽인 페르시아 군대보다 훨씬 더 불멸의 존재라는 것이 밝혀졌다.

미국의 역사소설 작가 스티븐 프레스필드가 이 전투를 주제로 쓴 장편 역사소설이자 영화 「300」의 원작 소설인 『불의 문』은 스파르타 병사의 본보기에 바치는 헌사로서 군인에서 군인으로, 사람에서 사람으로 전해진다. 이 책의 핵심 질문은 '두려움의 반대말은 무엇인가?'이다. 단순히 두려움을 정복하거나 해소하는 게 충분한 답이 되지는 않는다.

책을 쓰면서 프레스필드는 스파르타인이 그랬던 것처럼 그 행동 너머에 무엇이 있는지 알고 싶었다. 두려움 너머에 악덕이 있다면, 미덕은 무엇 너머에 있을까? 단순히 용기만은 아니다. 이기적인 이유로 용기를 낼 수도 있기 때문이다. 물론 비행기에서 뛰어내리려면 두려움을 이겨내야 하겠지만, 재미로 뛰어내리는 것이라면 정말 의미가 있는 일일까?

테르모필레의 위업을 이룩할 수 있게 한 것은 병력과 무기만은 아니었다. 남편이 참전하도록 허락해 준 부인이 있었을 뿐만 아니라 국가의 근간으로 스파르타인의 용기와 무쇠 같은 자제력이 있었기 때문이다. 스파르타 여성의 강인함과 이타심은 전설적이다. 한 스파르타 왕이 악랄한 쿠데타로 살해되자 어머니는 아들의 시신이 있는 곳으로 달려갔다. 왕을 살해한 사람들은 왕의 어머니에게 조용히 있으면 목숨은 살려주겠다고 했지만 어머니는 맞서서 반항했고 목을 내어주며 마지막 말을 남겼다. "이것이 스파르타에 도움이 되기를."

우리는 스파르타인을 단순하게 전사이자 용감한 투사로만 오해한다. 프레스필드는 대담함이 두려움의 반대, 즉 악덕에 반대하는 진정한 미덕이 아니라고 결론을 내린다. 두려움의 반대말은 사랑이다. 서로에 대한 사랑. 신념에 대한 사랑. 조국에 대한 사랑. 취약계층과 약자에 대한 사랑. 다음 세대에 대한 사랑. 모든 이에 대한 사랑. 레오니다스가 전장에 나가기 전 아내에게 마지막으로 남긴 눈물겨운 말을 들으면 머리를 한 대 얻어맞은 것 같지 않은가? "그대에게 잘해줄 좋은 사람을 만나서 아이를 낳고 행복하게 살길 바라."

자기를 보존하고자 하는 본성을 뛰어넘어 누군가를 총알로부터 보호하든지, 공동선을 수호하고자 직장을 잃을 위험을 감수하며 목소리를 내든지, 가망이 없는데도 옳다고 생각하는 대의를 위해 맞서 싸우든지 간에 진정한 위대함을 이룩할 수 있게 해주는 것은 뼈에 사무치는 깊은 사랑이다.

플로렌스 나이팅게일은 조국에서 사랑을 담아 환자들을 돌봤다. 드골은 프랑스를 지키려고 아주 열렬하게 맞서 싸웠다. 스파르타인은 테르모필레에서 한 차원 더 초월하여 사람이 줄 수 있는 가장 많은 것을 주면서 진정한 이타심을 보여줬다. 물론 모든 이타적인 행위가 희생의 극치를 요구하지는 않는다. 하지만 희생 없는 이타심은 없다. 그들의 희생은 믿을 수 없을 만큼 놀라웠다. 자기 자신이나 자국민을 위해서 한 행동이 아니었기에 더더욱 그랬다. 레오니다스는 살아남는 것을 선택했다면 목숨을 구했을 수도 있었을 것이다. 레오니다스와 스파르타인이 그리스 전역을 통치할 수 있었을 것이다. 그런데도 레오니다스는 모든 그리스인이 자유를 누릴 수 있도록 전장에 나가 목숨을 바쳤다. 우리가 자유로워질 수 있도록 말이다.

용기가 진귀하다면 이런 종류의 영웅적 행위는 종(種)을 치명적으로 위협한다. 용기 그 자체가 합리적이지 않다면 용기보다 차원이 높은 형태의 사랑, 즉 진정으로 남을 생각하는 친절함은 제정신이 아닌 게 되어버린다. 그 장엄함은 이해하기 어렵다. 인간의 진정한 위대함이다. 고차원적인 영역에서 잠깐이나마 논리와 사리사욕 그리고 수백만 년 동안 이어진 생명 활동을 초월하게 하는 행운을 발견할 수 있다.

우리는 스파르타인을 이러한 사상을 구현한 영웅이라고 인식하지만, 그들은 전 세기에 걸쳐 용기를 내서 저항한 수없이 많은 익명의 사람을 대표할 뿐이다. 재판에서 증언했다고 보복에 직면한 사람, 투표 명부에 등록했다가 구타를 당한 사람, 악덕 자본가에 맞서 일어난 노동조합원, 구조대를 조직한 선구자, 소속된 팀을 위해 또는 가족을 먹여 살리고자 선수 생활을 그만둬야 할 정도의 부상을 입고도 끝까지 경기에 임하는 운동선수. 영혼의 위대함, 즉 메갈로프쉬키아를 발휘하는 이타적인 순간이다.

낯선 이에게 또는 누군가가 해야 할 일에 헌신하고 노력을 바치려는 마음은 우리를 더 고매하게 만든다. 이는 우리를 용감한 사람에서 영웅적인 사람으로 변화시킨다. 한순간만, 아니면 단 한 사람에게만 기억될 수도 있지만 어쩌면 길이 역사책에 남을지도 모른다.

헛된 용기를 구별하라

    피터 틸의 은밀하고 끊임없는 압력이 《고커》를 숨 막히게 하자 편집자들은 갈수록 절망스러워졌다. 그들은 더 많은 사람에게 《고커》의 상황을 알리고자 했다. 그들은 비도덕적인 진실을 증명하고 싶어 했다. 어쩌면 시대가 변하고 있다고 느꼈을지도 모르지만, 여전히 책임을 지지 않았고 아무도 그들을 건들지 못하리라고 믿었다.

    2015년 7월, 일촉즉발의 상황이 발생했다. 《고커》에서는 남성 성판매자와 만나려 했던, 두 자녀를 둔 동성애자 언론 간부의 성정체성을 폭로하는 이야기를 실었다. 비열하긴 해도 대중의 이목을 집중시키는 이야기였기에 과거에는 이런 글을 게재하려고 서두르곤 했다. 이러한 종류의 주제는 다른 매체들이

건드리기를 두려워했다. 하지만 지금은 무언가 달라졌다. 후원과 홍보라는 현실적인 문제를 마주한 《고커》 회장은 글을 내려야 했다. 그는 직원들에게 이 기사가 대중이 받아들일 만한 주제에서 얼마나 멀리 나갔는지를 지적하며, 그도 자신을 동성애자라고 받아들일 의향도 있다며 설명하려고 했다.

이 사이트의 편집자 두 명은 경영진의 간섭에 반기를 들고 사임했다. 회사의 비판을 받기 싫었다. 자기 자신을 검열하기 싫었다. 자기 의견을 고집하고자 직장을 그만두는 대가를 치렀다.

지금까지 설명한 원칙으로 따지자면 기사를 살리려고 자기 경력을 날려버리는 데에 용기가 필요했다고 생각할 수 있다. 하지만 도덕적 잣대가 있는 사람에게는 이 일은 신념을 위해 죽기 살기로 덤벼들 만한 문제가 아니라는 것이 너무나 분명할 것이다. 애초에 죽기 살기로 덤벼들면 안 될 문제였다.

물론 거울을 보고 자신이 한 일을 생각해 보는 게 진정으로 용기 있는 일이었을 것이다. 하지만 그들은 그럴 수 없었다. 그래서 더 세게 나갔고 자기 직장을 걸고 도박했다.

빛의 여단이 용기가 있기는 했지만, 프랑스 장군은 그들이 아무 생각 없이 불필요한 죽음을 향해 행진하는 것을 보면서 이렇게 말했다. "참 훌륭하군…. 이건 광기야." 사실 이 모든 것은 미친 짓이었다. 크림전쟁이 왜 일어났는지 기억하는 사람이 있기는 할까? 그 당시에도 마찬가지였다. 아무도 몰랐다.

언론의 독립성은 중요하다. 하지만 무엇을 위해서, 어떠한 이유에서 중요하다는 말인가? 《고커》 편집자는 대답할 수 없었을 것이다.

남부 연합에는 많은 용감한 군인이 있었다. 인도와 아프리카에서 벌인 전쟁에서 영국군도 마찬가지였다. 태평양전쟁에서 일본이 섬을 방어했을 때도 마찬가지였다. 그들의 위업 몇 가지를 읽으면 입이 떡 벌어질 것이다.

하지만 직감적으로 이 용기는 무언가 무의미하다는 것을 알 수 있다. 그들이 맞서 싸웠던 목표가 비겁하고 잘못된 것이기에 무의미한 것이다. 영국의 시인 바이런 경은 이렇게 말했다.

대의가 모든 것을 정한다.
대의에 따라 용기는 비하될 수도, 신성시될 수도 있다.

용기는 독립적인 선(善)이 아니다. 영웅의 행위에는 이유가 있다. 만일 자기 자신을 위한 행동이라면 무슨 소용인가? 대중을 매료하거나 허영심을 채우고자 그랬다면 용기의 무게는 얼마나 나갈까? 아니면 아무런 의심 없이 복종한 것이라면? 옳지 않은 일을 위해 그런 것이라면?

존 F. 케네디는 저서 『용기 있는 사람들』에서 자신이 속한 정당의 정치적 견해에 맞서 앤드루 존슨의 탄핵에 반대하는 표를 던진 에드먼드 G. 로스를 중요하게 다뤘다. 존슨이 임기법을 위반한 것을 계기로 그의 탄핵이 추진되었는데, 로스는 존슨이 탄핵당한다면 대통령이라는 공직의 권위가 크게 실추될 것을 우려하여 반대표를 던졌다. 그 덕분에 존슨은 탄핵을 모면했다.

시간이 흐를수록 케네디의 저서에 담긴 모든 내용 중에서도 가장 최악으로 보이는 장이다. 혼자 맞서는 것은 언제나 어렵다. 하지만 이 사례에서 로스는 말 그대로 백인우월주의를 지키려고 그렇게 행동했다. 더 나쁜 것은 로스가 역사상 최초로 현직 대통령을 탄핵하려 했던 당시의 급진적 변화에 저항함으로써, 무능한 대통령의 탄핵을 비상식적으로 어렵게 하는 선례를 세우는 데 일조했다는 점이다.

착취적이고 해로운 사업을 성공시키고자 놀라울 정도의 확률을 노려보는 CEO, 오명과 질병을 감수하고 말 그대로 대중에 역행하는 백신 접종 거부자, 대중을 현혹하는 과감한 쿠데타로 권력을 잡은 독재자, 버펄로에서 한 경찰관이 노인을 밀쳤다는 이유로 징계받자 연대하여 사임한 경찰관, 베트남전에서 미군이 자행한 최대 민간인 대량 학살인 '밀라이 학살' 이후 현장 지휘자였던 윌리엄 캘리 중위에 대해 증언하기를 거부해 구금된 병사들. 이들의 용기는 모두 헛된 용기다.

미 해군사관학교의 한 교관은 다음과 같이 설명했다. 어떤 일을 성취하거나 다른 사람을 구하려는 게 아니라면 수류탄에 뛰어드는 것은 부질없다고 말이다. 정제되지 않은 용기와 영웅적인 용기의 차이는 바로 누구를 위해 그 일을 했는가에 있다. 누구를 위한 것인가? 정말 이타적인 행위였는가? 더 큰 선을 위한 것이었나? 자기 보존보다 타인을 더 우선시하는 것은 비논리적인 것인 데도, 영웅주의라는 관점에서는 논리적이 된다.

키케로는 다음과 같이 썼다. "스토아학파는 용기란 올바른 대의를 위해 맞서 싸우는 미덕이라고 정확하게 정의한다. 남을 배신하고 약삭빠르게 행동하는 용기로 명성을 얻은 사람은 명성을 얻었을지라도 진정한 영예를 얻지 못한다."

용기 있는 사람이 되는 것은 좋다. 세상은 당신이 용기가 있는지 알고 싶어 한다. 하지만 중요한 것은 왜, 어디서, 언제 용기를 내느냐는 것이다. 대의가 가장 중요하다.

경솔한 용기보다 신중함을
선택해야 하는 이유

링컨은 남북전쟁에서 승리했다. 하지만 링컨에 대해 충분히 알려지지 않은 사실이 있다. 바로 링컨이 애초부터 남북전쟁을 막으려 했다는 것이다.

링컨은 민주적인 선거에서 공정하게 선출되었고, 헌법이 부여한 권한 이상을 행사할 의도가 없다는 것을 재차 확인하며 안심시켰는데도 남부는 분리 독립했다. 링컨이 취임 선서를 채 하기도 전에 말이다. 링컨은 무슨 말로 취임사를 마무리했을까? 그런데도 그는 열정이 담긴 목소리로 모든 사람의 본성에 내재한 더 선한 천사를 불러내고자 했다. "우리는 적이 아니라 친구입니다. 우리는 적이 되어서는 안 됩니다. 열정이 앞서 나갔을지는 몰라도 애정의 끈을 끊어서는 안 됩니다."

남군이 연방 요새와 방책을 포위하기 시작했을 때도 링컨은 이 기조를 유지했다. 더 화를 내지도 않았다. 도발에도 꼼짝하지 않았다. 사우스캐롤라이나주의 섬터(Sumter)요새에서 마지막 결전을 벌일 때마저 링컨은 요새 안에 갇힌 사람들에게 필요한 식량과 보급품만 보냈다. 총을 보내거나 군대를 파견하지 않았다. 믿기 어려울 정도로 긴장이 팽팽하게 감도는 상황을 불필요하게 악화하지 않으려는 것이었다.

일어나지 않아도 되는, 일어나서는 안 되는 대립이었다. 고통, 불편, 걱정과 같은 부정적인 감정을 견디려면 용기가 필요하다. 하지만 지혜와 연민은 그런 대립이 필요하지 않을 때 피하는 것은 물론이고 다른 사람까지 지키도록 노력할 의무를 지운다. 그렇기에 영웅은 자신이 처한 드문 갈등 상황뿐 아니라 사전에 갈등을 차단하려고 열심히 분투한다.

간디는 비겁함보다 차라리 폭력을 선택하겠다고 말했다. 간디와 비폭력주의자들이 폭력 대신 선택한 것은 더 위대하고 영웅적인 행동이었다. 무기 없이 맞서 싸우려면, 무장하고 분노한 적에 대항하여 정신과 영혼을 다해 싸우려면 더 큰 용기가 필요했다.

학교에 가겠다고 해서 탈레반의 표적이 되어 피격된 소녀 말랄라 유사프자이가 낸 용기를 상상해 보자. 교육자 아버지

밑에서 태어난 유사프자이는 2008년 탈레반이 점령하여 여성의 교육이 금지되자 더는 학교에 다닐 수 없었다. 그해 유사프자이는 "탈레반이 내 기본적인 교육권을 박탈했다"라는 내용의 기자회견을 열었다. 다음 해인 2009년에는 영국 BBC에 익명 연재를 시작했다. 탈레반 치하의 파키스탄에서 소녀들이 학교에서 사라지고 마침내 자신이 다니던 학교도 폐교되었음을 세계에 알렸다. 단 3개월의 연재였지만 반향은 거대했다. 이 반향은《뉴욕 타임스》의 다큐멘터리 제작으로 이어졌다.

유사프자이의 신분이 노출되자 살해 위협이 따라왔다. 2012년 시험을 마치고 집으로 돌아가는 버스에서 유사프자이는 탈레반 무장대원의 총격을 받았다. 머리와 목, 어깨에 총상을 입은 채 영국 버밍엄으로 이송되었고, 여러 차례의 수술 끝에 눈을 뜰 수 있었다. "손에 총이 있고 그가 내 앞에 서 있었다 하더라도 쏘지 않을 것입니다"라고 유사프자이가 말했다. 이러한 태도는 가장 강한 전사에 비교했을 때 약하다고 말할 수 있을까?

문제는 이런 종류의 영웅주의는 기병대의 돌격보다 덜 드라마틱하게 보인다는 것이다. 사람들은 전쟁에 관한 책을 읽고 싶어 하지, 전쟁을 미연에 방지한 외교술에 관한 책을 읽고 싶어 하지 않는다. 사람들은 내부고발자에 관한 이야기를 듣고 싶어 하지, 애초에 내부고발이 필요하지 않도록 내부에서부터 기업을 효과적으로 개혁해 나간 지도자의 이야기를 듣고 싶어 하지 않는다. 하나하나 일반인과는 다르게 행동하는 용감한 인습 타파주의자에 관한 영화를 만들고 싶어 하지, 변화를 일으키는 동시에 사회에 적응하며 기능하는 사람에 관한 영화를 만들고 싶어 할까?

잊지 말아야 할 것은 일어나지 않은 일로 칭찬받는 사람은 단 한 명도 없다는 것이다. 프랭클린 루스벨트가 대공황을 바라보던 관점을 떠올려 보자. 루스벨트의 진정한 업적은 미래에 수없이 닥칠 수도 있을 공황을 방지하는 개혁을 이뤄낸 것이다. 이 개혁안은 심지어 오늘날까지 금융사기단과 금융 조작을 잡아내는 수단으로 소리 소문 없이 운영된다.

국가에는 용감한 군인의 육체적 용기와 현명한 정치인의 도덕적 용기가 있어야 한다. 한쪽은 전투에서 싸우고, 다른 한쪽은 싸울 일을 줄이고자 관계 증진과 정책에 힘쓴다. 우리에게는 용감한 장군과 양심적 전쟁 반대자가 필요하다. 이 둘 모두 자신의 방식대로 대의를 위해 싸우는 전사이기 때문이다.

앞서 말했듯이 무턱대고 덤비는 것은 용기가 아니다. 싸움을 갈망하는 사람은 거의 용기가 없다. 한 발의 총알을 넣고 언제 발사될지 모를 권총으로 번갈아 가며 방아쇠를 당기는 러시안 룰렛은 전혀 강렬한 느낌을 선사하지 못한다. 부도덕한 목적을 달성하겠다고 몸싸움과 말싸움에서 이기는 것은 전혀 영광스

러운 일이 아니다. 또 불필요한 갈등보다 더 비도덕적인 것은
없다.

옳다고 주장하는 것은 중요하지 않다. 체면을 구기는 것은
중요하지 않다. 이 일 때문에 누군가가 죽어야 하는가? 이것
때문에 누군가가 명성을 잃어야 하는가? 만약 누군가가 불의
를 저지른 것을 보고도 눈감아 준다면? 만약 눈 감아 준 그 사
람이 나라면?

이런 물음이 영웅적인 질문이다. 피할 수 있다면 피해야 한
다. 이것이 셰익스피어의 사극 『헨리 4세』에 나오는 "진정한
용기는 신중함에 있다"라는 대사의 속뜻이다. 경솔한 용기보
다는 신중한 게 낫다.

신중함이 용기의 일부인 이유는 신중하려면 용기가 필요하
기 때문이다. 기꺼이 어리석어 보이거나 비판을 견딜 마음이
있어야 하고, 책임을 지고 옳은 일을 하려는 준비가 되어 있어
야 한다. 모두 그렇게 할 수 있는 것은 아니다. 미국의 여성 인
권운동가이자 여성참정권 운동가인 해나 존스턴 베일리는 이
렇게 설명했다. "인간은 평화를 주장할 도덕적 용기가 없다. 우
유부단하거나 비겁하다고 비난받을지도 모른다는 두려움 때
문이다."

이는 베트남전쟁과 관련해서 전 미국 대통령 린든 존슨이
걸린 함정이었다. 존슨은 베트남전쟁에 적극적으로 개입할 것

을 주장했으나 그 정책은 실패했다. 불리하다는 것을 알고도 약해 보이고 싶지 않아서 그렇게 행동한 것이다.

해나 존스턴 베일리는 여자만이 이런 일을 피하는 데 적합하다고 했다. 왜 그런 것일까? 어쩌면 공감 능력 때문일 수도 있다. 그들은 이 일을 하면 다른 사람 눈에 어떻게 보일지를 생각하기보다는 다른 사람들에게 어떤 결과를 가져올지를 생각하기 때문에 좀 더 영웅적이고 이타적인 일을 한다.

행동이 두려움이나 이기심에서 나오면 이 점을 놓치게 된다. 날이 갈수록 경쟁이 심해지기만 하는 함정에 갇히게 될 것이다. 비유적으로든 문자 그대로든 전쟁에서 이기는 사람은 없다. 중국의 전략가 손자는 전투가 시작되기도 전에 적이 패배하도록 계략을 사용하는 것이 싸우지 않고 이기는 최고의 방법이라고 말했는데, 정말 맞는 말이다.

그리고 링컨에게 그 방법이 먹혔다. 크나큰 노력을 기울였는데도 링컨은 '국가의 존속보다 전쟁'을 선호하는 사람들을 막을 수 없었다. 하지만 그는 억제력을 발휘하여 남군이 남북전쟁에서 이길 수 없는 공격자 역할을 맡도록 교묘하게 조종하는 데 성공했다. 남군 지도자들은 어리석게도 자신이 희생자라고 주장하는 전쟁에서 먼저 발포했다. 남군이 절대 극복하지 못한 도덕적인 모순이었다.

게다가 남군이 이길 가망이 없다는 점을 놓쳤다. 그들은 자원이 부족했다. 전략적인 전망도 제대로 제시하지 못했다. 북군을 이길 동맹군과 국제적인 지원도 부족했다. 이 반란이 얼마나 파괴적이고 비용이 많이 드는지 제대로 이해하지 못했다. 남군은 전쟁 초반에 주도권을 잡았지만, 링컨은 차분하게 북군을 승리로 이끌 중요한 자원을 모았다.

우리는 기꺼이 협상할 용의가 있어야 한다. 기꺼이 타협할 용의가 있어야 한다. 하지만 도망치는 것은 안 된다. 하찮은 싸움을 피하는 이유는 중요한 싸움에 대비하려는 것이다. 남군이 마침내 전쟁을 일으켰을 때 링컨은 후대에 처칠과 드골이 그랬던 것처럼 열렬히 싸웠다. 그는 반드시 싸워야 하는 만큼 열심히 싸웠다. 어떻게 하면 불가능한 일을 시도할 수 있을까? 언제 긴장을 낮춰야 할까? 언제 돌진해야 할까?

몸을 쓰는 싸움이든 도덕적인 싸움이든 "너 자신에게 진실해라"라는 셰익스피어의 『햄릿』의 유명한 구절을 조언으로 삼아야 한다.

싸움에 말려들지 않게
조심해라.
하지만 일단 싸우게 되면
네 상대가 너를 영원히 조심스러워하도록 확실하게 혼내줘라.

황무지를 건너는 시간이
우리를 더 강하게 한다

　세네카는 추방됐다. 에픽테토스 역시 그랬다. 20세기에 활동한 독일계 미국인 정치철학자 해나 아렌트는 게슈타포에 체포되어 여드레간 수감됐다가 7년간 망명 생활을 했다. 갈릴레오는 지구가 태양 주위를 돈다고 과감하게 주장한 뒤 그 주장을 철회하기를 거부했다고 자택에 구금되어 남은 생애를 보냈다. 주장을 철회했더라도 그 결정에 대해 갈릴레오를 비난하는 사람은 아무도 없었을 텐데도 말이다.

　엘리너 루스벨트는 어렸을 때 부모님에게 쫓겨났고, 수십 년 동안 남편의 그늘에서 살아왔다. 『모비딕』을 쓴 허먼 멜빌은 평론가로부터 혹평을 받았다. 스티브 잡스는 애플에서 해고됐다. 찰스 다윈은 진화론을 발표하기 전까지 지옥 같은 24년을 보냈다. 영웅을 소중하게 여긴다면, 창의적인 천재를 위해 레드카펫을 깔아준다면 정말 멋질 것이다. 그런데 우리는 그렇게 하는 대신 그들을 곤경에 빠뜨린다. 고문하고 몰아낸다.

처칠은 젊은 시절에 전쟁포로로 잡혔을 뿐만 아니라 정치 경력의 최정상에 올랐을 때 공직을 내려놓아야 했다. 처칠의 죄목은 무엇이었는가? 독일에 대해서는 어느 정도 처칠이 옳았다. 하지만 또 다른 전쟁을 원하는 사람은 없었다. 아무도 처칠이 히틀러의 위협을 바로잡기를 원하지 않았다. 처칠이 틀렸다는 것을 증명하기보다 떠나게 하는 것이 더 쉬웠다.

거의 10년 동안 처칠은 런던 외곽에서 숨죽이고 있었다. 아니, 적어도 적들은 그렇게 생각했다. 그러나 처칠은 책을 읽고 글을 쓰고 휴식을 취하며 귀중한 인맥도 쌓고 있었다. 결정적 순간을 기다리고 있었다.

처칠은 다음과 같이 말했다. "모든 선지자는 문명사회에 기반을 두어야 한다. 그리고 광야로 나가야 한다. 복잡한 사회에 대해 선명한 청사진이 있어야 한다. 고립되어 명상의 시간을 보내야 한다. 이것이 바로 정신적 다이너마이트가 만들어지는 과정이다."

정신적 다이너마이트는 바로 스티브 잡스에게 있었던 것이다. 엘리너 루스벨트에게 있던 것이다. 세르피코와 플로렌스 나이팅게일이 발전시킨 것이다. 그들의 길이 더 쉬웠더라면 정신적 다이너마이트를 갖지 못했을 것이다.

얼마나 오랫동안 오해받는 것을 불사할 수 있는가? 얼마나 오랫동안 혼자 싸울 수 있는가? 회사 기록에 남을 단 한 사람이 될 의향이 있는가? 당에서 유일하게 비판의 목소리를 낼 사람이 될 의향이 있는가? 믿음이 진실이 될 때까지 얼마나 감내할 수 있는가? 해야 하는 일을 해낼 때까지 얼마만큼 견딜 수 있는가?

자기 자신만을 생각한다면 처칠은 언제든지 그만둘 수 있었다. 1929년도에 처칠은 쉰네 살이었다. 은퇴할 수도 있었다. 괘씸한 마음에 하고 싶은 일, 즐거운 일로 도피할 수도 있었다. 하지만 그렇게 하지 않았다.

마침내 영국이 처칠을 불렀을 때, 그는 대답할 준비만 되어 있는 게 아니었다. 영국이 해결해 달라고 부탁한 그 위기를 풀어 나갈 준비가 되어 있었다. 처칠은 영국과 세계에 필요한 화약이 될 터였다.

아슬아슬한 줄타기를 하는 것? 신념을 위해 싸우는 것? 신념을 위해 기꺼이 고통을 감내하는 것? 이는 모두 용기를 호되게 시험하는 장이자 용기를 배양하는 온상이다. 시대에 완벽하게 부합하는 지도자는 거의 없다. 대개 시대를 앞서간다. 이는 주위를 둘러본 뒤 자기가 혼자라는 것을 발견하게 된다는 뜻이다. 이는 초기에 소규모의 군중과 소수의 지지자만이 있다는 것을 의미한다.

이 사람들이 할 수 없는 것은, 사회에서 버림받을지도 모른 다는 두려움 때문에 사회에 녹아들기를 바라면서 자기 신념을 희석하는 것이다. 쫓겨나기를 원하는 사람은 아무도 없다. 하지만 어쩌면 쫓겨나는 게 바로 우리에게 필요한 것일 수 있다. 쫓겨날지도 모른다는 두려움 때문에 해야 할 일을 못 해서는 안 된다. 독립적이고 전망이 있으며 원칙을 중시하는 사람이라 면 소외감을 느끼게 되는 것을 결국에는 피할 수 없다. 또래로 부터, 시대의 흐름으로부터 소외될 수 있다. 해고될 수도 있다. 직장에서 쫓겨나거나 따돌림을 당할 수도 있다. 최선의 시나리 오는 호응만 받거나 무시당하는 것이다.

이것이 우리를 무너뜨릴 수도 있고, 우리를 만들 수도 있다. 운명이 부르는 사람이 되도록 우리를 빚어갈 수도 있다. 왜냐 하면 우리가 하는 일이 중요하다는 것을 알기 때문이다. 우리 가 하는 일이 우리보다 더 위대하다는 것을 알기 때문이다.

드골은 '사막을 건너야 하는' 정치인들을 특별한 애정으로 대했다. 전쟁 중에 영국에서 건넜을 뿐만 아니라 전쟁 후에도 건넜기 때문이다. 드골은 1946년부터 1958년까지 12년간 정 권에서 물러섰다. 그동안 프랑스는 흔들렸고 거의 자멸했다. 프랑스의 위대함을 다시 회복하고자 드골은 사막으로 쫓겨나

외롭고 힘없는 세월을 견디라는 부름을 받았다. 프랑스가 드골을 거부했는데도 드골은 프랑스를 구하고자 하는 희망을 저버리지 않았다. 이러한 거절과 실패를 통해 다시 한번 정신적으로 무장할 수 있는 다이너마이트가 만들어졌다.

잊지 말라. 산 사이에는 골짜기가 있다. 골짜기의 바위는 예전에는 고지에 있다가 굴러떨어졌을 수도 있다. 누군가가 아래로 던졌을 수도 있다. 아니면 그냥 길을 잃은 것일 수도 있다. 그렇게 지금은 이 낮은 곳에 있게 됐다. 바위가 골짜기에 있는 것이 큰 문제는 아니다. 그렇다고 해서 어쩔 셈인가?

긴 황무지나 황량한 골짜기, 어느 쪽이 되었든 건너가야 한다. 인내와 참을성 그리고 무엇보다 사랑이 필요하다. 이 시기를 거치면서 쓸쓸해지면 안 된다. 이 시기를 통해 더 나은 자신이 된다는 것을 확신해야 한다.

왜냐하면 사람들이 우리에게 기대고 있기 때문이다. 희망을 저버리지 말라. 그들 때문에 포기하지 말라. 그들은 자신이 무슨 일을 하는지 모른다. 반면에 우리는 무슨 일을 하는지 안다. 이 사막, 이 광야는 우리가 건너가기 위해 존재한다. 우리 여정의 일부다. 시련을 겪어야 목적지가 찬란해 보이는 법이다. 그렇게 우리는 영웅이 된다.

한계를 뛰어넘는 용기는
어디에서 오는가

1969년 여름, 제임스 스톡데일 대령은 마흔여섯 살이었다. 잔인하게 구타당하고 가진 것을 빼앗겨 힘들어하고 있었다. 발버둥 치고 있었다. 두려웠다.

베트남군이 원하는 것은 카메라에 나오는 스톡데일의 얼굴이 봐줄 만하게 면도하는 것뿐이었고 스톡데일이 카메라 앞에 앉아 모든 게 괜찮다고 말하는 것뿐이었다.

하지만 제임스 스톡데일은 베트남군이 준 면도날로 면도하는 대신 이마에 약 8센티미터의 깊은 상처를 냈다. 이것으로도 부족하다고 느낀 스톡데일은 나무 의자에 얼굴을 세게 박았다. 거의 앞이 보이지 않을 때까지 계속해서 얼굴을 내리쳤다.

이렇게 하노이 힐튼호텔에서 스톡데일은 자신을 포로로 잡은 사람들을 상대로 반항 시위를 시작했다. 그는 전쟁에 사로잡힌 포로가 아니라 전쟁을 사로잡은 포로가 됐다. 그리고 조국보다도 자기 부하들을 위해 맞서 싸웠다.

그해 가을, 전우들이 당하는 고문의 강도가 심해지자 스톡데일은 고문을 막기로 결심했다. 팀을 위해 희생하기로 했다. 자기 목숨을 바칠 셈이었다. 스톡데일은 의자에 묶여 뒤뚱뒤뚱 걸으며 창문으로 다가가 얇은 유리창을 깬 다음, 깨진 유리 조각 가운데 큰 것을 잡아 손목을 그었다.

스톡데일은 나중에 이렇게 회고했다. "북베트남군에게 최악의 시나리오는 내가 죽는 거였다. 의식이 돌아오자 북베트남군 선임 장교들이 있던 방 분위기는 숨이 막힐 정도로 엄숙해졌다. 그날 밤 이후 감옥에서 고문은 완전히 끝났다."

그 당시 스톡데일은 두 번이나 자기를 벼랑 끝으로 내몰았다. 이 행동은 자신의 이익을 위한 게 아니었다. 자살 시도에서 살아남을 줄은 전혀 몰랐다. 집에는 사랑하는 아내와 자식이 있었다. 자기 나름의 희망과 꿈도 있었다. 잃을 게 너무 많았다. 그런데도 자기 삶을 타인의 고통을 덜어줄 수 있다는 희망과 맞바꿀 수 있을까?

간수들은 이해하지 못했다. 그들은 포로끼리 싸움이 일어날 수도 있다고 생각했다. 혹은 포로들이 너무 많은 고통과 두려움에 시달려서 다른 사람에게 무슨 일이 일어나고 있는지 그다지 신경 쓰지 않으리라고 생각했다. "그렇게 행동해서 나에게 돌아오는 게 뭐지?" 자기보존의 논리가 강한 사람들이 오래전부터 해온 질문이다.

스톡데일이 말하기를, 북베트남군은 성서만큼 상투적인 생각에 진실한 믿음이 깃든 것을 보고 놀랐다. "내가 아우를 지키는 자라는 생각은 '그게 나와 무슨 상관이지?'의 반대말이다." 이웃을 사랑하는 것은 둘째 치고 아우를 지키라니? 그들을 위해 희생하라는 것인가? 「요한복음」 15장 13절 성경 구절을 읽어보라. "사람이 친구를 위하여 자기 목숨을 버리면 이에서 더 큰 사랑이 없나니." 제자들은 그리스도가 자기 자신이 한 조언처럼 고통스럽게 목숨을 바치는 것을 목격했다. 열두 제자 가운데 자연사한 사람은 한두 명뿐이고 나머지는 그리스도의 조언을 따라 목숨을 바쳤다.

그런데 우리는 다른 사람의 이익을 위해 목소리를 높이기를 두려워한다. 왜냐하면 지금 있는 곳에 도달하려고 정말 열심히 노력했기 때문이다.

영웅은 단지 혼자서 궂은 날씨를 무릅쓰는 사람이 아니다. 세상과 싸우는 사람이 아니다. 세상에 화내는 사람이 아니다. 세상을 위해 무언가를 할 의지가 있는 사람이다.

스톡데일과 같은 비통한 갈등에 놓였던 베트남의 틱꽝득 스님을 떠올려 보라. 불교신자를 박해하는 남베트남 정부에 깊이 마음 아파하고 분노한 틱꽝득은 믿기 힘든 저항의 몸짓을 하기로 했다. 자기 몸에 불을 지핀 것이다. 화염이 온몸을 휘감는 데도 아무런 미동 없이 가만히 앉아 극기를 발휘하는 틱꽝득의 사진을 본 사람이라면 그의 광기 어린 용기에 감동하지 않을 수 없다.

용기(courage)의 어원은 마음 또는 심장(heart)이다. 너무나 잘 들어맞지 않는가? 초인적인 저항의 메시지를 통해 틱꽝득의 마음은 오늘날까지 온전히 남아 있을 뿐만 아니라, 실제로 그의 심장은 분신 중에도 손상되지 않고 멀쩡하게 남아 오늘날에도 성스러운 유물이자 저항의 상징으로 전시되어 있다.

무엇이 그런 일을 하도록 한 것일까? 자기 자신을 위한 저항 때문이 아니었다. 바로 사랑 때문이었다. 무고한 사람에 대한 사랑, 미래에 대한 사랑. 비록 눈으로 직접 볼 수 없을지라도 말이다.

사랑은 우리를 영웅이 되게 한다. 스톡데일과 함께 포로가 되었던 전우들은 U와 S를 신호로 주고받았다고 한다. 무슨 뜻일까? 미국(United States)? 아니다. '개인 이전에 전체(Unity over Self)'라는 뜻이었다. 외로울 때, 고문하는 장소로 끌려갔을 때, 감방에 앉아 고문당하면서 뱉은 말로 자책할 때 그들은 신호를 보내며 서로를 위로했다.

개인은 어떤 전체의 일부인가? 우리에게 힘을 주는 사랑은 무엇인가? 조국? 대의? 전우? 바로 그것이 '나와 무슨 상관이 지?'의 반대말이다. 바로 그것이 자기 자신의 한계를 뛰어넘게 한다.

타인을 위해 행동하기

그곳에는 마틴 루서 킹 주니어가 있었다. 거의 모든 사람이 그 이름을 들어보았을 것이다. 그런데 2인자가 되어달라는 킹의 요청에 목사직을 내려놓은 랠프 애버내시에 대해 들어본 사람은 거의 없을 것이다. 스탠리 레빈슨에 대해 들어본 사람도 거의 없다. 레빈슨은 킹의 활동에 자금을 지원했고, 킹에게 연설문을 써주었으며, FBI에게 공산주의 첩자라고 누명을 썼을 때도 킹이 피해를 받지 않고 흑인 인권운동을 계속할 수 있도록 조용하게 킹과의 관계를 끊었다.

"마틴이 그런 선택을 하게 내버려 두지 않을 겁니다." 대통령이 레빈슨과 결탁했다는 명목으로 킹을 협박한다는 이야기를 듣자 레빈슨은 이렇게 말했다. 믿을 수 없을 정도로 고통스러웠지만, 아무런 질문도 불평도 없이 사라짐으로써 친구가 곤경에 처하지 않게 행동했다.

　스포츠에서는 두 가지 부류의 선수가 있다. 첫 번째 부류는 선천적으로 재능을 타고난 선수다. 유전적·신체적 탁월함으로 위업을 이루는 유형으로 상대편을 공격하고 숨 막힐 정도로 멋진 경기를 한다. 두 번째 부류는 첫 번째 부류보다 타고난 재능은 더 적고 경기력도 덜 인상적이지만 이 선수들이 없으면 경기를 할 수 없다.

　이들은 핵심적인 선수이자 팀의 일원, 주장으로서 사람들을 한데 묶고 팀이 승리하는 데 필요한 자신감을 심어준다. 존 우든은 농구선수와 감독으로 활약하며 경이적인 대기록을 세운 신화적 존재다. 우든이 이끈 농구팀은 12년 동안 88연승, 10회의 전미 대학 농구선수권대회 우승이라는 대기록을 세웠다. 우든은 선수의 키가 얼마나 큰지보다 얼마나 자신의 역량을 키웠는지에 주목했다. 그보다 더 인상적인 선수는 팀의 역량을 키우는 선수다. 시카고 불스를 생각하면 흔히 마이클 조던을 떠올리겠지만 빌 카트라이트를 잊어서는 안 된다. 시카고 불스 주장이었던 카트라이트는 말 그대로 상징적으로 선수권대회 첫 3연패를 이끈 팀의 중심이었다.

　애버내시와 레빈슨은 킹의 역량을 더 키웠다. 그들은 흑인 인권운동의 힘을 더욱더 키웠다. 우리와 우리 주변 사람들도 이런 말을 들을 수 있을까?

동료를 실망시키지 말라. 이는 가장 기본적인 군사적 용기다. 하지만 영웅은 그것을 넘어선다. 위대함의 본질은 재능이나 실력을 넘어선다. 미국 야구 역사상 아프리카계 미국인으로서는 처음으로 메이저리그에서 활약한 재키 로빈슨이 말했듯이 타인의 인생에 영향을 주는 삶만이 의미 있는 삶이다.

팀을 훌륭해지도록 돕는 운동선수 말인가? 팀의 경기력을 향상시키는 운동선수는 또 어떤가? 주변 사람들로부터 더 많은 것을 얻어내는 지도자, 청중에게 영감을 주는 예술가, 침착함을 전염시키는 군인. 그것이 바로 우리가 이야기하고 있는 사람들이다.

롱펠로의 시는 플로렌스 나이팅게일의 진정한 영웅성을 포착한다. 나이팅게일이 영웅인 이유는 그가 단순히 용기를 냈기 때문만은 아니었다. 빼앗기고도 불평 없이 견뎌낸 것만이 아니라, 바로 다른 사람들을 위해 일했기 때문이었다.

그 말과 행동을 기리라
매일 필요할 때마다 도움이 되도록
그 말과 행동이 넘치면
낮은 곳에서 우리를 일으키리니

나이팅게일은 다른 사람들이 더 훌륭한 사람이 되게 했다. 더 나은 사람이 되게 했다. 테르모필레의 뜨거운 문에 서서 단결하고 이타적인 태도를 견지했던 스파르타는 그리스를 더 위대해지게 했다. 그리스 도시국가 연맹이 더 끈끈해지도록 피를 흘렸다. 드골은 최저점에 있는 프랑스를 우뚝 세우고자 했다. 심지어 드골을 비판하는 사람들도 그의 업적을 인정했다.

우리는 침착함이 얼마나 잘 전염되는지 알고 있다. 진짜로 우리가 해야 하는 일은 남들보다 더 많이 있는 자질을 활용하여 필요한 사람들에게 퍼뜨리는 것이다. 나이팅게일은 연민이었고, 애버내시는 용기였으며, 레빈슨은 사업 감각이었다.

본보기를 보여줄 수 있다. 처칠이 그랬던 것처럼 감동적인 말을 해줄 수 있다. 멘토가 되거나 힘든 상황에 놓여 있는 사람에게 위로를 건네줄 수도 있다. 희망을 심어주고, 안심하게 해주고, 짐을 덜어주고, 정신력을 단단하게 붙잡아 줄 수 있다. 팀을 위해 필요하다면 다른 사람이 내켜 하지 않는 불쾌하거나 어려운 일을 맡기로 마음먹을 수 있다. 힘 있는 자에게, 세상에 또는 친구에게 누군가는 말해야 하는 진실을 말하는 사람이 될 수 있다.

범람은 물 한 방울로부터 시작된다는 것을 잊지 말라. 운동선수의 복귀는 한 경기로부터 시작된다. 한 사람의 한마디가 후퇴를 멈추거나 시작하게 할 수 있다. 군중을 진정하거나 폭발하게 할 수 있다. 누구나 그런 사람이 될 수 있다. 말 한마디를 뱉거나 한 경기를 하거나 물 한 방울이 될 수 있다.

격려라는 단어 안에 들어 있는 형태소의 의미가 이를 너무 정확히 짚어주고 있다. '용기(courage)가 되다(en)'라는 뜻을 담은 말의 명사형(ment)인 격려(encouragement)는 '용감하게 되도록 하는 행위'라는 의미를 내포한다.

롱펠로는 「인생의 찬가」에서 시간의 모래에 발자국을 남기는 것에 관해 이야기했다. 하지만 왜 그래야 하는 것일까? 중요한 것은 이 발자국이라는 자취가 남아 있다는 것이다.

인생의 장엄한 바다를 항해하던 누군가가,

좌초되어 실의에 빠진 어떤 형제가, 그 발자국을 보며

다시 용기를 얻게 되리라.

이것이 영웅이 하는 일이다. 그들은 영향을 미친다. 타인을 위해 변화를 만들어나간다. 오늘부터 영원히.

보상받든 보상받지 못하든 신경 쓰지 않는다. 성공은 동기가 아니다. 세네카는 이렇게 썼다. "다른 사람을 더 나아지게 할 수 있는 사람은 행복하다. 그들과 함께할 수 있을 때뿐만 아니라 심지어 그들이 자신을 생각할 때도 행복하다." 괴로워 죽을 것 같아도, 해고되거나 목숨을 잃거나 더 최악의 상황이 벌어져 이 자리에서 희생의 열매를 맛볼 수 없다고 해도 여전히 가치가 있는 일이다. 우리의 기억은 이를 목격한 사람 마음속에 살아있기 때문이다.

어쨌든 그 덕분에 우리가 이 자리에 있는 게 아니겠는가. 우리의 의무는 자신이 최고가 되는 게 아니라 다른 사람이 최선이 될 수 있게 돕는 것이다. 비록 이런 노력은 종종 우리의 희생으로 이루어지지만 말이다.

기회는 우연히 찾아오지 않는다

사회학자와 역사학자는 이른바 '도덕적 운'에 대해 이야기한다. 모든 사람이 세상을 바꿀 만한 정부의 비밀을 밝힐 위치에 있는 것은 아니다. 누군가가 물에 빠져 헤엄칠 수 없을 때 모든 사람이 그 현장에 있는 것은 아니다. 간호하라고 부름을 받은 모든 사람이 간호학이 생긴 지 얼마 안 되어서 약간의 지식만으로도 혁명을 일으킬 시기를 살아가는 것은 아니다. 레오니다스가 300명을 선발했을 때 모든 사람이 입대할 나이인 것은 아니다.

할리우드 거물 제작자 하비 와인스타인의 성 추문이 불거진 뒤 성폭력 고발 '미투' 운동에 업계 사람들이 참여할 때 동료들에게 불리한 증언을 하라고 부름을 받은 시나리오 작가가 될 만큼, 여성참정권 운동이 일어난 시기에 페미니스트가 될 만큼 모든 사람이 '운이 좋은 것은' 아니다. 이것을 운이라고 부르고 싶다면 말이다.

처칠은 정치가 로즈버리 백작에 관해 쓴 글에서 '위인들과 작은 사건들의 시대'에 사는 사람들을 다소 슬픈 눈으로 바라봤다. "로즈버리가 살아간 빅토리아시대에는 일종의 지루한 평온함이 존재했다. 하지만 사실 이것은 스스로를 합리화하는 시각이다." 로즈버리는 1847년에 태어나 1929년까지 살았다. 그런데 19세기 중반에는 엄청나게 큰 사건들이 있었고, 심각한 부정이 드러나서 사회 곳곳에서 개선을 향한 목소리가 울려 퍼졌다. 이 '위대한' 사람들은 어디 있었을까?

미국은 1865년까지, 브라질은 1888년까지 노예제도를 폐지하지 않았다. 로즈버리가 살아 있는 동안 영국에 있는 공장의 노동조건은 열악하고 극악무도했다. 영국의 식민지 제도와 거기서 일어난 모든 학대는 반대에 부딪히지 않고 계속됐다. 영국 정치에서 아일랜드 문제가 대두됐고, 대부분의 지도자는 이 나라에 가망이 없다고 믿었다. 국가는 피해 볼 사람들을 생각하지 않은 채 사소한 이유로 전쟁에 자주 뛰어들었다. 수백만 명이 굶어 죽었다. 수없이 많은 것이 발명되지 않았고, 개혁되지 않았으며, 지켜지지 않았다.

그 세월 동안 많은 일을 이룰 수 있었을 것이다. 심지어 이는 처칠 시대의 굵직한 사건들에도 해당하는 이야기다. 처칠은 왜 제2차 세계대전 동안 영국령이었던 인도의 벵골 지방에서 약 300만 명의 사람이 영양 결핍으로 사망하고 6000만 명의 벵골 인구 가운데 150만 명에서 400만 명이 기근으로 피해를 보았던 벵골 기근이 발생했을 때 관심을 기울이지 않았을까? 간디의 도덕적인 외침을 왜 헛들은 것일까? 처칠은 가장 위대한 시대를 살았지만, 이 두 사건에 늦장 대응을 했다는 비난을 피해갈 수 없다. 이는 오늘날에도 여전히 마찬가지다. 우리가 어떤 사람이든 어디에 살든 무슨 일이 일어나든 할 수 있는 일은 많다.

영웅은 해야 할 일을 자기 자신뿐만 아니라 다른 사람을 위해서 하는 사람이다. 즉, 영웅은 자기 손으로 행운을 만들어 나간다. 일이 그냥 일어나는 것은 아니다. 셰익스피어는 시간이 우리를 부르면 그 시간에 맞추어야 한다고 말했다. 하지만 때와 순간을 스스로 찾아야 할 때도 있다. 손 놓고 있을 수 없다. 기다릴 수 없다. 먼저 손을 뻗어야 한다.

마르쿠스 아우렐리우스의 말처럼 "진정한 행운은 내가 만드는 행운이다." 여기서 행운이란 좋은 성격이자 선한 의도, 옳은 행동을 말한다. 생각만큼 손쓸 방법이 없는 것은 아니다. 영웅이 할 일은 언제나 있고, 영웅이 도울 사람은 늘 존재한다.

물론 우리가 드골이나 소피아 패러, 프레더릭 더글러스 같은 처지에 놓이지 않을 것은 분명하다. 우리가 용기를 내는 순간은 서사시와 다를 수도 있고, 그만큼 위험하지 않을 수도 있다. 그것은 아마 좋은 일일 것이다. 하지만 그렇다고 해서 우리가 아무 일도 하지 않아도 되는 것은 아니다.

크든 작든 우리 손으로 운을 만들어야 한다. 나이팅게일이 들은 것만큼 뚜렷한 목소리가 들리지 않았다고 해서 지역을 위한 또는 세계를 위한 부름을 받지 않은 것은 아니다.

어둠을 저주할 것인가, 촛불을 켤 것인가? 잔잔한 바다를 보며 한탄할 것인가, 아니면 모터를 만들 것인가? 우리는 목적이 존재하도록 할 것이다. 영웅이 되기를 선택할 것이다. 그렇게 하지 않는다면 책임은 우리 몫이다.

옳은 일을 한 대가를
감내할 수 있는가

"공산주의자가 되는 것보단 죽는 게 낫다." 영국의 철학자 버트런드 러셀이 한 말이다. 다른 사람의 용기를 재단해서는 안 되지만 러셀의 이 말은 지식의 상아탑을 지키려고 한 말은 아니었다. 바람둥이 러셀이 다른 사람 아내의 침대에서 내뱉은 이 말은 아마도 비겁함의 정점이었을 거라고 말해도 과언이 아니다.

누가 봐도 러셀에게 목숨은 존엄성보다 중요했다. 원칙보다, 심지어 자유보다 자기보존이 더 가치가 있었다. 러셀은 위대하게 죽기보다는 차라리 소련의 전체주의에 항복하는 것을 선호했을 것이다.

에피쿠로스로 거슬러 올라가 보자. 몇몇 철학자는 왜 어떤 사람은 다른 사람을 위해 목숨을 바치는지 의문을 제기했다. 그들은 누군가를 위해 죽기는 고사하고 대의를 위해 위험을 감수하는 것에도 의문을 제기했다. 계속 숨 쉴 수 있다면 아첨꾼이 되는 게 뭐 그렇게 나쁜 것이냐고 물었다. 치러야 할 대가가 목숨이라면 그 원칙은 좋은 원칙인가? 물론 이 말에도 논리는 있다. 한심한 논리일 뿐이지만.

영국의 '용감한' 철학자 존 스튜어트 밀은 전쟁은 추악하다고 했다. 하지만 밀은 "전쟁만큼 가치 있는 것은 없다고 생각하는, 썩고 타락한 애국심은 전쟁보다 훨씬 더 나쁘다"라고도 말했다. 그의 말처럼 어디에 선을 그을지 충분히 신경을 써야 한다. 한도를 정하는 데 실패하면 결국 도를 넘는 수많은 인류 역사 속 사건들보다도 더 추악해진다.

좋은 소식은 우리가 마음속 깊은 곳에서는 죽음보다 더 나쁜 게 있다는 사실을 안다는 것이다. 그렇기에 우리는 영웅을 존경한다. 유명하든 유명하지 않든 자신의 신념을 위해 싸우고 도전하며 위험을 무릅쓰고 희생한 영웅을 말이다.

소(小) 카토는 율리우스 카이사르에게 저항하고자 목숨을 바쳤다. 트라세아와 세네카도 네로에게 대항하다 내리막길을 걸었다. 스파르타인은 크세르크세스 밑에서 부유한 노예로 살기보다 자유인으로 싸우는 것을 선호했다. 이것이 바로 우리가 소크라테스를 위대하다고 생각하는 이유가 아닐까? 도망칠 수도 있고 뇌물을 바쳐 감옥에서 나올 수도 있었지만, 소크라테스는 그러지 않았다. 예수님도 마찬가지가 아닌가?

잠시 멈춰서 세상에 덜 알려진 영웅들을 추모해 보자. 투표권이 없던 시절 흑인들은 구타당하고 일자리를 잃고 대출이 회수됐지만, 그래도 투표하려고 명부에 등록했다. 나치 또는 과거 남아프리카공화국의 인종차별정책 아파르트헤이트에 반대한 수많은 연인은 다른 인종의 배우자와 결혼했다. 예순 살의 어머니, 로리 길버트케이는 2019년 총기 난사 때 앞에 있던 랍비를 향해 몸을 던졌다. 자신의 목숨을 희생하여 랍비를 죽음으로부터 구한 것이다. 해군 함정에서 흑인 요리사로 일하던 레너드 로이 하먼은 태평양의 과달카날섬에서 대피한 부상자들을 몸을 바쳐 보호했다. 조국이 참정권과 자유롭게 살아갈 권리를 불법으로 박탈했는데도 조국을 위해 몸을 내던졌다. 프랑스의 철학자 안 뒤푸르망텔은 휴가 중에 물에 빠진 두 아이를 구하다 사망했다. 윌프레드 오언은 동료 시인 시그프리드 서순이 심각한 부상을 입자 대신 제1차 세계대전에 참전했다. 버트런드 러셀처럼 오언도 반전주의자였지만 누군가는 전쟁의 공포를 기록해야 한다고 생각했다. 오언은 휴전 일주일 전에 전투에서 싸우다가 사망했다. 자신이 반대했던 전쟁에서 죽었지만 자기가 해야 한다고 믿었던 의무를 다했다.

세네카가 말했다. "우리는 몸을 정성껏 돌보며 소중히 여겨야 한다." 직업, 지위, 우리 자신을 위해 일군 삶도 마찬가지로 소중히 여겨야 한다. "이성과 자존심, 의무가 희생을 요구할 때도 화염에 뛰어들어 희생할 준비가 되어 있어야 한다."

두려움은 "하지만 만약에 이렇다면?"이라고 묻는다. 두려움은 치러야 할 대가에 대해 걱정하게 한다. 대부분 우리가 치러야 할 대가다. 영웅은 그런 생각을 하지 않는다. 영웅은 옳은 일을 한 대가로 내야 하는 청구서를 받아들인다.

다음 세대에게 길을 터주려고 은퇴한 나이 지긋한 지도자를 생각해 보라. 미국의 야구선수 루 게릭은 자신의 경기력이 떨어진다고 생각하자 다음 세대를 위해 양보했다. 필요한 법안을 통과시키려고 자멸을 무릅쓰는 정치인을 생각해 보라. 창작적 소명을 추구하고자 청중이나 후원자의 비위를 거스르는 예술가를 생각해 보라. 일러스트레이터로서 경력이 절정에 올랐을 때 노먼 록웰은 더 큰 예술적 자유를 추구하고자 터무니없이 많은 돈을 벌게 해준 《새터데이 이브닝 포스트》 잡지 표지 그림을 그리는 일을 그만둔다. 그리고 즉시 예술적 자유를 행사하며 미국의 인종차별을 주제로 한, 잊을 수 없는 감동적인 작품을 그렸다. 무함마드 알리가 징병을 거부하여 일적으로 잃은 돈은 1000만 달러 이상으로 추정된다. 알리는 병역거부로 징역 5년에 벌금 1만 달러를 선고받았고, 병역거부 선언 논란으로 세계 챔피언 타이틀과 함께 프로권투 선수 면허를 박탈당했다. 코로나19 대유행 동안 공공보건을 위해 선뜻 희생한 사업체도 있었지만 그렇지 않은 사업체도 있었다. 당연히 그렇게 해야 하는 일처럼 보이지만 정말 그렇게 쉬운 일이었다면 모두 그랬을 것이다.

아마 기업이 고르기 가장 어려운 선택은 이익보다 사람을 우선시하는 결정을 내리는 것일 것이다. 넷플릭스 공동 CEO 리드 헤이스팅스는 DVD 사업을 중단했을 때 용기가 필요했다. 하지만 만약 사우디아라비아가 반체제 언론인을 살해한 사우디 정부를 비판하여 논란이 된 작품을 넷플릭스에서 내려달라고 요구했을 때, 이에 맞섰다면 더 용감했을 것이다. 헤이스팅스는 그렇게 하는 대신 주가를 생각하며 "우리는 '권력 앞에서 진실을 말하려고' 하는 게 아닙니다. 대중을 즐겁게 하려고 할 뿐이죠"라고 답했다.

반정부 성향의 언론인 자말 카슈끄지는 터키에서 사우디 공작원들에게 암살되었는데, 암살을 주도한 공작원들은 암살하고 나서 카슈끄지의 사지를 절단했다. 언론인을 암살하는 것에 맞서는 태도를 보이지 못한다면 억만장자가 되는 게 무슨 소용인가?

모든 사업은 사람들과 마찬가지로 경쟁해야 할 의무가 있다. 하지만 궁극적으로 돈보다 더 중요한 게 있고, 인간으로서 회사 이사회를 뛰어넘는 대의에 답해야 한다. 잡화 소매점 CVS가 가맹점에서의 담배 판매로 매년 20억 달러의 수익을 얻었는데도 이를 중단했을 때처럼 말이다. 조너스 소크가 소아마비 백신 특허권을 행사하지 않고 모두가 혜택을 받을 수 있게 한 것과 꽤 다른 사례지만 비슷하게 인상적이다. 그리고 공교롭게도 실제로 차이를 만들어냈다. 많은 고객이 담배를 사러 다른 가게에 가지 않고 그냥 담배를 끊었다. 다른 주요 소매업체들이 CVS의 행보를 따르지는 않았지만 한 가맹점의 사업주가 올바른 일을 위해 수익을 기꺼이 포기한 덕분에 담배 산업 전체 매출이 하락했다.

다른 사람을 위해, 다른 무언가를 위해 책임을 지는 것. 이것이 바로 영웅이 하는 일이다. 겁쟁이는 자기 자신만 생각한다. 용기는 "지금이 아니라면 언제 할 텐가?" 그리고 "내가 아니라면 누가 할 건가?"라고 묻게 한다. 대담해지도록 밀어붙인다. "모든 사람이 이기적이라면 어떻게 될까? 세상은 어떤 모습일까?"라고 묻기도 한다. 모험을 하고 평범하지 않은 길을 개척하라고 격려한다. 하지만 랍비 힐렐의 질문이 비추는 다른 측면도 그만큼 중요하다는 것을 잊어서는 안 된다. 랍비 힐렐은 이렇게 물었다. "내가 나만을 위해 존재한다면, 나는 어떤 사람인가?"

우리를 끌어당기는 허무주의에 서서히 저항하고, 가능성과 운명에 기대기보다는 주체성을 행사한다. 하지만 왜 그럴까? 단지 자신의 생존을 위해서는 아닐 것이다. 미국의 시인 마야 안젤루는 용기란 자기 자신 그리고 타인을 위해 싸우는 거라고 했다. 그것이 바로 우리가 여기서 하는 일이다. 사실 그것이 바로 우리가 이 자리에 있는 이유다.

모든 것을 걸 용기

　부모의 반대를 무릅쓰고 사회의 비판을 무시하고 광야에서 시간을 보내며 부름에 따를 것인가? 대도시에서 꿈을 좇는 모든 시골 마을 출신의 소년 소녀처럼 플로렌스 나이팅게일에게도 엄청난 용기가 필요했다는 것을 우리는 안다.

　농구선수에서 야구선수로 전업하지 말라고 마이클 조던을 말리는 에이전트와 광고주들을 상상해 보라. 제프 베이조스가 월가(街)에서 일하던 시절, 상사에게 아마존에 대한 구상안을 설명했을 때 상사는 같이 산책하자고 한 뒤 이렇게 말했다. "좋은 생각 같지만 지금 직업이 없는 사람에게 더 좋은 발상이 될 것 같네."

　오로지 19세기 보헤미안으로 안주하기 위해 집을 박차고 나왔다면, 우리는 플로렌스 나이팅게일을 지금만큼 존경할까? 팻 틸먼이 벤처기업 투자자가 되고자 미식축구를 그만뒀다면? 틀에 박힌 길에서 벗어나려면 용기가 필요하다. 이타적인 이유로 기존의 관습을 벗어나는 것이라면 영웅이 된다.

마야 무어는 자기 분야에서 정상에 올랐다. 무어는 네 개의 미국 여자 프로농구 우승 반지를 따냈다. 여섯 번이나 올스타에 오른 이력도 있었다. 득점왕 타이틀, 스틸왕 타이틀은 물론 올해의 신인상과 가장 뛰어난 대학 농구선수에게 수여하는 우든상(賞)까지 받았다.

하지만 그다음에 무어는 선수 생활을 잠시 쉬고 농구계를 떠났다. 텔레비전에 출연하여 더 많은 돈을 벌려는 것도, 힘든 일에서 벗어나 휴식을 즐기려는 것도 아니었다. 억울하게 감옥에 갇힌 남자를 풀어주기 위해서였다. 석방운동은 성공했고 이 둘은 부부가 됐다.

《뉴욕 타임스》 칼럼니스트 데이비드 브룩스는 인생을 두 차례의 산행에 비유했다. 첫 번째 산은 개인의 성취를 의미하고 두 번째 산은 자신을 내려놓고 공동체에 헌신하는 것을 의미한다. 두 번째 산은 좋은 도전을 용감하게 받아들이거나 모든 이를 단념하게 한 역경을 견뎌서 보상받는 것을 넘어 그 자신의 몸을 바쳐 오르는 산이다. 첫 번째 산의 어려움을 씩씩하게 이겨내고 성공한 것만으로는 성취감이 충분하지 않다는 것을 깨달은 뒤 오르는 산이다.

대략 이러한 차이가 용기와 영웅주의를 구분한다. 단순히 대의가 있다고 다 되는 게 아니다. 자신의 이익과 상충할 수도 있는 무언가에 헌신하는 행위에는 전적으로 다른 무언가가 있다. 희생이 클수록 영광도 커진다. 성과가 그리 주목할 만한 것처럼 보이지 않을지라도 말이다.

아픈 아이를 돌보고자 자신의 꿈을 제쳐두는 부모, 외국에서 의대를 나왔으면서도 매일 앞치마를 두르는 이민자, 자신이 하는 일이 세상을 더 나쁜 곳으로 만드는 데 일조한다는 믿음으로 보수 또는 지위가 높은 일을 그만둔 직원, 조용히 누군가를 보호하느라 억울하게 명성에 타격을 입은 사람.

무어의 결정은 수백만 달러의 수입과 텔레비전 출연, 선수 경력에서 최고의 세월을 등지는 것을 의미했다. 옳은 일을 하다가 모든 것을 잃을 수도 있었다. 하지만 어떻게든 해냈다.

사람들은 의구심의 눈길을 보냈다. 비판했다. 물론 모든 사람이 무어가 감옥에서 빼내고자 했던 남성이 무죄라고 생각하지는 않았다. 만약 그랬다면 법적 분쟁이 수년간 지속되지 않았을 것이다. 무어는 이를 용감하게 마주했다. 이 일을 해서 얻는 장점은 확실하지 않았다. 단점은 선수 경력과 인생의 미래를 망칠 수도 있다는 것이었다.

드골은 생애 마지막에 이렇게 회고했다. "자국민에게 모욕

받거나 버림받더라도 이를 무시할 수 있는 모든 능력 중에서 기개는 가장 위에 있다. 모든 것을 잃을 마음이 있어야 한다. 세상에 반만 위험한 것은 존재하지 않는다." 영웅주의를 끝내 주게 잘 정의하는 구절이다.

있어야 할 바로 그곳으로 가라

    1939년, 독일 루터교회 목사이자 신학자이며 반나치 운동가인 디트리히 본회퍼는 미국으로 무사히 귀환했다. 본회퍼는 교회 연단에서 공포에 떨며 히틀러가 세력을 펼치는 것을 지켜봤었다. 미국에 도착한 그는 이제 안전했다. 그러나 뉴욕 항구에 입성하자마자 후회하기 시작했다. 떠오르는 생각마다 독일에 관한 것이었다. 뒤에 남겨두고 온 사람들, 줄 수 있었던 도움에 관해 생각했다. 조국은 불타고 있는데 자기만 휴가를 온 것 같았다.

    마침내 본회퍼는 결심했다. 독일로 돌아가기로 한 것이다. "미국에 오는 것은 실수였다는 결론에 도달했습니다. 독일 역사상 이렇게 어려운 시기에 저는 국민과 함께해야 합니다. 제가 이 시련을 우리 국민과 나누지 않는다면 저는 전쟁이 끝나고 나서 독일의 기독교적인 삶을 재건하는 데 참여할 권리가 없습니다. 독일의 기독교인은 기독교 문명의 존속을 위해 국가의 패배를 기꺼이 받아들이거나, 국가는 승리하되 기독교 문명이 파괴되는 끔찍한 대안 중 하나를 마주해야 할 것입니다. 이 두 가지 대안에서 뭘 선택해야 하는지 알고 있지만, 안전한 상황에서 그걸 선택할 순 없습니다."

히틀러가 유럽을 전쟁에 빠뜨렸을 때 본회퍼는 자발적으로 히틀러와의 전쟁에 뛰어들기로 마음먹었다. 비록 그것이 기꺼이 교수대에 오르는 일이라는 점을 자각하고 있었는데도 말이다. 본회퍼는 결국 히틀러에 반하는 음모를 꾸민 혐의로 체포되고 투옥된 후 교수형을 당했다. 역사상 가장 끔찍한 괴물을 암살하는 데 성공할 뻔했기 때문이다. 본회퍼와 공모자들을 기리는 기념비에는 이런 간소한 문구가 새겨져 있다. "독재와 공포에 저항하며 자유와 정의, 인간애를 위해 목숨을 바치다."

이민자와 난민에게는 엄청난 용기가 필요하다. 가족이 더 나은 삶을 살 수 있도록 고향을 뒤로하고 떠난다고? 하지만 어떤 사람들에게는 바다와 사막을 건너는 게 운명인 것처럼, 문자 그대로 또는 상징적으로 이곳에 머무르는 게 우리의 운명일 수 있다.

프랭크 세르피코의 어머니는 거친 대서양의 건너편에서 더

푸른 목초지를 찾았다. 뉴욕 경찰의 부패와 그런 부패를 눈감아 주는 기형적인 조직문화 사이에 끼인 세르피코는 수없이 일을 그만두는 상상을 했을 것이다. 하지만 그는 남아서 싸웠다. 심지어 증언했다는 이유로 얼굴에 총을 맞은 뒤에도 경찰을 떠나지 않았다. 세르피코가 말했다. "왜 그만둬야 합니까? 저는 아무것도 잘못한 게 없습니다만."

러시아의 변호사이자 정치 활동가 알렉세이 나발니는 2009년 이후 러시아연방 정부의 부패 문제와 블라디미르 푸틴 러시아연방 대통령을 비판해서 주목을 모았다. 2020년 8월 20일, 나발니는 톰스크에서 모스크바로 가는 비행기 안에서 러시아에서 군사용 생화학무기로 개발한 신경작용제 노비촉으로 공격받아 의식을 잃고 병원으로 옮겨졌다. 이틀 뒤 항공편을 통해 베를린의 병원으로 이송된 나발니는 한동안 혼수상태에 있었으나 9월 7일 코마에서 깨어났다. 나발니는 독극물 공격의 배후로 푸틴 대통령을 지목했다. 그리고 정치적으로나 개인적으로나 위험한 상황인데도 러시아에 남았다.

코로나19 사태와 관련해 시진핑 주석을 비판했던 활동가이자 법학자인 쉬즈융도 중국을 떠날 수도 있었지만 그러지 않았다. 외부에서 볼 때, 이런 반체제인사들이 결국 체포되는 모습을 보면 다소 당황스럽다. 게다가 나발니는 거의 암살될 뻔하고도 조국의 혼을 위해 계속해서 싸웠기에 정의가 웃음거리가 되는 상황을 마주해야 했다.

왜 떠나지 않았을까? 떠나기보다 자국에 남으면, 망명하기보다 조국으로 돌아가면 좋은 일을 더 많이 할 수 있다고 믿었기 때문이다. 개혁가들은 종종 그렇다. 이 사람들은 위험을 감수할 용의가 있었다. 권력이 어떻게 반응할 것인지 알고 있었고, 어쨌든 자기주장을 할 만큼 충분히 용기가 있었다.

가수이자 사회운동가인 폴 로브슨은 왜 인종차별적인 미국을 떠나 자기를 더 환영해 줄 유럽으로 가지 않았느냐는 질문을 받았을 때 이렇게 답했다. "왜냐하면 아버지는 노예였기 때문입니다. 그리고 이 나라를 건설하고자 흑인들은 목숨을 잃었습니다. 저는 이곳에 남아 그 역사에 일조할 것입니다. 그리고 어떤 파시스트 정신으로 무장한 사람들도 저를 몰아내진 못할 겁니다. 알겠습니까?"

우리가 원하지 않더라도 매일 일을 나가는 이유다. 비록 위험할지라도 말이다. 우리가 잘못한 게 아닌데 왜 쫓겨나야 하는가? 다른 사람들이 떠나거나 그만두고 싶어 해도, 미래가 없다고 결론을 내렸다고 해도 그것에 동의하지 않아도 된다는 사실을 알아야 한다. 우리는 머물 수 있다. 돌아갈 수 있다.

사실 그것은 우리가 할 수 있는 가장 용감한 일일지도 모른다. 로브슨이 그랬던 것처럼, 나발니가 그랬던 것처럼 자기 자신을 희생할 때 다른 사람도 선례를 따르도록 불러들일 수 있다. 그것이 개인적인 위기로 논란이 된 친구를 저버리지 않는 것이든지 모든 사람이 믿음을 저버렸을 때 결실을 보리라고 믿으면서 하나의 질문을 계속 붙잡고 있는 것이든지 간에 말이다. 모든 사람이 도망가게 놔두어라. 그렇다고 우리는 쉽게 꺾이지 않을 것이다. 우리가 속한 정당이나 고향을 저버리지 않을 것이다. 그곳에 남아 문제를 해결할 것이다. 그것이 해야하는 일, 옳은 일이라는 것을 알기 때문이다.

버스 보이콧운동을 하는 동안 경찰이 철퇴를 가하자 마틴 루서 킹 주니어는 애틀랜타로 탈출했다. 킹은 자유로웠다. 안전했다. 아버지와 다른 사람들은 애틀랜타에 남아 먼 곳에서 대의를 지키는 선봉장이 되라고 간청했다. 킹이 말했다. "저는 몽고메리로 돌아가야 해요. 멀리 떨어져 있다면 겁쟁이가 되겠지요. 몽고메리에서 형제자매들이 체포되는 동안 이곳에 숨어있는 것을 자존심이 허락하지 않을 것 같습니다." 이것은 인생의 다짐이었다. 이제 요주의 인물이 되었으니, 킹은 북부에 남아 시민권운동을 이끌며 그곳에서 늙어갈 수 있었다. 연설에서 여러 번 반복해서 말했듯이 킹은 "골짜기로 돌아가겠다"라고 했다. 사명을 띤 그는 돌아갈 수밖에 없었다. 믿음이 킹을 인도했다.

때때로 우리는 가라는 부름을 받는다. 하지만 때때로 운명은 이곳에 남으라고 요구한다. 기꺼이 죽음의 한가운데로 들어가 그곳에 남아서 싸우라고 말이다. 일을 위해서, 대의를 위해서, 인생을 위해서, 가족을 위해서, 이웃을 위해서. 영웅은 스스로 큰 대가를 치르면서 이런 일을 한다.

행동하는 양심을 기억하라

　네로를 암살하려던 음모에 가담한 공모자 가운데 한 명이 붙잡혀 심문받았다. "왜 그랬는가?" 악령과 망상에 사로잡힌 황제를 향해 한 군인이 답했다. "왜냐하면 그것이 폐하를 도울 유일한 방법이었기 때문입니다."

　내부고발자나 진실을 말하는 사람, 활동가도 비슷한 질문을 들었을 것이다. "왜 이렇게 구는 거야?" "이게 문제를 일으키는 거 안 보여?" "이렇게 큰일로 만들어야겠어?" "그냥 우리가 알아서 처리하게 내버려 두면 안 돼?"

　이 질문에 답하자면, 이 사람들은 사랑이 너무 많아서 그렇게 한다. 너무 마음을 쓰기 때문이다. 자기 자신보다 자신이 해내야 할 일에 더 마음을 쓰기 때문이다. 아무 말도 하지 않거나 아무것도 하지 않는 것은 까다롭게 굴거나 불쾌한 문제로 대중의 이목을 끌어서 생기는 그 어떤 불편함보다 더 큰 피해를 준다.

6·25전쟁에서 위기일발의 순간 한 젊은 보좌관이 딘 애치슨 국무장관에게 다가가 합동참모본부가 맥아더에게 너무 모호한 명령을 내린 것 아니냐며 우려를 표했다. 이 불확실한 명령이 맥아더에게 전쟁을 불필요하게 확대할 기회를 줄 수도 있기 때문이었다. 갑작스러운 대화에 당황한 애치슨이 답했다. "맙소사. 지금 나이가 몇 살인가? 그렇게 생각한다면 자네가 합참의장을 맡는 건 어떤가?"

서른두 살에 불과했던 보좌관은 그 말을 듣자 입을 닫았다. 더 반대하지 않았다. 그는 침묵했다. 자기가 쌓아갈 앞으로의 경력이 더 중요했기 때문이다. 불과 며칠 뒤 맥아더의 공격적인 움직임에 자극받은 중국군은 한국에 엄청나게 많은 군대를 투입했다. 제3차 세계대전이 시작될 기세로 말이다.

일에 얽히고 싶지 않을 때, 자기 자신이나 명성을 해칠 위험을 무릅쓰고 싶지 않을 때 자기 경력과 인생만 위태롭지는 않다는 것을 이해해야 한다. 2000년 전에, "악이 승리하는 데 필요한 것은 선한 사람들이 아무것도 하지 않는 것이다"라는 명언이 등장하기 한참 전에 마르쿠스 아우렐리우스는 "아무것도 하지 않으면서도 불의를 저지를 수 있다"라며 자기 자신을 일깨웠다.

플로렌스 나이팅게일이 간호학에 혁명을 일으키지 않은 세상을 생각해 보고 싶은가? 부모님의 심기를 거스르고 싶지 않고, 담당 관료들과 맞서고 싶지 않다고 해서 드골이 페탱의 참모진으로 남았을 세상, 달콤한 거래를 제안받은 스파르타인이 테르모필레에서 자기 태도를 견지하지 않은 세상을 생각해 보고 싶은가? 그들이 자기 자신을 우선순위에 두기로 했다면, 침묵을 지켰다면 우리는 이 자리에 없었을 것이다.

검열을 무시한 예술가의 희생이 모이지 않았다면, 종교의 권위에 도전한 과학자가 없었다면, 경고를 무시하고 발명품을 공개한 발명가가 없었다면, 폭도와 악인에도 불구하고 시위를 진행한 시위자가 없었다면 당연히 우리는 이 자리에 없었을 것이다. 이 모든 남녀가 용감한 여정에서 살아남지는 못했다는 것에 주목해야 한다.

옳은 일은 때때로 죽게 될 줄 알면서 적을 향해 돌진하는 임무다. 가끔 우리의 창은 방패에 부딪혀 깨지기도 한다. 때로는 갈 데까지 가볼 용의가 있어야 한다. 기꺼이 직장이나 고객, 좋은 지위를 잃고 친구와 멀어지고 희생할 마음이 있어야 한다.

물론 그것은 무서운 일이다. 두려움과 자기를 보존하려는 본능과 맞서 싸워야 할 때가 있다. 하지만 우리는 자신만의 이유로 용기를 키웠다. 조금 더 성공할 수 있어서가 아니다. 삶이 우리에게 줄 수 있는, 두려움의 반대편에 있는 것을 경험하기 위해서도 아니다. 우리는 사람들이 기대하는 중요한 일을 할 수 있도록 용기를 기른다.

마틴 루서 킹 주니어의 말처럼 "침묵이 배신이 될 때가 온다." 킹은 이를 직접 경험했다. 감옥에 있을 때 또는 정당하지 않은 잔인한 폭력에 노출되었을 때 전화 한 통으로 자기를 구해준 케네디뿐만 아니라 자기를 위해 목소리를 높인 케네디의 매제 사전트 슈라이버에게도 빚을 졌다.

몇몇 선거운동원은 케네디에게 끼어들지 말라고 경고했고, 이에 케네디는 단념했다. 반면 슈라이버는 모든 것을 걸고 끝까지 해볼 가치가 있다고 결정을 내렸다. "케니, 내가 혈연을 이용해서 뭘 부탁하는 사람은 아니지만 이번엔 자네가 틀렸네." 슈라이버가 케네디의 선거운동 최고 고문에게 말했다. "이건 너무 중요한 일이라 케네디와 단둘이 이야기해야겠어."

호텔 방에서 슈라이버는 권한과 평판을 잃을 각오를 하고 케네디의 도덕적 나침반에 호소했다. 케네디가 경고했는데도 슈라이버는 자기 임무를 완수할 때까지 끝까지 인내했다. "성공한다고 할지라도 공은 자네에게 돌아가지 않을 것이고, 실패한다면 모든 비난을 받게 될 걸세"라는 말에도 그는 뜻을 굽히지 않았다.

사실 이것이 슈라이버가 받은 보상이었다. 처음에 슈라이버는 케네디 선거운동에 비용을 증가시켰다는 이유로 질타받았다. 선거가 끝나고 슈라이버가 옳았다는 게 증명됐지만, 그의 역할은 즉시 잊혔다. 장점은 없고 온통 단점뿐이었다. 그런데도 슈라이버는 용기를 냈다. 슈라이버가 이렇게 불리한 거래를 받아들인 것 또한 영웅적이다.

우리가 옳은 일을 하지 않으면 누가 할까? 누군가가 그렇게 하지 않으면 얼마나 많은 사람이 고통받을까? 우리는 입 다물고 있을 수 없다. 손 놓고 있을 수 없다. 기꺼이 그 일을 떠맡아야 한다. 그것이 도울 수 있는 유일한 방법이다.

634일 간의 조난을
버틸 수 있는 이유

    1961년 5월 4일, 흑인 일곱 명과 백인 여섯 명이 나눠 탄 두 대의 버스가 미국 워싱턴에서 출발했다. 버지니아주와 미시시피주 등을 거쳐 5월 17일 루이지애나주의 뉴올리언스에 도착하는 게 목표였다. 자유의 기수(Freedom Riders)라고 이름 붙여진 이 버스 순례는 남부의 인종 분리 정책을 규탄하기 위한 것이었다. 1960년 미국 대법원은 식당과 버스 등에서 유색인종을 차별하지 말라고 판결했지만, 남부에서는 여전히 인종차별이 횡행했다.

    그때 존 루이스는 사우스캐롤라이나주의 한 버스 정류장에서 '백인 전용' 대기실을 사용하려다가 한 남자에게 공격당해

의식을 잃었다. 이 일은 흑인 시민권 운동가로서 용감하게 참여했던 캠페인을 벌이면서 당한, 수많은 무의미한 구타 중 한번에 불과했다. 다른 여러 번의 구타처럼, 이번 구타도 루이스의 마음과 정신을 쉽게 피폐하게 만들었다. 그 자리에서 루이스는 인간으로서 최소한의 존엄성을 존중받기를 기대했지만, 사람들은 그를 죽이려 들었다. 너무 많은 친구와 무고한 아이가 헌법상의 권리를 주장했다고 잔인하게 살해되었다.

어떻게 그것이 한 사람에게 영향을 미치지 않을 수 있을까? 어떻게 그것을 보고 아무런 감정이 들지 않을 수 있을까? 그러나 48년이 지난 뒤 루이스는 이른바 KKK라 불리는 큐클럭스 클랜(Ku Klux Klan) 단원이며 루이스를 폭행한 장본인인 엘윈 윌슨을 직접 만나게 되었다. 윌슨이 사과하려고 했기 때문이다. 더 놀라운 것은 루이스가 기꺼이 그 사과를 받아들였다는 점이다.

우리 대부분은 한 번, 아니 네다섯 번 구타당한 뒤에는 포기하려고 할 것이다. 감옥에 가는 것을 몇 번까지 견딜 수 있을까? 존 루이스는 마흔다섯 번이나 체포됐다! 하는 일에 별 진척이 없다면 몇 년이나 버틸 수 있을까? 분노와 절망을 느끼는게 당연하지 않을까?

사랑? 연민? 낙관주의? 다시 한번 마음을 내려놓는 것? 우리가 살아가는 이 빌어먹을 세상에서 할 수 있는, 어쩌면 가장 정신 나가고 용감한 일은 계속 희망을 품는 것이다. 왜냐하면 희망을 품지 않을 이유가 너무나도 많기 때문이다.

고통과 실패가 반복되고 선량한 사람이 벌을 받는다. 탐욕과 이기심, 어리석음, 혐오는 끊임없는 행진을 이어간다. "무슨 소용이 있겠어?"라고 말하는 것은 쉽다. 하지만 포기하면 진다. 내가 포기했는데 전투에서 이기거나 변화를 일으키는 것은 불가능하다.

존 루이스는 포기하기를 거부했다. 사무실에서 엘윈 윌슨과 함께 있으면서 그는 자기를 괴롭혔던 사람에게 책 앞에 이렇게 써줬다. "엘윈 윌슨에게. 믿음과 희망을 담아. 목표 달성에 매진하십시오."

그 믿음에는 무언가가 있었다. 믿음이 있을 때 사람을 믿기는 더 쉽고, 이는 고통과 결점을 견디는 데 도움이 된다. 잘 알려지지 않은 사실인데 윌슨의 가운데 이름은 사실 희망(Hope)이다. 이보다 더 완벽한 서사를 누가 쓸 수 있을까?

소녀 안네 프랑크는 일기장에 이렇게 썼다. "일, 사랑, 용기, 희망에게. 좋은 사람이 되고 상황에 대처할 수 있게 도와주렴!" 심지어 다락방에서 나치 친위대를 피해 숨어 있던 안네 프랑크도 인류를 포기하지 않았는데, 우리가 목표를 포기할 납득할 만한 변명이 있을까?

희망은 "음, 12월이면 끝날 거야" "이제 막 고비를 넘겼어"

"나의 모든 고통이 마법처럼 사라질 거야"라고 할 정도로 구체적이지 않다. 희망은 어리석은 환상도 아니다. 러디어드 키플링의 말처럼 "꿈을 품을 순 있어도 꿈이 나를 지배하게 하지 말라." 물론 꿈을 품는 것은 좋지만 꿈을 이루려면 꿈의 노예가 되지 말고 끊임없이 노력해야 한다. 희망은 더 깊고 심오해야 한다.

아일랜드에서 태어난 영국의 탐험가 어니스트 섀클턴은 세 번째 남극 탐험을 떠났을 때 장장 15개월 동안 극한 상황 속에서 낙오자 없이 스물일곱 명의 대원을 구조해 냈다. 634일 만에 무사 귀환한 그 탐험은 '위대한 실패'라고 불린다. 섀클턴의 희망은 온갖 역경에서도 살아남고 돌아와서 부하들을 구하는 것이었다. 드골은 비록 자기가 혼자였지만 멈추지만 않는다면 결국에는 그런 상황에서 벗어나리라는 희망을 품었다. 이것이 바로 실제적인 진실이 될 수 있다는 희망이었다.

심지어 이혼한 후에도, 강도를 당한 후에도, 예기치 못한 실패를 하고 연이어 파산한 후에도 우리는 포기할 수 없다. 사람을 포기할 수 없고, 더 나은 미래를 향한 믿음을 포기할 수 없다. 마틴 루서 킹 목사는 유명한 연설 「나는 꿈이 있습니다」에서 이렇게 말한다. "나는 정의의 은행이 파산하여 문을 닫았다는 말을 절대로 받아들이지 않습니다. 나는 인간이 구제 불능이라는 걸 받아들이지 않습니다. 나는 이걸 더 낫게 할 방법이 없단 말을 받아들이지 않습니다. 나는 이 고통으로부터 의미를 만들어낼 때까지 멈추지 않을 겁니다."

희망을 믿지 않는다는 것은 변명이다. 앞서 이야기한 것처럼 허무주의다. 신경 쓰거나 노력할 필요도 없는 암울한 이유다. 하지만 희망을 품는다는 것은 어떤가? 희망을 품는 것은 의무다. 빛이기도 하다. 에밀리 디킨슨이 말했듯이 희망에는 깃털이 달려 있다. 우리의 영혼에 걸터앉아 폭풍을 헤쳐 나갈 수 있게 해준다. 우리를 따뜻하게 감싸준다. 에밀리 디킨슨은 희망이 우리에게 어떤 요구도 하지 않는다고 말했다. 하지만 완전히 옳은 말은 아니다. 희망은 용기 그리고 그다음의 어떤 것을 요구한다.

우리는 불에 타버릴 위험을 감수하며 불씨를 가지고 다닌다. 공포와 절망에도 불구하고 기운을 낸다. 상처받은 뒤에도 마음을 계속해서 열어둔다. 끔찍한 장애물을 무시하고 나아간다. 희망은 우리에게 힘을 준다. 그리고 이러한 희망을 퍼뜨림으로써 영웅적인 행동을 하게 만든다.

잊어서는 안 되는 게 있다. 지도자는 희망을 거래하는 사람이라는 점이다. 내일이 없는 세상에서 살고 싶어 하는 사람은 없다. 계속해야 할 이유가 없는 세상에서 목표로 하는 일을 조만간 이룰 수 있다는 희망 없이 살고 싶어 하는 사람은 없다. 그런 세상을 원한다면 우리가 만들어나가야 한다. 그들을 위해 그리고 우리 자신을 위해 영웅적으로 말이다.

어떤 일을 하든 쓴맛에 굴복해서는 안 된다. 절망이라는 이단을 거부해야 한다. 자기 자신이나 다른 사람들을 포기하지 말자. 우리는 스스로에게 역사와 삶에 관한 이야기를 들려주어야 한다. 주체성과 발전, 구원의 기회를 강조하는 이야기 말이다. 가망이 없을지라도 희망을 버리지 말고 계속해서 희망을 품어야 한다. 희망을 버리지 않는 게 모든 위대함의 씨앗이며 더 나은 내일을 위한 열쇠다.

에픽테토스처럼
내 삶의 주인으로 사는 법

    인내심과 항복을 거부하는 것은 완전히 별개의 일이다. 에픽테토스의 이야기를 살펴보자. 에픽테토스가 아직 노예 신분이었을 때 주인에게 고문을 받은 적이 있었다. 주인은 고문을 계속하면 에픽테토스가 제발 멈춰달라고 사정하리라고 기대하면서, 그에게 지금 고문을 멈춰달라고 하지 않으면 곧 다리가 부러질 거라고 경고했다. 결국 에픽테토스의 다리가 툭 하고 부러졌다. "내가 뭐라고 했느냐?" 주인이 말했다.

    에픽테토스의 인내는 단순한 인내를 뛰어넘는 헌신과 끈기였다. 에픽테토스는 타인이 자기 정신을 꺾는 것을 허락하지 않았다. 절망에 굴복하지 않았다. 그렇게 그는 30년간의 노예

생활과 망명지로 내쫓긴 시절에서 살아남았다.

로마 공화정을 지키기 위해 싸울 때, 소(小) 카토는 카이사르에게 항복하기를 거부했을 뿐만 아니라 누군가가 자신을 대신해 자비나 관용을 베풀어 달라고 부탁하지 말 것을 요구했다. 왜냐하면 그런 요구는 카토가 폭군의 물리력에 손들고 정복당했다는 것을 의미했는데, 카토는 그렇지 않았기 때문이다. 이것이 영웅이 하는 일이다. 영웅은 뒤에 있는 마지막 퇴로뿐만 아니라 백기도 태워버린다.

여성참정권을 획득하고자 투쟁한 영국의 사회운동가 에멀라인 팽크허스트는 카토와 카토의 저항에 영감을 받아 쓴 유명한 연설문 「자유 또는 죽음을 달라」에서 다음과 같은 다짐을 보여줬다.

여성들이 부당한 지배를 받겠다고 동의하는 한 지배를 받을 수밖에 없을 것이다. 하지만 여성들은 직접 이렇게 말할 수 있다. "우리는 동의하지 않을 것이다." 정부가 정의롭지 않은 한 더는 지배받지 않을 것이다. 내전의 폭력을 행사하더라도 가장 약한 여성조차 지배할 수 없다. 죽일 수 있겠지만 그 여성은 그렇게 죽음으로 도망칠 것이다. 그 여성을 지배할 수 없을 것이다. 지상의 어떤 권력도, 아무리 나약한 사람일지라도 자신을 지배하도록 허락하지 않는 인간을 지배할 수 없다.

이른바 다음을 위한 전술적인 후퇴가 필요한 상황이 있을지라도 우리는 절대 항복하지 않으리라는 것이다. 그들은 우리를 따돌릴 수 있다. 쇠사슬에 묶을 수 있다. 재산을 몰수할 수 있다. 언론을 이용해 모욕할 수 있다. 법정에서 공격할 수 있다. 회사의 자원을 활용하여 최대치로 힘을 휘두를 수 있다. 바다 한가운데 있는 바위로 추방할 수 있다. 그들은 우리에게서 많은 것을 앗아갈 수 있지만, 우리가 살아 있는 한 포기하게 할 수는 없다.

폭동자들은 자유의 기수들이 타고 온 버스를 불태웠다. 자유의 기수들이 어떻게 했는지 아는가? 그들은 다음 버스에 올랐다. 병원에서 상처를 꿰맨 뒤 다시 갈 길을 갔다. 왜냐하면 그들에게는 싸우려는 목적이 있었기 때문이다.

리를 압박하면서 그랜트는 기자에게 말했다. "대통령을 본다면 무슨 일이 있어도 그냥 되돌아가는 일은 없을 거라고 말해주십시오." 그랜트는 승리에 대한 확신이 없었다. 하지만 스파르타인처럼 자기를 지킬 투구는 잃어버려도 모두를 지킬 방패는 끝까지 들고 돌아올 거라고 말하고 있었다. 승리를 약속할 수 있는 사람은 아무도 없기에 그랜트는 바칠 수 있는 것은 다 바치겠다고 약속했다. 자기 목숨을 포함해서 말이다.

제임스 스톡데일은 이렇게 썼다 "스토아 철학자들은 신체적인 피해를 과소평가한다. 하지만 허풍은 아니다. 선량한 사람들이 동료 시민 또는 신에 대한 의무를 다하지 못했다는 것을 마음속으로 알 때 드는 수치심의 극심한 고통에 비하면 신체적 피해가 적다고 말한 것이다."

영웅이 진정한 힘을 끌어내는 곳은 영혼이다. 누구 군대가 더 큰지, 누구 무기가 더 좋은지, 누구의 논거가 더 강력한지, 누구의 예산이 더 큰지의 문제가 아니다. 절대 포기하지 않는 사람이 승자가 될 것이다. 지금이 아니면 나중에, 이번 생이 아니면 다음 생애에 말이다. 넘어졌다면 무릎을 꿇은 채 싸워라. 몸을 일으킬 수는 없다고 하더라도 일어설 수 있다.

처칠은 영국이 버틸 수 있을지 확신이 없었다. 아무도 확신할 수 없었을 것이다. 처칠은 나치가 오면 어떻게 대응할지에 대해서만 확신했다. "우리는 어떻게 해야 하죠?" 며느리가 묻자 처칠이 답했다. "네가 부엌에서 고기 자르는 데 쓰는 큰 칼을 가져온다고 뭐라 할 사람은 아무도 없단다. 몇 놈을 제거한다고 해서 막을 사람도 없지."

그들이 결국 우리를 이길 수 없다고, 단지 항복을 선택한 것뿐이라고 말하는 사람은 없다. 대의를 포기하는 것, 그것은 오직 우리에게 달렸다. 저항하라. 할 수 있는 게 무엇이 남아 있든 말이다.

헤밍웨이는 삶이, 적이, 불운이 분명 우리를 무너뜨릴 수는 있지만 그 누구도 우리를 이길 수 없다는 점을 일깨운다. 그것이 우리가 받은 부름이다. 무너질지 말지는 우리 손에 달려 있다. 우리가 포기할 때만 무너질 것이다. 패배하는 유일한 방법은 용기를 버리는 것이다. 패배는 선택이다. 용감한 자는 절대 패배를 선택하지 않는다.

일생에는 천 번의 기회가 있다

미덕은 음악과 같다. 더 높고 고상한 음의 높이에서 진동한다.

-스티븐 프레스필드

"태초에는 말씀이 있었다." 괴테는 희곡 『파우스트』의 서막을 이렇게 연다. 그런 다음 스스로 말을 고친다. "아니, 태초에는 행동이 있었다." 괴테는 『파우스트』에서 '말'의 힘에 약간의 회의감을 드러낸다.

파우스트 박사는 메피스토펠레스에게 영혼을 내주기 전, 신약성경을 독일어로 번역하겠다며 「요한복음」을 펼치지만 이내 첫 구절부터 고민에 빠진다. '말'의 자리에 '뜻'을 넣기도 하고 '힘'이라고 바꿔보기도 하지만 이내 지우고 만다. 영(靈)들의 도움으로 갑자기 좋은 생각이 떠오른 파우스트는 확신을 품고 '말'의 자리에 '행동'을 넣는다.

이번 책의 끝자락에서 말이 아닌 행동이 중요하다는 점을 짚고 넘어가야겠다. 사실 용기와 나머지 세 가지 미덕, 즉 절제, 정의, 지혜 간의 관계보다 이를 더 잘 증명하는 것은 없다. 절제, 정의, 지혜를 확보할 만한 용기가 없다면 이러한 미덕을 실천할 수 없을 뿐 아니라 그 가치를 잃어버린다.

C.S. 루이스가 말했듯, "용기는 단순히 미덕 중 하나가 아니라 모든 미덕의 시험대에서 필요한 특성이다." 절제하며 살아가도록 노력하라. 정직하도록 애쓰라. 지식을 추구하라. 지혜와 자제력, 정의를 저버린 세상에서 앞서 말한 것을 하나라도 시도하다 보면 이 말의 뜻을 알게 될 것이다.

용기 없이 어디까지 갈 수 있는지 보라. 놀림을 받을 것이다. 비판을 받을 것이다. 명성이 깎여 내려갈 것이다. 일을 방해받을 것이다. 잔액이 0에 가까워진 것을 발견할 것이다. 이 모든 것은 시험이다.

용기가 없다면 통과하지 못할 것이다. 폭도들이 우리를 잡으러 오거나 우리가 폭도의 일부가 될 것이다. 압박감이 우리를 무너뜨리거나 압박감을 일으키는 일에 대한 약속을 저버릴 것이다. 용기만이 유일한 답이다. 용기는 다른 나머지의 근간이 된다. 우리에게는 언제나 용기가 필요하다.

그 이유를 설명해 보겠다. 미덕에 관해 이야기하기는 쉽다. 수 세기에 걸친 시, 문학, 역사가 미덕의 중요성을 튼튼하게 뒷받침해 준다. 하지만 독자들이 책을 읽는 동안 즐거움을 느꼈으면 하는 마음만으로 이 책을 쓴 것은 아니다.

우리는 실제로 더 나은 사람이 되려고 노력하고 있다. 각자의 부름에 응답하고, 헤라클레스의 선택을 내리고 있다. 오늘, 내일, 매 순간순간마다 말이다. 미덕이 종이 위에서만 존재한다면 무슨 쓸모가 있겠는가? 미덕을 생활 속에서 실천할 용기가 없다면 무슨 소용이 있겠는가? 외로이 미덕을 지키기 위함인가? 반대 방향으로 가면 그렇게 많은 보상을 거머쥘 수 있는데도 미덕을 고집하기 위함인가?

물론 '아는 것'과 '행동하는 것'은 연결되어 있다. 하지만 언젠가 미덕을 행동으로 옮겨야 하는 순간이 온다. 우리는 진리를 관조하고 나서 행동으로 실천해야 한다. 영혼에 흡수해야 한다. 고대인은 이런 표현을 좋아했다. '성격이 곧 운명이다.'

이는 자신이 믿는 바가 할 일을 결정한다는 뜻이다. 이 네 가지 미덕을 결정적인 순간에 본능에 따라 실천할 수 있게 성품, 즉 선한 성품을 길러주는 것이다. 용기는 파산을 선언하듯이 말하는 게 아니다. 용기는 갈고닦아서 나의 일부가 되어야 한다. 작가가 글을 쓰면서 글과 일심동체가 되는 것처럼 말이다. '용감한 성격'이라는 평가는 삶의 과정에서 용기 있는 결정을 내렸을 때 받는 최상의 보상이다.

샤를 드골부터 레오니다스, 프레더릭 더글러스, 시어도어 루스벨트, 엘리너 루스벨트, 마르쿠스 아우렐리우스, 소피아 패러, 프랭크 세르피코, 제임스 스톡데일까지 지금까지 우리가 발자취를 따라가 본 사람들은 완벽하지 않았다. 때때로 이들도 우리가 탐구하는 미덕과는 정확히 정반대의 모습을 보여주기도 했다. 그런데도 핵심적이고 중대한 순간에는 그들의 성격이 위대한 일을 추진하게 했다. 성격은 그 당시에 그들이 도와준 사람들이나 추구한 대의뿐만 아니라 오늘날을 살아가는 우리에게도 영감을 준다.

중요한 것은 그들의 말이 아니었다. 바로 그들이 어떤 사람이었느냐가 중요하다. 이것이 바로 링컨이 게티즈버그에서 전하려던 것이다. 우리가 여기서 한 말은 중요하지 않다. 그들이 거기서 무엇을 했는가가 중요하다. 기원전 480년 테르모필레에 있든 2000년 뒤 영국군이 독일군을 상대로 똑같은 상황에서 똑같이 성패가 달린 순간에 있든, 플로렌스 나이팅게일이 부름에 응하든 마야 무어가 부름에 응하든, 자신이 치르는 희생이나 자신이 취한 태도의 결과를 완전히 이해하든 말든 간에 그들의 용기는 메아리가 되어 울려 퍼진다.

그들의 미덕은 빛난다. 우리가 신성하게 하는 게 아니라 그 자체로 영원하다. 화염에 몸을 던져가면서까지 한 희생 말이다. 왜냐하면 이전 세대의 용기가 아니었다면 이 자리에 있지 못했으리라는 것을 알기 때문이다.

그들에게 보답하는 방법은 하나뿐이다. 우리의 행동에 미덕을 실천하는 행동을 더함으로써, 그들이 '끝내지 못한 일'을 다시 시작하면 보답할 수 있다. 알게 모르게 우리는 전통의 일원이므로 반드시 이어 나가야 한다. 반드시 헤라클레스를 따라야 한다. 이는 미덕을 선택함으로써 시작된다. 미덕이 있다고 알리는 삶이 아니라 직접 미덕을 실천하는 삶을 살아야 한다. 우리는 원하는 만큼 모든 미덕에 대해 배울 수 있다. 하지만 갈림길에 이르렀을 때는 선택해야 한다.

이 책은 성경 구절과 존 스타인벡의 어록으로 시작됐다. 이들을 한데 묶어 책을 마무리하도록 하겠다. 스타인벡은 『에덴의 동쪽』을 기독교에서 가장 강력한 문구인 팀셸(timshel)로 마무리한다. 『에덴의 동쪽』의 주제인 팀셸은 히브리어로 '너는 할 수도 있을 것이다'라는 뜻이다. 이는 인간에게 선택의 기회를 주는 말인데 영어로 번역된 성경의 계명을 읽어보면 그냥 명령조다. 스타인벡은 '하지 말라'라고 표현하는 것보다는 '할 수도 있을 것이다'라고 번역하는 게 더 정확하다고 생각했다.

스타인벡은 『에덴의 동쪽』을 쓰면서 편집자에게 다음과 같이 이야기했다. "여기에는 개인적인 책임이 깃들어 있고, 양심이 만들어낸 이야기가 있다. 마음먹으면 할 수 있겠지만 그 마음은 자신에게 달려 있다. 이 짧은 말은 알고 보니 세상에서 가장 심오한 말이었다. 늘 그렇게 느끼긴 했는데 이제 그렇다는 걸 알았다."

성경 구절이 되었든 헤라클레스의 어록이 되었든 『에덴의 동쪽』이나 『파우스트』의 문구가 되었든 비유를 들어 전하고자 하는 메시지는 같다. 우리에게는 선택지가 있다. 우리는 비겁함과 용기, 미덕과 악덕 중에서 고를 수 있다.

용기는 두려움 속에서 우리를 부른다. 용감하고 인내심 있게 의무를 다하려는 행동 하나하나를 요구하려고 우리를 부른다. 그리고 자기 자신을 뛰어넘어 더 위대한 공동선에 이르라고 우리를 부른다.

이 부름에 어떻게 답할지는 우리 손에 달렸다. 일생에 단 한 번뿐이 아니라 천 번이나 기회가 있다. 과거나 미래에만 있는 것이 아니라 오늘, 지금도 말이다. 그렇다면 어떻게 해야 할까? 용기를 낼 수 있을까? 누구를 위해, 무엇을 위해 용기를 낼 것인가? 세상은 당신의 대답을 기다린다.

스스로 선택하며 나아가라

아메리칸어패럴의 CEO 도브 차니가 자기를 고소한 여성의 나체 사진을 유출해 달라고 했을 때, 나는 아마도 스물세 살쯤이었을 것이다. 나는 그러지 않겠다고 답했다.

도브는 사진들과 함께 보낸 문자 메시지를 보여주면 자기 무죄가 밝혀지리라고 믿었다. 어느 정도는 옳은 말이었다. 하지만 도브가 나에게 시킨 일은 오늘날 우리가 리벤지 포르노(revenge porn)라고 일컫는 것의 한 형태였다. 즉 당자자의 동의를 얻지 않고 성적 영상을 불법으로 유포하는 범죄였고 나는 그 일에 관여하고 싶지 않다고 말했다.

도덕적 용기를 낸 그 순간에 나 자신에게 일종의 만족감이 들었다. 한편으로는 이 책을 쓰면서 이 선택을 용기의 예시로 든다는 게 부끄러울 정도로 부족해 보이기도 한다. 그렇지만 도브 차니에게 반대하는 것은 아메리칸어패럴 직원들이 감히 할 수 있는 일이 아니었다. 특히 직장에서 잘리고 싶지 않고 사장에게 잘 보이고 싶다면 더더욱 그랬다. 이런 의문도 든다. 그때 나는 왜 돌아서서 문밖으로 나가지 못했을까? 왜 그 자리에서 그만두지 않았을까? 왜 다들 그러지 않았을까? 나는 왜 그 일을 계속하고 싶었을까?

몇 주 뒤에 도브의 사무실에 들어갔다가 그가 주요 언론기관 기자들과 화상통화를 하며 그 사진을 보는 현장을 목격했다. 나는 그 책략에서 잠시 발을 뺐을 뿐, 실제 그런 일이 일어나는 것을 방지하려고 행동하진 않았다는 생각이 스쳤다. 몇 분 안에 그 사진은 인터넷과 언론에 퍼져 나갔다. 나는 왜 용기를 내지 못했을까?

그 이후로도 나 자신에게 여러 번 던진 질문이다. 왜냐하면 그것이 아메리칸어패럴에서 겪은 유일한 도덕적인 딜레마가 아니었기 때문이다. 나를 위해 일하는 사람들을 보호하고 싶어서 아메리칸어패럴에 몇 년 더 남았던 거라고 스스로를 합리화했다. 그곳에 머문다면 더 많은 변화를 끌어낼 수 있다고 생각했다. '세상에 좋은 일을 한다'는 회사의 사명을 믿었기 때문이다. 나는 다른 사람과는 달랐기 때문이다. 그와는 달랐기 때문이다. 어느 정도는 그랬다. 그런데 '어렵지만 옳은 일'을 하지 않을 이유를, 용기를 내지 않을 이유를 언제나 찾고 있었다. 그 나이에 회사에서 나오는 월급을 포기하고 그때까지 다녔던 직장 중 나의 미래에 가장 중요했던 직장을 버리면서 인생 계획을 망치는 것. 이 모든 것을 지고 가기에는 너무 무거운 짐이었다.

아이러니한 점은 바로 그 순간 나는 훨씬 더 무서운 일을 할 계획을 세웠다는 것이다. 기업을 떠나 작가가 되려고 전직을 준비하고 있었다. 하지만 생명 줄이 잘릴 수도 있다는 게 두려웠던 것 같다. 또박또박 월급을 받지 못한다는 점이 망설여졌다. 나는 불확실성과 어둠 속에서 도약해야 하는 상황에서 단념했다. 그렇게 주저하는 동안 나 자신과 나의 안전을 옳은 일과 다른 사람들보다 우선시했다.

3년이 넘도록 나는 회사에 남아 고문이자 전략가로 일했다. 주로 내가 도와줄 수 있는 한에서 직원들을 지켰다. 동료들이 낭떠러지로 추락할 뻔한 일들을 막으려 했다. 회사가 나쁜 결정을 내리지 않도록 막았다. 좀 더 윤리적인 결정을 내릴 수 있도록 방향을 틀었다. 나는 도브를 멈추게 하려고 노력했다. 나만의 소소한 방법으로 일이 계속 진행되도록 했고, 의류 공장에서 일하는 수천 명의 노동자가 생계를 유지할 수 있도록 도왔다. 하지만 나도 계속해서 회사에서 나오는 월급을 받았다.

나쁜 일을 공모했다는 죄책감에서 완전히 벗어날 수 없었다. 용기가 무엇인지 진정으로 보여줄 만한 선례는 아니었다.

2014년, 세 권의 책을 내고 작가로서 자리매김한 뒤 사태는 급변했다. 그래도 과거에는 도브도 현실을 간간이 파악했었지만 시간이 흐르면서 점차 소용돌이 속으로 빨려 들어갔다. 도브는 창고에 간이침대를 놓고 살고 있었다. 한 직원을 구타했고 미친 사람처럼 주변 사람들에게 소리를 질렀다. 주가는 사상 최저치까지 폭락했다. 그가 자기 자신을 자제할 수 없었기에 소송은 계속됐다.

도브가 광기에 휩싸여 내리막길을 걷는 동안 나는 아메리칸어패럴의 몇몇 이사진과 회사의 내부 정황을 주제로 자주 논의했다. 회사 평판이 점점 안 좋아지자 이사회는 결국 CEO를 내보내기로 했다. 나는 네로 황제가 도움이 필요했던 것처럼, 도브도 도움이 필요하다고 주장하기 시작했다. 도브를 제거하는 것만이 유일하게 그를 돕는 법이라고 말이다. 그 결정에 이르는 데까지 너무 오랜 시간이 걸렸지만, 결정을 내리자 옳은 길이라는 데는 의심할 여지가 없었다. 『돌파력』 책의 투어를 끝냈던 날, 나는 도브의 전화를 받았다. 그다음에는 2인자가 전화했다. 결국 이사회는 도브를 해고했다.

내가 이 결정을 더 일찍 지지했더라면 상황이 달라졌을까? 아니면 내가 해고됐을까? 그 일이 시작됐던 2011년에 항의하다 그만뒀다면 나의 메시지가 전해졌을까? 아니면 보고되지 않은 채 무시됐을까? 사격을 멈추지 않았더라면 중요한 순간이 닥쳤을 때 그 자리에 없었을 것이다. 그렇지만 이것은 나 자신에게 한 변명일지도 모른다.

도브는 이런 나의 노력을 모른 채 절박한 순간에 돈으로 충성심을 사려 했다. 그는 "내가 1인 출판사를 차리게 해줄게"라고 말했다. 도브가 약속을 지킬 수 있었을까? 아마도 지킬 수 없었을 것이다. 그 제안에 관심이 없었기에 상관없었다. 나는 이미 강을 건너왔다.

로스앤젤레스로 날아가 회사를 재건하고 도브로부터 회사를 구하는 새로운 역할을 맡았다. 도브는 CEO 자리를 내려놓고 수백만 달러를 받는 고문 역할을 맡으라는 이사회의 제안을 받아들이는 대신, 자신이 CEO가 될 수 없다면 차라리 한평생 일구어온 것을 공격하기로 마음먹었다. 회사 전체를 불태우려는 도브를 막기 위한 경주가 시작됐다.

월가(街)는 상대 기업의 동의 없이 그 기업의 경영권을 얻어내는 적대적인 인수합병을 추진했고, 이사회는 기업의 경영권을 방어하고자 기존 주주들에게 시가보다 훨씬 싼 가격에 지분을 매입할 수 있는 권리를 부여하며 맞섰다. 전쟁 통에서 보내는 시간과는 거리가 멀겠지만, 그래도 한 번도 본 적 없는 수준의 혼란이었다. 나는 용감하게 비판하고 모의하며 온갖 종류의 말도 안 되는 일을 겪어야 했다. 의자에 앉아 수많은 신문을 당했다. 회사의 비리와 돈이 헛되게 쓰인 내역을 알려줬다. 다른 사람들에게 자신의 이야기를 공유하도록 설득했고, 그 일로 보복당하지 않게 그들을 보호했다. 오랫동안 지속되었던 엉망진창인 상황을 정리했고, 절대 시행되어서는 안 되는 정책들을 취소했다. 사람들을 위로했다. 일을 바로잡으려고 노력했다. 아내가 인내심 있게 기다려준 오랜 시간 동안 집에서 멀리 떨어진 곳에서 일하면서 파멸로부터 회사를 구조하려고 노력했다. 끝이 보이지 않는, 지치는 작업이었다.

하지만 모든 전투에서 승리할 수는 없는 법이다. 기업의 새로운 수뇌부는 결정적인 순간에 주저했다. 몇 년 동안 부패를 저지른 사람들을 과감하게 해고해야 했는데, 누군가의 심기를 거스를지도 모른다는 두려움에 부패를 저지른 이들은 계속 회사에 남았다. 도브는 이 사람들을 통해 회사에서 태업을 했다. 도브가 가해오는 압박에 회사를 매입한 헤지펀드는 수그러들었고, 결국 도브를 부분적으로 복귀시켰다. 나는 이를 여러 번 경고했었기에 남은 계약 기간을 포기하고 즉시 그만뒀다.

도브는 오랫동안 부인하고 변명해 온 바로 그 이유로 해고됐다. 나는 그 당시 방향을 바꾸려는 생각이 비양심적이라고 느꼈다. 하지만 기업회생 전문가들은 자기들이 더 잘 안다고 확신했다. 회사는 결국 파산을 신청하게 됐다. 그것도 두 번이

나. 결국 1만 명 이상이 일자리를 잃었다.

이전에 쓴 글 때문에 살해 협박을 받은 적도 있지만, 그해 여름 도브가 고용한 우스꽝스러운 폭력배가 전화를 걸어서 한 말을 들었을 때만큼 당황스러운 적은 없었다. 같은 신념을 추구한다는 생각에 누군가를 위해 일하고 그 사람을 존경하다가 자신이 눈이 멀었었다는 것을 알게 되는 데까지 간 것이다. 자신이 스스로 품격을 떨어뜨렸다는 것을 깨닫게 됐다. 대부분 거짓이었다는 것도 알게 됐다. 그리고 갑자기 자기 안전을 걱정하게 되고, 마치 차와 사무실에 도청 장치가 있는 것처럼 언제나 주의하며 일하게 됐다.

슬프고 두려웠지만 놀랄 정도로 확신이 들기도 했다. 재미있었고 때때로는 즐거웠지만 도덕적 갈등으로 번민했던 여러 해보다 직장을 떠나서 어려운 일을 하는 게 낫다고 느꼈다. 훨씬 더 보람이 크기도 했다.

아메리칸어패럴이 붕괴했을 때 나는 세네카의 글을 많이 읽었다. 스토아 철학에 대한 쓴, 특히 용기와 정의를 다루는 아름다운 글을 보면 세네카는 대단히 매력적인 인물이다. 그렇지만 세네카는 폭군 네로 황제를 위해 일하기도 했다. 나는 세네카의 21세기 축소판이었을까? 말과 행동이 따로 노는 작가? 어떤 면에서는 그렇다. 내가 모자랐다는 것은 반박의 여지가 없다. 나는 타협했다. 더 잘 행동했어야 했다. 더 용감할 수도 있었다.

생각해 보면 나는 대부분 천천히 끓어올랐던 것 같다. 사람들은 상황을 이해하게 되면서 사실에 근거해 일련의 가정을 하기 시작한다. 심지어는 얼마나 타협할 수 있는지도 가정한다. 세네카가 네로를 만났을 때 네로는 10대였는데, 내가 도브를 만났을 때 나도 10대였다. 시간이 지나면 상황은 변하기 마련이다. 여러 가지 일이 일어나고 더 많은 것을 배우게 된다. 하지만 우리가 성장하고 상황이 변하는데도 결정을, 어려운 결정을 내릴 의지가 없다면 겁쟁이다.

주체성이 부족한 행동도 전염된다. 아메리칸어패럴에서 우리는 모두 '도브 쇼'를 시청하고 있다고 이야기했다. 도브의 행동을 비판하고 어떤 조처를 할지조차 이야기하지 않았다. 마치 다들 자기의 비현실적인 삶을 수동적으로 관찰하는 사람들 같았다. 몇 시간 동안이나 앉아서 도브가 고래고래 고함을 지르는 것을 억지로 견디곤 했다. 때때로 도브는 훌륭했다. 때로는 소름이 끼칠 정도로 악의를 품었다. 그 누구에게도 우리가 무언가를 할 수 있다는 생각이 떠오르지 않은 것 같았다. 어쩌면 다른 누군가가, 어른들이 우리를 구해주리라고 기대했는지도 모른다. 하지만 나이가 들어가면서 구해주러 와야 할 사람은 바로 우리 자신이었다는 사실을 편리하게 모면해 버렸다. 비밀유지의무, 퇴직금, 자동차 할부금, 동료와의 우정, 불편한 감정을 피하려는 심리적 방어기제, 상사를 향한 인정욕구 등을 떠올렸다.

도브는 상사였고 월급 수표에는 그의 서명이 있었다. 개인적인 친분은 눈을 멀게 한다. 우리가 아는 사람 중에 목소리를 높이라고 하는 사람은 없었다. 설령 그런 사람이 있었다고 할지라도 우리가 그 말을 들었을까? 아니면 우리를 더 깊은 인지부조화 속으로 몰아넣었을까? 다양한 형태의 두려움은 설득력 있는 억제책이며, 용기를 이긴다. 적어도 나의 경우에는 그랬다고 말할 수 있다.

세네카는 미덕이 두 부분으로 나뉘어 있다고 이야기했다. 하나는 진리를 연구하는 것이고, 다른 하나는 그 진리를 행동으로 옮기는 것이다. 세네카가 말하기를 세 번째 부분이 있다면 지난 일을 다시 떠올리고 잘못을 반성하는 것이라고 했다. 즉 경험에 기반하여 규칙을 검토하고 심사숙고하며 만들어가는 과정을 의미한다. 물론 모든 부분 중에서 행동이 가장 중요하다. 나의 이야기는 그 증거다. 하지만 실패하고 나서 거울을 보는 것만으로도 우리는 성장하고 배울 수 있다. 다음에는 더 나아질 수 있기를 바랄 수도 있다. 세네카의 경우가 그랬다. 네로가 어머니 아그리피나를 살해하면서 폭군으로 돌변하자 더는 네로를 제어할 수 없었던 세네카는 만류에도 불구하고 네로와 결별했다. 세네카는 '관용'이 로마 황제의 자질이라는 편지를 남기고 영웅처럼 떠났다.

　2016년이 되면서 나도 내 경험으로부터 교훈을 얻었다. 나는 부동산 개발업자이자 리얼리티쇼 출연자인 도널드 트럼프의 사위 재러드 쿠슈너의 인터넷신문《뉴욕 옵서버》에 칼럼을 썼다. 도널드 트럼프가 공직에 적합하지 않은 것을 증명하는 강력한 논거를 다루는 기사였다. 그 시점까지 내 글은 편집자 승인이 필요하지 않았다. 하지만 갑자기 신문사는 내 글의 게시를 막았다. 몇 년 전이었다면 평지풍파를 일으키기를 두려워했을 것이다. 아니면 글을 써서 버는 돈을 잃을까 봐 두려워했을 것이다. 그런데 이제는 내가 중요하다고 생각하는 글을 외부의 압력에 굴복하여 송고하지 말아야겠다는 생각은 떠오르지도 않는다.

　내가 틀리지 않았다는 것은 알고 있었다. 그 말을 하는 게 옳았다는 뜻이다. 나는 내가 쓴 글을 다른 곳에 게재했고, 곧바로 화제가 됐다. 이는《뉴욕 옵서버》에 더는 기고할 수 없으리라는 것을 뜻했다. 얼마 지나지 않아 나는 또 극우 매체《브레이트바트 뉴스》를 주제로 다른 비판적인 글을 썼다. 이번에도 실리지 않았다. 그래서 독립적으로 글을 출판했다. 얼마 지나지 않아 트럼프 선거운동본부에 속한 누군가가 내 책에 표절 혐의를 제기했다는 소식을 들었다. 비난은 터무니없었지만 여기서 중요한 점은 그게 아니었다. 그 일은 나를 향한 경고였을 것이다. 그들은 내가 입을 다물지 않으면 그들이 나를 망가뜨릴 거라는 것을 알기를 바랐다.

소용없었다. 트럼프에 관해 쓴 글 때문에 더는 칼럼을 못 쓰게 됐다면? 거짓 비난에 맞서 싸울 수밖에 없었다면? 누가 내 뒤를 쫓았다면? 나는 내가 아메리칸어패럴에서 월급을 날렸을 때와 같은 방식으로 대항했을 것이다. 마르쿠스 아우렐리우스가 말한 것처럼 나에게 있는 모든 수단을 썼을 것이다. 두려움에 굴복하는 것은 애초부터 타고난 나의 재능과 기술을 부정하는 것이다. 태어날 때 주어진 주체성을 스스로 박탈하는 것이다.

어떤 측면에서는 아메리칸어패럴에서 겪은 경험에 감사한다. 뒤늦게나마 내면의 목소리를 듣는 것의 중요성을 가르쳐주었기 때문이다. 혼란과 부패 가운데서 용기의 부름을 듣는 것은 어려울 수 있다. 가끔은 사람들이 주저하며 진실 앞에서 침묵할 때 자기 자신과 다른 사람들에게 일어나는 일을 목격한 뒤에야 권력 앞에서 진실을 말하지 않는 것의 위험성을 이해할 수 있다.

방금 앞에서 이야기한 것만큼 노골적인 협박을 겪는 일은 거의 없을 것이다. 평범하게 살아가기를 선택하는 편이 언제나 편하다. 사람들에게 듣고 싶은 말을 들려주면 더 많은 사람이 좋아할 것이다. 정치적인 발언을 하지 말라. 누군가의 정체성에 도전하는 것을 자제하라. 이 시대의 작가라면 누구나 구독과 팔로우 취소율을 보고서 혹독한 진실을 보여주는 게 지갑에 악영향을 미칠 때도 있다는 것을 매우 빨리 배울 수 있다. 논란의 여지가 있는 주제를 파헤칠 때마다 독자의 이메일을 읽게 될 것이다. 왜 그렇게 말씀하셨어요? 다신 안 읽을래요.

나는 완벽하지 않다. 분명 내가 바랐던 만큼 언제나 용감하지는 않았다. 하지만 작가로 살아갈수록 한 가지는 점점 분명해졌다. 사람들이 좋아하든 싫어하든 우리는 진실을 말할 의무가 있다는 점이다. 베스파시아누스의 비위를 맞추지 않고 해야 할 말을 직설적으로 하다가 추방되고 처형당했던 헬비디우스의 이야기처럼 사람들은 우리를 벌할 수도 있다. 지지를 '취소'하거나 심지어 문자 그대로 매장시킬지도 모른다. 하지만 내가 화난 독자들에게 종종 말하는 것처럼, 나는 내 신념을 표현하지도 못할 플랫폼을 만들지는 않았다.

이 책의 끝을 장식하려고 이 이야기를 아껴 놓았다. 왜냐하면 정답을 알기 어려운 복잡하고 일상적인 이야기이기 때문이다. 수년간 1만 2000명의 사람이 아메리칸어패럴에서 일했다. 가장 죄가 큰 사람은 누굴까? 답할 수 있는 사람은 아무도 없다. 유출된 사진에 관한 이야기를 읽어보면 그 상황이 실제로 얼마나 암담했는지 알게 될 것이다. 트럼프를 주제로 쓴 칼럼을 읽고 내가 완전히 틀렸으며 그 글이 세상 밖으로 나오면 안

됐다고 생각할지도 모른다.

그 이야기들을 통해 말해주고 싶었던 것은, 용기를 내려면 우리 삶에서 각자의 방식으로 노력해야 한다는 것이다. 우리 대부분은 꽤 평범한 사람이다. 영국의 시인 새뮤얼 존슨은 "모든 사람은 군인이 되지 않았다는 이유로 자신이 비열하다고 생각한다"라고 농담했다. 무슨 뜻인지 이해한다. 나는 이 책을 쓰면서도 내면의 대립과 갈등에 머리를 싸맸다. 내가 자격이 있을까? 119에 신고한 것과 술집 밖 거리에서 심폐소생술을 한 것 빼고는 사람의 목숨을 구한 적이 없는데, 감히 용기에 대한 글을 써도 될까?

다시 한번 강조하지만 내가 언제나 용기가 있었던 것은 아니다. 나는 항상 용감하지는 않다. 심지어 이 장을 쓸까 말까 망설였고, 이 부분을 책에 싣지 말라고 한 사람들도 있었다. 하지만 그 순간 망설임이 결심을 뺏어간다는 격언이 생각났다. 적어도 나는 실생활에 용기를 적용한다는 시대를 초월하는 갈등 상황에서 점점 더 나은 선택을 내리고 있다고 진심으로 말할 수 있다. 요즘은 사람들이 어떻게 생각하는지 예전보다 덜 신경 쓴다. 뒤로 미끄러지기보다 앞으로 나아갈 때가 많다. 이 책을 쓰고 출간한 게 그 예다.

우리는 전쟁터나 자유의 기수 운동을 하는 버스에서만 용기를 발휘할 수 있다는 생각을 멈춰야 한다. 상사 또는 진리를 두려워하지 않는 것만이 용기는 아니다. 용기란 자신만의 창의적인 길을 따르는 결정을 내리는 것을 뜻한다. 윤리적 선을 긋는 것이다. 자신이 이상한 사람이라면 이상한 사람이 되는 것이 용기다. 대중이나 부모님이 원하는 게 아닌 자기 양심을 따르는 행동이 용기다.

운명이 자신을 세계적인 무대로 부를 때만 이런 일들을 할 것이 아니라, 용기를 습관으로 들여야 한다. 내가 할 수 있는 크고 작은 일, 날이면 날마다 할 수 있는 일에서 용기를 실천해야 한다. 누가 지켜보든 어떤 위기가 있든 매 순간 용기를 내는 게 자연스럽게 느껴질 수 있도록 말이다.

용기는 우리 모두를 부른다. 여기에 답할 것인가? 어쩌면 감당하기엔 너무 어려운 일이라 생각하는 고난이 우리를 가로막을지도 모른다. 두려움 앞에 굴복하면 더 나은 선택을 할 수 있을까? 뒤로 물러서기보다 앞으로 더 많이 나아갈 수 있을까? 넘어서기 어려운 한계를 만날 때마다 이 질문을 떠올리며, 자신의 답을 내리는 것부터 시작해 보자. 아마 많은 것이 달라질 것이다.

옮긴이 **조율리**

한국외국어대학교에서 국제통상학 · 스페인어를 전공하고 동 대학 통번역대학원을 거쳐 독일 하이델베르크대학교 석사 과정을 졸업했다. 캐나다 킹스턴대학교에서 영어 연수를 마친 뒤 주한멕시코 대사관에서 통번역사로 근무했다. 독일에 거주하면서 심리학 학사를 취득하고 스페인 AULASIC 의학번역 석사 과정을 졸업했으며 코칭과 심리 관련 과정을 다수 수료했다. 현재 언어 전문 기업 플루마(PLUMA)를 이끌고 있으며, 글로하나 출판번역 에이전시에서 영어, 스페인어, 독일어 번역가로 활발하게 활동하고 있다. 역서로 『조셉 머피 부의 초월자』 『조셉 머피 성공의 연금술』 『돈의 감정』 『스토아 수업』 『너무 과한데 만족을 모르는』(공역)이 있다.

수많은 갈림길에서 선택한 인생의 법칙

브레이브

초판 1쇄 발행   2022년 12월 7일
초판 2쇄 발행   2023년 1월 4일

지은이 라이언 홀리데이
옮긴이 조율리
펴낸이 김선식

경영총괄 김은영
책임편집 옥다애 **디자인** 황정민 **책임마케터** 오서영
콘텐츠사업본부장 박현미 **콘텐츠사업4팀장** 임소연 **콘텐츠사업4팀** 황정민, 박윤아, 옥다애, 백지윤
편집관리팀 조세현, 백설희 **저작권팀** 한승빈, 김재원, 이슬
마케팅본부장 권장규 **마케팅1팀** 최혜령, 오서영
미디어홍보본부장 정명찬 **브랜드관리팀** 안지혜, 오수미, 송현석 **뉴미디어팀** 김민정, 홍수경, 서가을
크리에이티브팀 임유나, 박지수, 김화정 **디자인파트** 김은지, 이소영
재무관리팀 하미선, 윤이경, 김재경, 안혜선, 이보람
인사총무팀 강미숙, 김혜진 **제작관리팀** 박상민, 최완규, 이지우, 김소영, 김진경, 양지환
물류관리팀 김형기, 김선진, 한유현, 민주홍, 전태환, 전태연, 양문현, 최창우
외부스태프 교정교열 김계영

펴낸곳 다산북스 **출판등록** 2005년 12월 23일 제313-2005-00277호
주소 경기도 파주시 회동길 490 다산북스 파주사옥 3층
전화 02-702-1724 **팩스** 02-703-2219 **이메일** dasanbooks@dasanbooks.com
홈페이지 www.dasanbooks.com **블로그** blog.naver.com/dasan_books
종이 (주)아이피피 **인쇄 · 제본** 갑우문화사 **코팅 · 후가공** 평창피앤지

ISBN 979-11-306-9536-5(03100)